中国青少年成长必读

主编◎郭 漫

# 消逝的世界

# the Vanished World

岁月变迁，那些让世人为之困惑的神秘事件，渐渐地湮没在岁月的尘埃之中，但它们一定不会被遗忘！

航空工业出版社

北京

# Foreword 前言

翻开人类文明发展史，从茹毛饮血到高度文明，其间经历了翻天覆地的变化。

在与人类共生的动植物界，随着时空变化的日积月累，它们或变异或灭绝，时至今日，已有无数的物种彻底在地球上消逝。

同样，在人类自身的历史长河中，也曾出现过一些显赫的帝国和王朝，他们也曾创造过宏伟灿烂的文明，甚至留下了很多让世人百思不得其解的文明奇观。

构思奇巧、鬼斧神工的作品让我们对之也肃然起敬，但是，不可避免地，它们又先后衰败，被岁月尘封。

本书秉承忆古思今以及揭示故事背后真相的目的，就已经消逝的国家、城市、文明、人和事物等进行了探究，在探索过去的同时展望未来。

另外，本书还介绍了那些正在受到人类威胁的地域，如青海湖、月牙泉等，希望通过这几方面的探索，能够警醒人类今后的行为。

人事沧桑，岁月变迁，那些让世人为之震撼的古代文明、困惑人类的神秘事件、地球上发生的灾难事件，都渐渐地湮没在岁月的尘埃之中。

然而，历史却从未忘却它们，一代又一代的考古工作者在不停地探寻着往昔的印迹。一次次令人振奋的发现，都让令人感叹不已。

本书用通俗的文字和精美的图片将人类历史沧桑变迁中消逝的事件记录下来，编纂成册，奉献给广大读者。希望您在开阔视野的同时，对消逝的世界产生更多的兴趣，从而更加全面地去认识古代文明。

这些令人惊奇的事件已经消逝或正面临消失，但它们一定不会被遗忘！

# 目录

## 第1章 消逝的国家

## 第2章 消逝的城市

## 第3章 消逝的文明

# 目录

## 第4章 消逝的人类



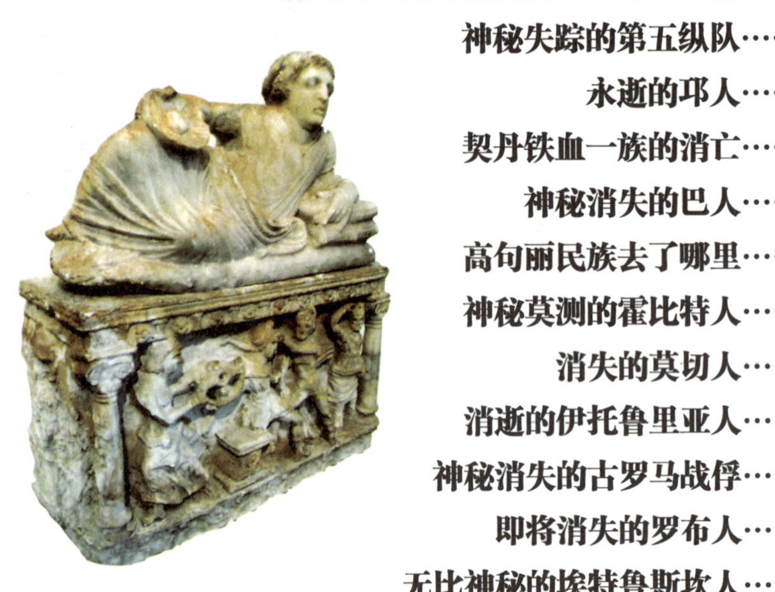

## 第5章 消逝的宝物

# 第6章 消逝的物种



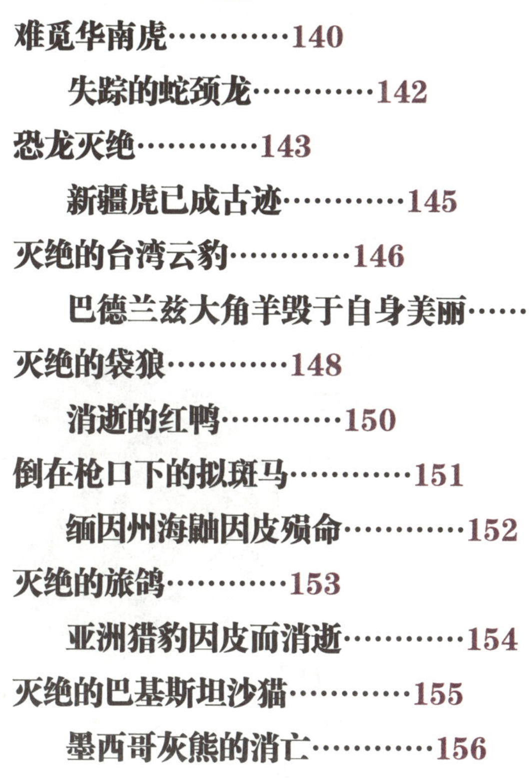

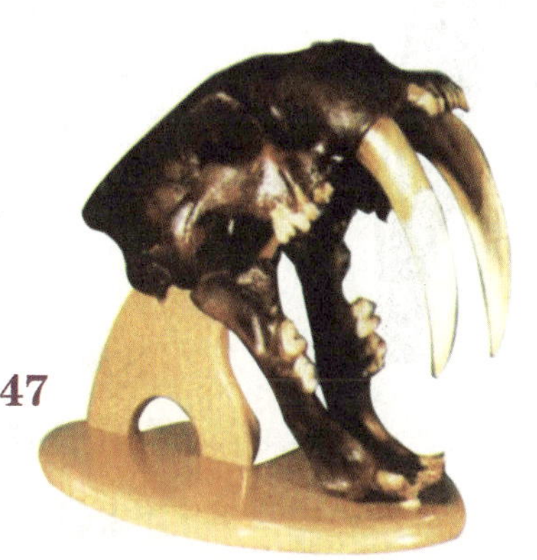

# 目录

## 第7章 消逝的地域

## 第8章 消逝的劫难

# 消逝的国家

# Part 1

在遥远的年代，在那片神秘的土地上，曾经出现过一些赫赫有名的王国，它们的兴起有如天外来客，横空出世，在默默无闻中异军突起。它们的消逝更是让人不可思议，往往是多年的辉煌在一瞬间土崩瓦解。但是，无一例外地，它们都给世人留下了无穷的猜测和启迪。

# 消逝的楼兰古国

新疆有一处令探险家、旅游者都十分着迷的地方，人称“沙漠中的庞贝”的神秘古城，它就是享誉中外的西域古国——楼兰。

▶罗布泊的雅丹地貌——楼兰古城遗址

楼兰在历史上是丝绸之路上的一个枢纽，中西方贸易的一个重要中心。司马迁在《史记》中曾记载：“楼兰、姑师邑有城郭，临盐泽。”这是现今可以查证的古文献上有关楼兰的记载。

▶楼兰古城的遗址正逐渐消逝



据资料记载，西汉时，楼兰城空前繁荣，城内有整齐的街道、雄壮的佛寺和宝塔。这里生活着14000多人，商旅云集，热闹非凡。但是，热闹的楼兰曾一度被势力强大的匈奴所控制，他们肆意劫掠商人、攻杀汉朝使者。

为保护汉朝与西域的往来，汉武帝曾发兵攻打楼兰国，俘虏了楼兰王，迫使其听从汉朝的管束。但是不久，楼兰又在匈奴的威逼利诱下，多次截杀汉朝官吏。楼兰王的出尔反尔让汉昭帝异常气愤。

汉昭帝元凤四年（公元前77年），大将军霍光受汉昭帝之命，派遣傅介子率几名勇士前往楼兰，设计杀死了楼兰王安归，立安归的弟弟为王，并改国名为鄯善，将都城南迁。汉朝并没有放弃对楼兰的管理，在那里设都护、置军侯、开井渠、屯田积谷，楼兰依然保持着高度的兴旺。

东晋后期，中原群雄割据，混战不休，无暇顾及西域，楼兰逐渐与中原失去了联系。

唐朝时期，中原地区繁荣昌盛，唐朝与吐蕃多次在楼兰兵戎相见。

李白在《塞下曲》中写道：“五月天山雪，无花只有寒。笛中闻折柳，春色未曾看。晓战随金鼓，宵眠抱玉鞍。愿将腰下剑，直为斩楼兰。”

王昌龄《从军行》中这样描述：“青海长云暗雪山，孤城遥望玉门关。黄沙百战穿金甲，不破楼兰终不还。”

从李白和王昌龄的诗句中可以看出，楼兰在唐朝时还是边陲重镇。

可是，这个曾经繁荣的城镇为何突然消失了呢？是在什么年代消失的？楼兰古国现在究竟在何方？这些都成了不解之谜。

▶瑞典探险家斯文·赫定

1900 年 3 月，瑞典著名探险家斯文·赫定带领一支探险队到新疆探险，在维吾尔族人艾尔迪克的陪同下，他们在沙漠中艰难行进。当艾尔迪克在返回原路寻找丢失的铁斧时，遇到了沙漠狂风，这一突然而至的灾难使他意外地发现沙子下面掩盖着一座古代的城堡。后来，他把这一发现告诉了斯文·赫定。

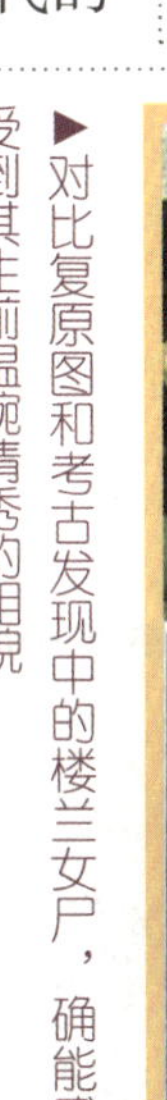

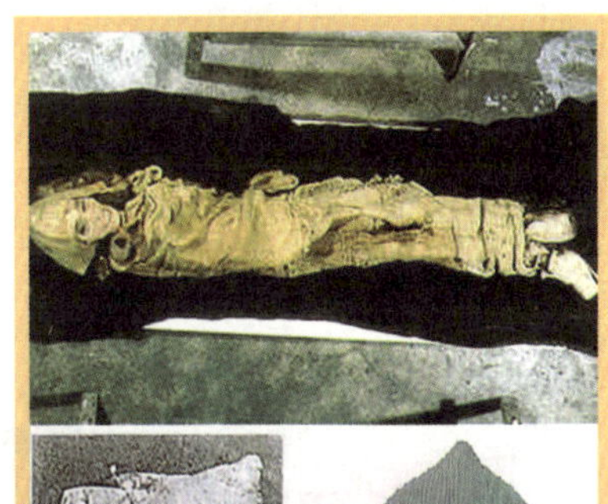

▶对比复原图和考古发现中的楼兰女尸，确能感受到其生前温婉清秀的相貌

1901 年，斯文·赫定再度来到新疆，在艾尔迪克的指引下找到了这座神秘的城堡，并发掘出了不少文物，经研究后断定，这座古城就是消失多年的楼兰古城。

楼兰古城的发现，引起多国探险家的浓厚兴趣，他们先后抵达了这座“有高度文化”的古城遗址，并掠走了许多重要文物。

随着楼兰古城的发现，一个谜团随之而来，是什么原因让繁华多时的楼兰销声匿迹，由绿洲变成沙漠？

为了揭开谜团，新疆科学工作者在 1979~1980 年对楼兰做了更深入的研究，他们的努力终于获得了回报。

这个被风沙湮没 1600 多年的古城露出了它的本来面貌。

据考证表明，楼兰古城的确切地理位置在东经 89° 55′ 22″ ，北纬 40° 29′ 55″ ，城东、城西残留的城墙高约 4 米。城墙用黄土夯筑；居民区院墙是将芦苇扎成束或把柳条编织起来抹上黏土做成的。城里全是木造房屋，胡杨木的柱子，房屋的门、窗仍清晰可辨；城中心有唯一的土建筑，墙厚 1.1 米，残高 2 米，坐北朝南，似为古楼兰统治者的住所；城东北的土丘原是居民们拜佛的佛塔。

那么到底是什么原因使楼兰城消失的呢？

科学家们认为，楼兰城的消失是因为罗布泊湖水的北移所致。

水是生命之源，罗布泊湖水北移后，使楼兰城水源枯竭，树木枯死，居民无法生存，只好离乡背井另找出路，留下一座空城。在肆虐的沙漠风暴中，楼兰城最终湮没于沙土中。不过，对于楼兰城消失的真正原因还有待进一步考证。

# 夜郎古国在哪里

“夜郎自大”这个成语是用来形容那些见识浅薄、骄傲自大的人的，它的出处来自司马迁的《史记》。

《史记·西南夷列传》记载：汉王朝的使者来到滇国时，滇王对汉使者说：“汉孰与我大?”使者来到夜郎国，夜郎侯也提出了同样的问题。于是后来有了“夜郎自大”这个成语，“自大”的名声也就落在夜郎头上，这顶“帽子”一戴就是2000多年。对“夜郎自大”这段典故，不知道的人很少，但对夜郎国的历史情况，知者却并不多。

◀司马迁是夜郎古国的首位记载者

据史书记载，夜郎古国存在于战国时期至西汉年间，大约延续了250多年。此外有关夜郎古国的其他情况，史书没有更翔实的记载。

▶夜郎铜鼓是中国古代南方诸方国（包括夜郎国）的重要礼器。图中的夜郎布依铜排鼓由主鼓和6个副鼓组成，主鼓厚1.4米，底径3.64米，腹径3.6米，面径3.33米

时过境迁，史书记载的夜郎国所在地早已不复存在。这就使后来的学者众说纷纭，夜郎古国的确切位置，始终没人能够说清楚。

为了揭开谜底，学者们采用对有关史籍上的记载进行考证的传统方法。学者们划出一个“大夜郎国”的范围来，其范围大致在今天的贵州、广西西北部、云南东部及四川南部边缘一带。再根据《史记》记载的“夜郎者，临牂牁江”，将探索范围进一步缩小去寻找“夜郎国”及其“国都”所在。

◀贵州的中水遗址群和夜郎文化关系紧密

关于“夜郎国”及其“国都”，有两种看法：

一种看法认为，“夜郎国”及其中心区应在今黔西南州及六盘水地区，其东南境到贞丰、望谟、册亨一带。

另一种看法是沿袭清人郑珍在《牂牁十六县问答》一文里提出的“今安顺府地即汉夜郎县”这一观点而稍作发挥，或说在安顺北部；或说在安顺、镇宁、六枝一带；或说在安顺县东南广顺。

这些专题研究活动对有关“夜郎国”族属、社会性质等一系列问题有了初步解说。但是，围绕古代典籍有限记载进行考

证的传统方法，已经很难再有新的突破，即如上述几种观点，也都只是简单地沿袭了明清学者的说法而已，而且其中有很多观点都经不起推敲，自然是不能以此让人信服的。

解放后，随着考古工作的进一步发展，考古学者们在贵州、云南等地的考古发现，为探索夜郎故地打开了新的局面。

◀夜郎古国出土的文物

几十年来，在贵州清镇、平坝、安顺、赫章等 11 个市县内，已陆续发现了不少汉代遗址和汉墓，如安顺东南宁谷公社汉墓就有百座以上。众多的考古发现，不仅证实了夜郎古国的存在，而且还印证了夜郎国中心在贵州西部偏南地区的文献考证。

更令人兴奋的是，《史记》和《汉书》中提到过的“滇王金印”，于 1956 年从云南晋宁石寨山 6 号墓中现身。

◀地处贵阳的夜郎古国遗迹

考古学家对夜郎古国的探究费尽心思，至于夜郎古国何时才能拨开云雾重见天日，这还有待进一步探究。

但值得期待的是，随着贵州地方考古工作的全面展开，虽然不一定能将 2000 多年前的“夜郎王之印”和《华阳国志》上留名的“夜郎庄王墓”发掘出来，但一定会有越来越多的古夜郎遗物、遗址重见天日，而且还能为我们提供更多、更有说服力的材料来解开困扰人们数千年的谜团。

▼西汉“滇王金印”，方形，蛇钮昂首盘屈，身有鳞纹。高 1.8 厘米，边长 2.4 厘米，重 89.5 克，1956 年云南晋宁石寨山 6 号墓出土，现藏于中国历史博物馆

# 消失的古格王国

▶西藏的古格王国遗址

在遥远的西藏西部，有一个被誉为“世界屋脊的屋脊”的神秘高原——阿里高原。它位于中国西部边境，与尼泊尔、印度、克什米尔等国接壤，衔接东亚、南亚和中亚，是西藏自然风景最为神奇的地方。

阿里高原的象泉河南岸台地上突兀地立着一座残垣断壁的古堡，这就是神秘消失的古格王国都城遗址。

古格王国遗址占地约 18 万平方米，整个遗址建筑共有房屋洞窟 300 多处、高达 10 余米的佛塔 3 座、寺庙 4 座、殿堂 2 间及地下暗道 2 条，分上、中、下 3 层，依次为王宫、寺庙和民居。

古格王国的消失，使一个具有数百年历史的繁华城堡不复存在，使这些融汇着东西方文化精华的文明从此销声匿迹。

阿里高原上人类活动的历史，可以追溯到旧石器时代晚期。西藏古老文化的发源地之一的象雄，在吐蕃王朝建立之前，已是雄踞西藏高原的一个强大的部落联盟。公元 7 世纪，象雄被强大的吐蕃王国所灭。吐蕃王国的晚期，其王室内部争权夺利十分激烈，王室直系后裔吉德·尼玛衮在斗争中失败，逃亡到阿里建立了一个小王朝。后来，吉德·尼玛衮将阿里一分为三，分封给他的 3 个儿子，古格王国就是其三子德祖衮的封地。



古格王国复兴佛教，迎请印度高僧，整顿教义，不惜重金修建了许多著名寺院。王室成员在弘扬佛教方面更是身体力行，常有出家修行者。

古格王室虽然笃信佛教，但仍一直坚持政教分离、王权至高无上的原则。然而，元代以来在西藏确立的政教合一的体制，对古格王国产生了深远的影响。在这种背景下，古格王国的喇嘛集团对政权的兴趣越来越大，与王室发生矛盾也就不可避免了。

葡萄牙传教士安德拉德等人的到来，成为了古格王室与喇嘛集团矛盾表面化的导火索。古格王室为了巩固王权，压制喇嘛集团，从而支持天主教弘扬其教法。但是王室的做法并没有得到民众的理解与支持，反而导致喇嘛集团的暴动。此时，与古格王国同宗的拉达克王国趁机出兵。拉达克人灭掉了自己的兄弟之国后，并没有在这片血染的土地上立脚，他们在胜利的狂欢中把这座城堡变成了一片废墟。

◀古格王国遗址宫殿中的『白度母』壁画极富精美的装饰性

一个曾经有过 700 年灿烂文明史的古格王国消失了，曾有着英雄色彩的古格人也从此杳无踪影。只留下这座缄默肃立的残垣断壁，屹立于风雨之中，岿然不动。

# 失落的亚特兰蒂斯

▲传说中的亚特兰蒂斯遗迹

亚特兰蒂斯的故事一直在人们之间流传。相传生活在那里的人们心地善良，品德高尚。

亚特兰蒂斯拥有美丽的园林和赛马场，还有金铸的城墙和银建的庙宇。然而，就是这样一个让人向往的世外桃源，却在海神的愤怒中遭到了彻底毁灭。这是一个真实的历史事件吗？如果是，它又存在于何时何地呢？

亚特兰蒂斯的故事令人神往，2000 多年来，关于亚特兰蒂斯的传说也一直吸引着西方国家的人们。希腊著名哲学家柏拉图对亚特兰蒂斯的兴衰做过详细的记述，他在公元前 4 世纪所著的《对话录》中提到：亚特兰蒂斯是一个海洋大国，位于海克力斯之柱（即今天的直布罗陀海峡）之外，其掌控了全部地中海，势力影响到埃及和土耳其。此外，它还有丰富的自然资源，物产充裕；高山阻挡了凛冽的北风，草原上有各种动物，包括大象和骏马。这一个岛国被分为 10 个区，由 10 个君王统治。这里的岛民轻视物质而尊崇道德，不奢求黄金财富。他们还精于骑术和航海。然而，随着时间的流逝，亚特兰蒂斯人慢慢地开始对所得的恩赐感到不满足，他们希望拥有更多的财富，也希望提升自己在世界上的影响力，于是，他们决定向全世界扩张势力，最终导致了战争。在最后一战中，雅典孤军迎战亚特兰蒂斯，最终雅典获得了胜利。海神波塞冬一怒之下，于公元前 9500 年左右，将亚特兰蒂斯沉没于海洋中。

▲传说中的亚特兰蒂斯繁荣富裕

◀柏拉图和他的学生亚里士多德

亚特兰蒂斯的故事就像一个神话，但柏拉图却坚称这是事实。然而也有人怀疑柏拉图的说法，他的学生亚里士多德便是其中之一。

但是，从历史的观点来看，柏拉图的看法存在着很大的疑问，因为亚特兰蒂斯的故事存在两个问题：

一、时间

▲壁画中的亚特兰蒂斯

人们已知的最早文明是大约公元前 3500 年在今天伊拉克地区发展起来的，而在公元前 7000 年根本就没有人类聚居的任何可信证据，在公元前 9500 年也并没有雅典城邦对亚特兰蒂斯的战争。在欧洲青铜器时代（约公元前 3000 年）前也没有马匹，可是柏拉图常常提到亚特兰蒂斯有马匹。

二、地点

柏拉图坚持亚特兰蒂斯位于海克力斯之柱之外，但今天人们推测的两处可能的地点却是希腊的锡拉岛（桑托林岛）和特洛伊。

1992 年，德国地质考古学家赞格博士认为，土耳其的特洛伊与柏拉图描述的亚特兰蒂斯最为吻合，那里位于一片靠近海峡的平原北面，受强劲北风吹袭，附近还有温泉、冷泉。更具说服力的是，他认为“海克力斯之柱”这个名字只在公元前约 500 年称呼直布罗陀海峡，之前只用于称呼通往黑海的达达尼尔海峡。而且在公元前约 1200 年，确实有洪水把特洛伊部分地区淹没过。



赞格博士的论点也许还需要充足的证据，在没有准确的结论前，锡拉岛最有可能就是亚特兰蒂斯。考古发现的爱琴海青铜器时代（公元前 3000~ 公元前 1500 年）文物，与柏拉图有关亚特兰蒂斯的记述有许多相似之处。不过特洛伊和锡拉岛都不符合柏拉图所述的亚特兰蒂斯在“梭伦之前 9000 年”的说法。有学者认为问题只是数字流传有误，假如柏拉图指的是“梭伦之前 900 年”，那就符合锡拉岛火山爆发的时间。假如能确实证明问题只是日期上的错误，而且海克力斯之柱并非一直都指直布罗陀海峡，那么亚特兰蒂斯之谜就能大白于天下了。

▶关于亚特兰蒂斯的考古发现

美国学者唐纳利于 1882 年出版了《亚特兰蒂斯：大洪水前的世界》一书，他认为亚特兰蒂斯位于大西洋中央。他的这种观点与柏拉图的说法相吻合。

关于亚特兰蒂斯的故事，人们现在仍时常提起，学者们也一如既往地探索着它的真相。但是，时至今日，还没有给出一个让人信服的说法。也许亚特兰蒂斯将会成为不解之谜，但或许在不久的将来能真相大白也未可知。

# 神秘的古印加帝国

1438 年，南美洲印第安人创建了神秘的古印加帝国。它是一个地域辽阔、文明发达的古帝国，但由于消失得太快，又没有留下什么文字记载，所以成为人类历史上最神秘莫测的古文明之一，给后人留下了许多未解之谜。

## 纳兹卡巨画

纳兹卡谷地上，有许多由深 0.9 米、宽 15 厘米至数米不等的人工沟组成的巨大图画。这些画一般都有数百平方米大，采用了现代二方连续画法。画的内容包括各种动物、植物和人物。据美国航天飞机拍下的图片显示，只有从 300 米以上高空才能看清这些巨画的全貌。

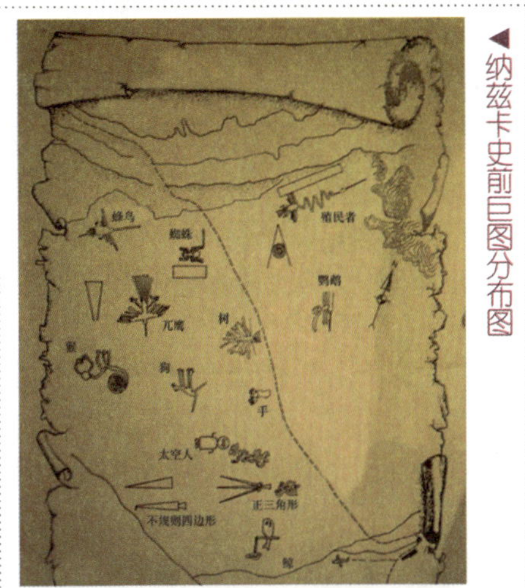


◀纳兹卡史前巨图分布图

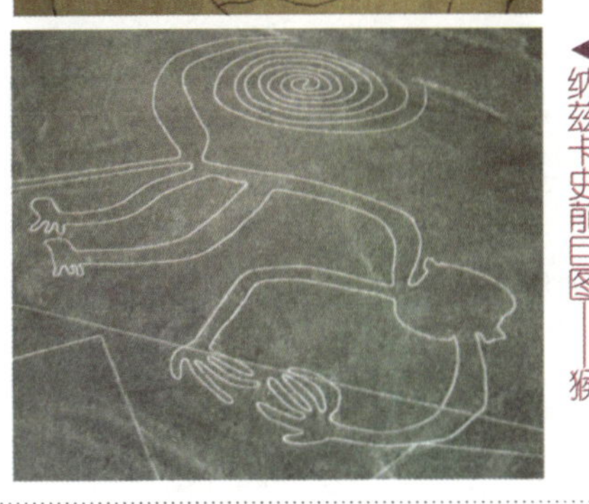

◀纳兹卡史前巨图——猴

完全不懂飞行技术的古印加人是如何绘制这些巨画的？又是画给谁看的呢？目的又是什么？真是让人匪夷所思。

## 太阳门与神秘的天文历

太阳门，这个前印加时期的庞然大物由重达百吨以上的整块巨石雕琢而成，高 3 米多，宽约 4 米。门两侧画着 48 幅方形图案，分列 3 排，簇拥着上方一个会飞的神。



门上镂刻的许多象形文字被考古学家认为是一种天文历。按照这种历法，一年只有 290 天，一年的 12 个月中有 10 个月只有 24 天，其余 2 个月为 25 天。

没有人知道这种与现在的太阳历大相径庭的历法究竟是如何运转的。

## 神秘帝国迅速消失

400 多年前，西班牙征服者皮萨罗先是诱杀了印加皇帝阿达瓦尔巴，然后率兵前往印加首都库斯科。但令征服者惊异的是，整个库斯科城空无一人。

印加帝国的人们以及大量的财富何以消失得无影无踪，至今仍令历史学家们感到迷惑不解。

神秘的印加帝国给后人留下了太多要探索的东西，考古学家们能否解开印加帝国的千古之谜还要拭目以待。

▶葵布是印加文化的代表

# 古巴比伦王国的灭亡

▶从后人构思的『空中花园』能猜测出真正的古巴比伦奇观

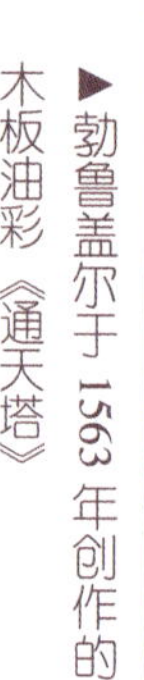

▶勃鲁盖尔于1563年创作的木板油彩《通天塔》

约公元前1894年，阿摩利人首领苏木阿布以巴比伦为都城，建立了古巴比伦王国。在古巴比伦王国最出色的国王汉谟拉比死后，巴比伦不断受到外族的进攻，直到公元前626年迦勒底人首领那波勃来萨建成新巴比伦王国，人们的日子才逐渐安定下来。尼布甲尼撒二世在位时，将版图扩张至叙利亚和巴勒斯坦。

在新巴比伦王国时期，巴比伦是古代两河流域地区最壮丽最繁华的都城。巴比伦古城有内外两道城墙，城墙的两端起于幼发拉底河畔，长达16千米，城墙的厚度可以让一辆4匹马拉的战车转身。每隔一段距离都设有一座城楼。而城里最壮观的建筑物当属尼布甲尼撒的王宫和著名的“空中花园”以及巴别通天塔。

河对岸是巴比伦的新城区，一座大桥横跨幼发拉底河，使新城区跟主城连在一起。所以，这座城墙不仅能用来抵御外敌的入侵，还能保护巴比伦城不受河水的危害。

巴比伦城有100座铜城门，因此希腊大诗人荷马又把巴比伦城称为“百门之都”。巴比伦古城的大门叫典礼门，高4米多，宽2米左右。门的上部是拱形结构，两边和城墙相连，门洞两边的墙上有黄、棕两色琉璃砖制成的雄狮、公牛等图像。

穿过城门是一条广阔大道，上面铺着灰色和粉红色石子，尼布甲尼撒的王宫在大道西边。被人们称为“世界七大奇迹”之一的“空中花园”在王宫的东北角。赫赫有名的巴别通天塔则耸立在大道的北面。巴别通天塔共有7层，总高90米，塔基的长度和宽度各为91米左右。在高耸入云的塔顶端，还建有壮观的供奉马都克主神的神殿，塔的四周是仓库和祭司们的住房。

在5000多年前，人们能建起这样一座巍峨雄伟的通天塔，实属人世间的一大奇迹。

然而，即便是这样一个充满智慧的国家，也没有抵挡住公元前568年波斯人的入侵。

▼古巴比伦遗址

随着巴比伦王朝的覆灭，显赫一时的古城巴比伦也日渐消失在荒草之中。

公元前 331 年，当亚历山大大帝占领已经荒芜的巴比伦后，他曾经想重建通天塔。但是，单单清除废塔的砖瓦就需要 1 万人工作 2 个月，最后他只好放弃了这个计划。

千百年过去了，先后有许多人加入到寻找巴比伦古城遗址的队伍中。

1899 年 3 月，德国一批考古学家在巴格达南面 50 多千米处的幼发拉底河畔开始进行发掘，经过 10 多年持续性大规模的考古发掘工作，终于找到了已经失踪 2000 多年、由尼布甲尼撒二世在公元前 605 年改建的巴比伦古城遗址。

随着发掘工作的深入，许多宫殿、神庙、街道和住房渐渐露出地面。考古学家们正在和历史学家、艺术家们一起，根据发掘出来的文物复制古城巴比伦大多数建筑物的原型，以便有朝一日能使这座宏伟的古城恢复旧观。

▼征战中的亚历山大大帝

相关知识全接触

**亚历山大大帝**

亚历山大大帝（前 356~ 前 323），马其顿国王腓力二世之子。亚历山大自幼聪颖过人，曾受教于亚里士多德，稍长即被授予首府总督之职，并以平定山贼有功而被任命为马其顿大军统帅，随父横扫希腊城邦之乱。

公元前 336 年，腓力二世遇刺，亚历山大继任王位。他继承其父遗志，率领希腊联军进攻波斯，大败波斯并直入小亚细亚，攻占两河流域，波斯帝国崩溃，波斯王大流士三世被杀。公元前 326 年南下印度，抵达希发西斯河（今比亚斯河）。前进受阻，于公元前 325 年分水、陆撤军，第二年返抵巴比伦。在东起印度河西至尼罗河与巴尔干半岛的领域内，建立了亚历山大帝国。虽然其“东征”造成很大的破坏，但对东西方经济和文化的交流有促进作用。

# 迦太基的消失

据资料记载，大约在公元前 814 年，腓尼基城邦推罗的移民横渡地中海建立了迦太基，当时建立迦太基的目的是以它作为大量贩卖奴隶及海上贸易的中转站。迦太基拥有庞大的船队，而且居民都善于航海，所以其由海路贩运奴隶、金属、奢侈品、酒和橄榄油等商业活动很蓬勃。

▲希腊和腓尼基在地中海地区的殖民地



大约在公元前 8 世纪 ~ 公元前 6 世纪，迦太基向西地中海进发，占领了西班牙南部海岸及其附近岛屿和意大利的撒丁岛、西西里岛等岛，开始称霸西地中海，与希腊分别控制着地中海的东西两边。与此同时，迦太基又开始向非洲内陆扩展，并控制了北非的大部分腓尼基人殖民地。

从公元前 6 世纪开始，迦太基为了保护其利益，与欲染指地中海西部的希腊人发生冲突。大约在公元前 535 年，迦太基人联合伊特拉斯坎人，在科西嘉岛近岸重挫了其中一支希腊人的舰队。但是在公元前 480 年，阿克拉加斯的领主特隆和叙拉古的领主格隆所统率的希腊军队却在西西里岛大败迦太基的军队。此后百年间，迦太基与希腊为了争霸地中海而纷争不断。

直到公元前 4 世纪初，希腊在经历伯罗奔尼撒战争后元气大伤，终于停止在西西里的战争，迦太基与希腊的纷争告一段落。

公元前 122 年，罗马在这里建立殖民地。公元 4 世纪，罗马帝国分裂，迦太基隶属西罗马帝国。公元 5 世纪时，西罗马帝国崩溃，此时汪达尔人乘机入侵迦太基，并占领了非洲北部沿海大部分国家，成立了阿兰·汪达尔国。到了公元 7 世纪，阿拉伯人向亚、非、欧三大洲的邻国进军，征服了迦太基在内的北非大部分领土。1217~1221 年，第五次十字军东征，横扫过迦太基，这座历经沧桑的古城被损坏殆尽，最终完全消失在历史的长河之中。

▼这是后人根据历史遗迹和史料记载复原的迦太基想象图

# 海上霸国克里特的毁灭

▲克里特文明留下的排水设施，由此可见其城市功能的完善

克里特王国经济文化鼎盛时期，大约在公元前2300~公元前1500年间（也就是我国的夏朝时期），在最后的一二百年中，正是米诺斯王朝。当时，米诺斯称雄爱琴海，威震雅典，是联系亚、非、欧三洲先进国家的纽带。米诺斯王朝充分利用了这一优势，发展造船业，并建立了强大的舰队，拥有一支世界上最早的海军舰队。

米诺斯王朝所向披靡的舰队，使其与埃及、叙利亚、巴比伦、小亚细亚等区域保持贸易往来，并成为建立海上霸权和进行殖民扩张的威慑力量，爱琴海诸岛纷纷向米诺斯称臣，雅典也必须向米诺斯纳贡。

奇怪的是，大约在公元前1500年，克里特岛上所有的城市、村庄以及那里的土地，突然在同一时间全部被毁坏。不久，这个古老的海上霸国便从地球上永远地消失了。



1967年，美国考古学家揭开了这个谜。在克里特岛以北约130千米处，有一座桑托林火山岛。桑托林火山海拔566米，20世纪曾有过3次小规模的喷发，虽然远不能与维苏威火山相比，但也有一定的破坏性。它的宁静使岛上祖祖辈辈的居民感到很安全，从没有人担心过会有危险发生。一直到1967年，当美国人从岛上60多米厚的火山灰下挖出一座古代商业城市时才令世人改变了对它的看法。

研究表明，这是人类历史上最猛烈的一次火山爆发。那是在公元前1500年前后，桑托林火山喷出大量的火山灰渣，使岛上的城市几乎在一瞬间就被埋在厚厚的火山灰下。直冲天际的火山灰弥漫在空中，覆盖着地中海东部地区。

据记载，当时埃及上空曾出现过3天漆黑一片的情景。火山爆发引起了巨大的海啸，浪头的高度达50米。这滔天的巨浪滚滚南下，很快便来到克里特岛，摧毁了岛上的城市、村庄和沃土良田，船只被汹涌的狂浪击碎，米诺斯无敌的舰队顷刻间化为乌有，整个克里特岛几乎成为一片平地。

就这样，一次火山大爆发消灭了一个古老的文明王国。克里特王国很快被人们遗忘了，只留下一些莫名其妙的传说。克里特文化的兴亡，至今仍是考古学中令人费解的难题之一，它的神秘面纱仍然未被完全揭开。

▲距今约3500年的一节炭化橄榄树干帮助科学家弄清了克里特文明的消失时间

# 波斯帝国的覆没

◀波斯帝国的创立者——居鲁士

伊朗高原在亚洲西南部，面积约 250 万平方千米，由南北两侧边缘山地及山间高原与盆地构成。高原内部海拔 900~1500 米。山地有兴都库什、厄尔布尔士、扎格罗斯、苏来曼等。波斯最早兴起于伊朗高原的西南部。

伊朗高原最古老的居民是依蓝人部落。他们在公元前 4000 年已定居于扎格罗斯山脉的西南部，并于公元前 2000 年形成强大的奴隶制国家，而到了公元前 7 世纪被亚述帝国击败，逐渐衰落。

在波斯帝国之前，伊朗高原的西部曾先后兴起过埃兰和米堤亚。

▲波斯国王居鲁士的宫殿遗址

米堤亚人的奴隶制国家是在公元前 7 世纪后半期形成的，它与新巴比伦王国结为军事联盟，在公元前 612 ~ 公元前 605 年把亚述帝国击灭，并瓜分了它的土地。



波斯人早期曾处于其北邻米堤亚的统治之下。公元前 553 年，波斯人在出身于阿契美尼德氏族的居鲁士的带领下，起来反抗米堤亚的统治，并于公元前 550 年灭掉米堤亚王国，建立了波斯帝国。随后，居鲁士率兵进行扩张，不仅征服了小亚细亚，而且在公元前 538 年占领巴比伦城，灭亡新巴比伦王国。公元前 529 年，居鲁士在对中亚细亚的扩张战争中死亡，这时波斯帝国已经基本成形。居鲁士死后，其子冈比西在公元前 525 年灭亡埃及。

公元前 522 年，祭司高马达发动政变，并以免税 3 年和不服兵役为号召，夺取了政权。波斯帝国境内被征服民族一时之间纷纷独立。冈比西闻讯后从埃及返国，途中暴死。在波斯贵族的支持下，出身于阿契美尼德氏族的大流士一世杀死了高马达，夺得政权。大流士一世即位后，对波斯帝国境内的反抗斗争进行了残酷镇压。大流士一世以严密的制度和立法巩固他所继承的帝国，而且又扩大了帝国的疆土。在东面，进一步将印度河流域并入帝国版图；在西面，亲征黑海北岸的西徐亚王国。

波斯帝国企图控制爱琴海地区，于是决定入侵希腊。

公元前 492 年，大流士一世发兵进攻希腊，但因海军舰队在色雷斯海岸毁于风暴、陆军遭到色雷斯人袭击，半途而废。

▲反映希波战争的油画

公元前491年，大流士一世派遣使者到希腊各国索取“土和水”，意思是要他们表示臣服。有些国家不敢违抗，但是雅典人把波斯使者抛进深谷，斯巴达人把波斯使者扔进井里，叫他们自己去取土和水。

公元前490年，波斯战舰由爱琴海直驶希腊，企图征服雅典，最后雅典、波斯两军在马拉松平原展开激战。雅典采用两翼埋伏、正面佯攻、最后三面包抄的战术，创造了以少胜多、以弱胜强的光辉战例，波斯军队大败而还。

公元前480年，波斯国王薛西斯率领水陆大军进入北希腊，斯巴达王李奥尼达率领队伍在德摩比利隘口（温泉关）挡住波斯军队。最后由于奸细引路，队伍遭到包抄，李奥尼达和300多名斯巴达战士奋力据守关隘，最后全部壮烈牺牲。波斯军队长驱而入，占领了雅典城。但是雅典海军在地米托克利指挥下，在萨拉米斯岛以东的海峡中大败波斯海军，取得决定性胜利，薛西斯退回亚洲。

第二年，残留的波斯军队被赶出了希腊。此后，雅典转入攻势，同波斯在海上争霸。

公元前449年，在地中海东部塞浦路斯岛以东的海上，雅典海军彻底打败了波斯海军。同一年，双方签订和约，波斯承认小亚细亚的希腊城邦独立。

侵希战争的失败是波斯帝国的转折点，庞大的波斯帝国只是一个暂时的军事行政联合，它在历时半个世纪的希波战争中元气大伤。由于波斯帝国被困于内外的重重矛盾之中，使得其从公元前5世纪末开始急剧衰落。后来，波斯帝国的军队无力抵抗希腊马其顿国王亚历山大的东征，屡战屡败，最后在公元前330年灭亡。

▲希波战争中的伊苏斯会战。公元前333年，亚历山大大帝率领希腊联军在伊苏斯与波斯军队展开大战，大败波斯，取得了对波斯的决定性胜利。波斯帝国不久灭亡。这幅壁画描绘的就是伊苏斯会战的情景，它出土于庞贝的“牧神之家”，是公元前3世纪的作品

# 苏美尔王国的灭亡

▲公元前2600年的苏美尔艺术

苏美尔人是两河流域文化的开创者，他们首先使用了楔形文字。苏美尔文明主要位于美索不达米亚南部，据科学考证，苏美尔文明的开端可以追溯至公元前4000年。

历史学家把从公元前4000～公元前3000年之间的苏美尔文明称为“早期高度文明”。这一时期各苏美尔城邦都已经存在，苏美尔人的文字也已经存在，但是这段时期的历史仍然很不清楚，原因可能是多方面的，比如考古发现的不充分，或者文明刚刚起步之时，本身尚未进行系统的历史记载。

苏美尔的建筑都是用泥砖筑成的，砖与砖之间没有灰浆或水泥连接。由于泥砖建筑会随时间损毁，因此他们过一段时间就得拆除、铲平和重造。随着时间的延续，两河平原的城市因此不断抬高。这样的古迹被称为台勒。苏美尔人最壮观和最著名的建筑是塔庙，它们建筑在巨大的平台上。塔庙和宫殿采用了更复杂的结构和技术，如支柱、密室和黏土、钉子等。



苏美尔的每个城市都有自己的神和神学，而且随着时间的变迁这些神也会发生变化，因此无法说清苏美尔宗教。苏美尔人的信仰是最早有记录的信仰，它是后来美索不达米亚神话、宗教和占星学的源泉。

苏美尔人发明了一种象形文字，后来这种文字发展为楔形文字。这是已知的人类文字中最古老的。已经发掘出来的有上千万苏美尔文章，大多数刻在黏土板上。

即使是专家也很难懂苏美尔文字，尤其早期的苏美尔文字非常难懂，因为它们经常不包含所有的语法结构。

▲苏美尔人发明的文字

库提人曾统治过苏美尔地区，库提人在灭掉阿卡得之后，对苏美尔地区的统治比较薄弱，苏美尔各邦逐渐复兴。乌尔王乌尔纳木统一了南部两河流域，建立起乌尔第三王朝（约公元前2113～公元前2006年，乌尔第一、第二王朝存在于苏美尔王朝时期）。乌尔第三王朝给后世留下了贵重的遗产《乌尔纳木法典》，通过它，我们能得知苏美尔人法律的特点。

乌尔第三王朝的统治并不长久，乌尔第三王朝的灭亡，标志着苏美尔人退出了西亚历史舞台。

# 安息帝国的兴衰

▲各个时期的安息帝国的国王形象

公元前 3 世纪中叶，伊朗高原东北部的帕提亚王国仍是塞琉西王国的属地。一支伊朗语族的帕奈人游牧部落从北方的中亚草原来到这里，和当地人民一同发动了反对塞琉西王朝统治的斗争。公元前 247 年，塞琉西王国与托勒密王国发生战争，乘其纷争之际，帕提亚独立，建立了阿萨息斯王朝，国王是帕奈人的部落首领阿萨息斯。中国史书将其王朝名称简称为安息。

塞琉西王朝为恢复其统治，于公元前 238 年数次大举东侵，但因塞琉西王国内部纠纷，安息帝国基本未受到什么影响，并逐渐发展壮大。

公元前 170 年，安息王米特拉达悌一世即位。于公元前 155 年，他向西出兵占领了米堤亚，打开了通往两河流域的道路。公元前 141 年，他又出兵底格里斯河上的塞琉西亚——塞琉西王国在两河流域最主要的城市，一举攻占了这座城市。



米特拉达悌一世在位期间，还向东夺取了一些重要城市，将安息版图扩展为一个东起中亚西南部、西至两河流域的帝国，中间包括伊朗。

公元前 123 年，米特拉达悌二世即位。他统治初期，阻挡了东方国家的西进，并使安息帝国东界达到阿姆河一线。他还于公元前 1 世纪初，向西北方扩展至亚美尼亚。在安息的统治范围向西进的同时，罗马帝国也在不断地向东方扩张自己的领土。公元前 64 ~ 公元前 63 年间，罗马灭了塞琉西王国和犹太国，建立了叙利亚省和犹太省，这样就与安息国直接接壤。两国战争时有发生。

两国之间的纷争持续了 50 多年，直到公元 1 世纪时，安息帝国与罗马帝国基本上处于相持状态。公元 1 世纪末 2 世纪初，安息国不断发生内乱，国势逐渐衰落。罗马皇帝图拉真乘安息国内乱时，于公元 114 ~ 116 年间大败安息人，占领了亚美尼亚和两河流域，在那里分别设立行省。

▼安息帝国前身——帕提亚所特有的马骑弓箭手

公元 161 年，安息王越过幼发拉底河侵入罗马统治下的叙利亚。后罗马人展开反击，夺取了亚美尼亚，并在公元 164 ~ 165 年间占领了两河流域，但仍然没能守住这些新占领区。

安息帝国在与罗马的长期斗争中严重地削弱了自己的力量。公元 3 世纪初，安息帝国统治者内部又起纷争，国势越发不振。公元 226 年，安息帝国最终被波斯萨桑王朝所灭。

# 尼雅的消失

◀英国探险家斯坦因在中国新疆

20 世纪初，英国人斯坦因在新疆塔克拉玛干沙漠南缘的尼雅河畔发现了一座古城遗址，并挖掘出 12 箱封存千年的各种珍贵文物。当他把这些文物带回英国时，震惊了西方学者。这就是被其称为东方“庞贝城”的尼雅遗址。有人提出，斯坦因所发现的尼雅遗址，就是中国史籍中记载的西域 36 国之一的精绝国。精绝国在公元 3 世纪时突然消失了，但是斯坦因的发现又使精绝国惊现于世。

可是，精绝国是如何从历史上消失的？它为何被埋没于滚滚黄沙之中？为什么繁盛的绿洲变成了死亡的废墟？为此，历史学家们既困惑不解又争论不休。许多人认为，尼雅之所以被废弃埋没于沙海之中，是因为尼雅人大肆砍伐树木，破坏生态环境，致使水源枯竭，风沙肆虐，绿洲消失，最终被湮没于茫茫沙海之下，也有许多人对此持疑问和否定的观点。

为揭开这千古之谜，1995 年，中日两国考古学家深入塔克拉玛干沙漠，开始对尼雅遗址进行大规模科学考察。这次考古价值最高的发现是大量保存完好、特色鲜明的织锦和写有佉卢文的木简函牍。



大量的佉卢文档案让考古学家们欣喜若狂。通过解读它们发现，尼雅王国长期受到来自西南方 SUPIS 人的威胁与入侵。木牍的文字表明，SUPIS 人对尼雅王国从威胁到入侵一步步地加深，如“SUPIS 人之威胁令人担忧，余等将对城内居民进行清查”、“现有人带来关于 SUPIS 人进攻之重要消息”。也有的表明尼雅人无法抵御强大的 SUPIS 人的进攻，“SUPIS 人从该处将马抢走”、“SUPIS 人抢走彼之名菩达色罗的奴隶”。

▶在尼雅遗址中发现的织锦

考察中发现，废墟中尸骨累累，用来存放佉卢文的陶瓮密封完好没有拆阅，储藏室里仍有大量的食物，甚至纺车上还有一缕丝线。这一切似乎告诉人们尼雅王国在面临长期的入侵威胁后，遭到了惨重的致命一击，甚至没有留下最后的文字记载。

▲位于塔克拉玛干边缘的尼雅遗址

但是在各种史书上从来没有关于 SUPIS 人的任何记载，这个凶猛好战而富于侵略性的民族会是些什么人？尼雅王国后裔们的命运如何？这些未解之谜让历史学家们百思不得其解，而尼雅王国的最后归宿，又令人嗟叹不已。

# 亚述帝国的兴亡

亚述是古代西亚的奴隶制国家，公元前8世纪后半叶，发展成为强大的军事帝国。

▲著名的古代浮雕——垂死的牝狮就出自亚述人之手

铁器在亚述帝国的使用，不仅使社会经济迅速发展，还为军队提供了更为锐利的武器，增强了战斗力。

在对每个地区进行征服以前，亚述都会派间谍去刺探情报，以保证战争能取得胜利。从公元前10世纪末开始，亚述经过两个多世纪连续不断的征服战争，统治了两河流域南部和埃及这两大文明中心，成为铁器时代的第一个强盛帝国。

公元前745年，提格拉·帕拉萨三世执政期间进行了军事改革。他把军队分成若干专门的兵种，大大加强了亚述的军事力量。提格拉·帕拉萨三世在位期间，征服了整个叙利亚地区和巴比伦王国，并将亚述与巴比伦合二为一，创建了新的巴比伦王国，可以说提格拉·帕拉萨三世是亚述的真正创建者。



到了他统治的后期，提格拉·帕拉萨三世不得不再次进行改革。他不再对被征服地区实行烧光、杀光、抢光的政策，而是将其居民从一个地方迁到另一个地方去。并且将不同地区、讲不同语言的居民混合起来居住，造成他们交往不便。他准许人们带上部分财产并携带妻子儿女，同时把土地分给这些被迁居到不同地方居住的人进行独立经营，但土地不归他们所有，这些人也没有人身自由，产品的大部分要交给亚述奴隶主。

◀亚述弓箭手在当时被作为亚述帝国的主要兵种

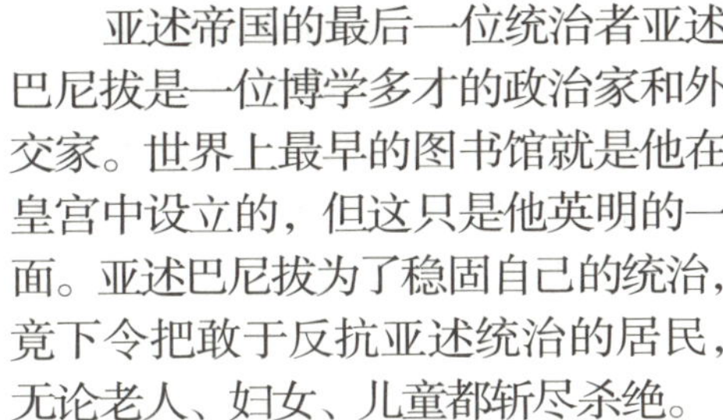

亚述帝国的最后一位统治者亚述巴尼拔是一位博学多才的政治家和外交家。世界上最早的图书馆就是他在皇宫中设立的，但这只是他英明的一面。亚述巴尼拔为了稳固自己的统治，竟下令把敢于反抗亚述统治的居民，无论老人、妇女、儿童都斩尽杀绝。

在这样残暴的统治下，人们掀起了猛烈的反抗浪潮。埃及首先宣布独立，叙利亚和腓尼基也紧随其后。巴比伦也于公元前626年与米堤亚人结成同盟反抗亚述的统治，并于公元前614年攻下亚述城。就这样，曾经统治了广大东方地区的亚述帝国土崩瓦解了。

# 拜占庭帝国的灭亡

◀拜占庭的艺术风格僵硬而重视装饰美，图中着黑衣者为查士丁尼一世

拜占庭帝国又被称为东罗马帝国，匈奴和日尔曼部落对西罗马帝国反复侵袭，使得西罗马帝国灭亡。这时拜占庭成为唯一的罗马人帝国——而且他们也一直认为自己才是纯正的罗马血统。

公元527年，拜占庭帝国的第一位强势皇帝——查士丁尼一世登基，在他登基后立即任命名将贝利萨留为元帅，并让他带领军队向夙敌波斯帝国宣战。贝利萨留在尼亚比斯被波斯军大将扎基西斯以压倒性的兵力——3万大军逼退后，双方的军队在两河流域的德拉城再次会战。虽然贝利萨留的军队在数量上依旧处于绝对劣势，但这回波斯军队犯了个愚蠢的错误，他们背对着敌方的城列阵，于是贝利萨留带领军队两面夹击，虽然波斯军队数量是对手的数倍，装备也比较精良，但他们还是惨败而归。



雄心勃勃的查士丁尼一世让贝利萨留跟汪达尔人开战，于是贝利萨留率领拜占庭远征军出征非洲。这实在算不上一支军队，步骑兵总数再加上马匹数量才2万，而且军队中的士兵大半是粗鲁且毫无组织纪律性的蛮族雇佣兵。用这种兵力去征战远离本土的汪达尔人是十分困难的。贝利萨留率领军队搭船出海，一路上历经磨难，最终踏上了非洲的土地。

当时贝利萨留还不知道对手的实力如何，甚至连一张详细的地图也没有，幸好当地当导游赚小费的人不少，贝利萨留从他们那里得到了一些信息。贝利萨留最终在迦太基撞上汪达尔人的大军，但他没有与汪达尔人的大军硬拼，而是经过一番复杂的迂回后使汪达尔人的大军失去了有利地形并分散成几支“小军队”，最终被贝利萨留一一击溃。公元534年，汪达尔人宣布投降，汪达尔王国灭亡。

这次胜利使拜占庭帝国控制了非洲广大的畜牧基地。查士丁尼一世也没有想到战局会如此顺利，本来他以为以寡击众，远征入侵，贝利萨留能保持不败就已经不错了，结果却出人意料。

野心勃勃的查士丁尼一世很快和波斯重新开战。连续数十年不断的战事，使得原西罗马帝国的大部分地盘并入拜占庭帝国。但拜占庭军队的数量还不能控制如此多的土地，因此那些被征服的区域仍十分危险。但查士丁尼一世是个非凡的君主，他使拜占庭帝国的主控地区进入了全面的法制时代，并且建成了装甲骑士团。这成为拜占庭对外扩张战争中的主要支柱。

公元571年，查士丁尼二世上台后，再次爆发和波斯的领土纷争。然后再战再和，而且双方接下去的几任统治者都没有意识到这种拉锯战必然会导致两败俱伤，反而使纷争更加频繁，最后导致两个庞大的帝国有很多的边境城市根本没有驻军。

▲拜占庭铸币，上面刻有拜占庭皇帝君士坦丁五世

公元673年前后，中东的阿拉伯人乘机对拜占庭帝国的首都君士坦丁堡发动了大规模进攻。多达十万之众的阿拉伯军队从海陆两面对君士坦丁堡展开围攻，但此战阿拉伯军队元气大伤，10万兵力与上千战舰化为乌有，不得不停止扩张。

公元1070年，塞尔柱突厥人开始崛起，但此时他们并没有引起人们的注意。公元1299年，这支突厥人的首领奥斯曼登基，并宣布独立建国，随后开始对拜占庭发动战争。公元1326年，奥斯曼在小亚细亚的重镇布鲁萨夺取控制了马尔马拉海峡，并迁都布鲁萨，开始称为奥斯曼帝国（土耳其）。奥斯曼的儿子乌尔汗继承王位后，开始大规模扩军。几年内拜占庭在小亚细亚的领土尽失。

◀君士坦丁堡的圣索菲亚大教堂非常宏伟

公元1359年，乌尔汗的儿子穆拉德一世即位，奥斯曼帝国占领了整个色雷斯东部，公元1362年攻陷亚得里亚堡，切断了君士坦丁堡与巴尔干半岛其他地区的联系。

公元1421年，苏拉德二世即位土耳其苏丹，在其强势领导下，土耳其10余万步骑及300多条战舰于公元1453年全面围攻君士坦丁堡，当时城内的守军不足1万人。狂热的土耳其士兵如潮水般汹涌，突破了外围城墙蜂拥入城，毫无退路的拜占庭皇帝君士坦丁十一世帕里奥洛古斯下令全体御卫队以死相拼，最终全体战死，包括皇帝本人。

征服者肆无忌惮地破坏了这座伟大的城市。城内数万居民被掠为奴，皇宫教堂无数珍宝被劫，数十个工匠将圣索菲亚大教堂改成了清真寺，直到今日。这座城被赋予了一个新的名字——伊斯坦布尔。

君士坦丁堡最后和拜占庭帝国一起成为历史。

**相关知识全接触**

**查士丁尼一世**

查士丁尼一世（483～565），拜占庭皇帝。查士丁尼是世界上影响最大的帝王之一，主要有以下两点体现：他为拜占庭帝国打下了稳固的基础，这个帝国在历史的风雨中延续了近千年之久，后来一度成为亚欧大陆西部文明世界的唯一火种。二是《罗马民法大全》，查士丁尼的法典在拜占庭帝国衰亡后一度失去其影响力，但在欧洲文艺复兴运动的推动下，查士丁尼的法典重新焕发出它的热力，成为超越时空限制的法律大全。近代欧洲各国的法律，除了英国自成体系之外，大多深受其影响，并由此影响到亚洲、非洲、美洲各国的法律。

# 消逝的城市

# Part 2

穿越时间隧道，在著名遗址和古老文献里曲径探幽；以扑朔迷离的故事，解读远古的光荣和不可思议的发现。翻阅历史迷人的残页，倾听地壳下凄美的绝唱，再现遥远古城昔日的风采。传说与历史在这里发生了碰撞，迸发出智慧的火花。

# "空中之城"马丘比丘

▲乾坤变换，"空中之城"马丘比丘能留下什么给后人呢

马丘比丘，在印加语中意为"古老的山巅"。古城四周被崇山峻岭环抱，两边为600米的悬崖峭壁，下临湍急的乌鲁班巴河，形势十分险要。

早在公元前，印加人就在这里休养生息，创造了灿烂的文化。后来不知何故，昌盛一时的古城竟变成一座空城，埋没长达400多年，不为人们所知。直到1911年，美国耶鲁大学南美历史学教授海勒姆·宾加曼只身攀登上险峭的悬崖，马丘比丘才像一颗深埋已久的珍珠，以耀眼的光辉展现在人们面前。

马丘比丘面积为13平方千米，古城的建筑多用巨大的石块堆砌而成，石块与石块之间不用任何黏合物，只是利用石块自然的形状大小镶嵌堆砌，但建筑物却异常牢固，石块间的接缝也非常严密，甚至连一片刀片都插不进去。城垣也是由花岗岩筑成的，逶迤壮观，有"秘鲁长城"之称。

马丘比丘城中除了有一般的屋宅、广场等建筑遗迹外，主要是神殿、寺庙、金字塔、石阶等宗教建筑的遗迹。

宾加曼评论说，马丘比丘的砖石建筑是令人难以置信的奇观。当地人把巨大的花岗岩石块砌在一起，却又不使用沙浆，这在建筑史上简直是个奇迹。各种不同形状的石块，被巧妙而又精确地相互拼合起来，成为一体，看上去似乎只是一大块石头。

宾加曼来到这里时，这座被遗弃了数百年之久、又被森林蚕食了的古城，已是满目疮痍，令人意外的是，石砖建筑结构遭到的毁坏极少。

据现在的考察发现，这里可能是个宗教活动的聚集地。关于它建成的年代还没有一个确切的说法，比较认同的观点是建于15世纪末，印加帝国向外扩张势力的鼎盛时期。

▲从这些密集的断垣残壁可以推测这里曾经一度兴旺繁盛

从挖掘出的头骨，推断出女性人数与男性人数的比例为10∶1，由此使人们推测：这里曾是个宗教祭奠活动的场所，这里的

人们崇拜太阳，因为女人被视为“太阳的贞女”。

人们推测马丘比丘崇敬太阳的说法，还有另一个迹象证明，那就是一座名叫“拴住太阳的地方”的建筑。那座建筑是一个奇妙的石头结构，看样子像是个复杂的天文装置，当其他东西都残迹全无时，唯独它存留至今。

▶安第斯山脉上清晰可见的马丘比丘小道

考古学家认为：这是用来计算一些重要日期的，如夏至、冬至等。它的名字好像与一种庆典有关，因为据称在冬至那天太阳被拴在这里。而且，在太阳塔上，似曾有过对太阳系的观察与研究。那个塔是个马蹄形的建筑，朝东的一扇窗子很特殊，它在冬至那一天，可以抓住太阳的光线。另外，在三窗寺，那三扇排成直线的窗户，以及屋子中央那一块笔直的长方形石块，这些显然都有着某种特殊的意义，每当夏至日或冬至日，印加人便在此举行太阳节的庆典活动。



关于马丘比丘是怎样建成的，又为什么没落，至今还是一个谜。

有人认为，印加人不可能在没有马犬畜，没有铁制工具，没有车轮知识的年代里，建造出如此绝妙的砖石建筑。尽管他们确实是一个极具智慧的民族。即使如此，若没有用来进行切割与运输整块巨石的实用工具，是绝不可能建造出马丘比丘来的。所以，他们认为是外星人光临创造的。

还有人认为这一切都是印加帝国祖先的成果。

▶在马丘比丘遗址随处可见的神庙

关于它是怎样没落的，更是众说纷纭。

很多人认为是因为西班牙征服者的原因。可是，根据历史记载，当年侵略者的铁蹄并未踏向这里，并且，考古学家在研究中发现，早在公元1533年，西班牙人征服印加帝国之前，马丘比丘人就已经离开了这座美丽的“空中之城”。即便真的是因为西班牙人的入侵，难道拥有万骑精锐的印加人不敢和100多人的西班牙入侵者战斗吗？这一切都使人很难信服这种说法。

时至今日，“空中之城”马丘比丘依然是一个未解之谜。

# 吴哥古城的湮没

◀至今依然优美的吴哥窟遗址，四周被护城河所环绕

◀吴哥的围城

吴哥窟和中国的万里长城、埃及的金字塔、印度尼西亚的婆罗浮屠齐名，被誉为“东方四大奇迹”之一，吴哥古迹更被誉为人类文明史上“七大奇迹”之一。

吴哥窟、吴哥古城是柬埔寨的象征，它是人类文化宝库中的明珠。

12 世纪前半叶是吴哥王朝的全盛时期，信奉婆罗门教的高棉国王苏利耶跋摩二世，为了炫耀自己的功绩，祭祀“保护之神”毗湿奴，从而在吴哥古城的城南建造了著名的吴哥窟。

吴哥古城规模宏伟而壮观，四周被护城河所环绕。城内有各式各样精美的宝塔寺院和庙宇。在吴哥古城中心的是巴扬庙，它和周围象征当时 16 个省的 16 座中塔和几十座小塔，构成了一组完美整齐的阶梯式塔型建筑群。

每一个王朝都会历经兴起和衰落，吴哥王朝也不例外。

随着吴哥王朝的衰落，吴哥古城也被湮没在茫茫的热带雨林之中。吴哥大约消失了 400 多年后，也就是 1858~1860 年间，一位法国探险家亨利·莫科在森林深处采集标本时，偶然看到了耸立着的无数宏伟建筑和千奇百怪的神兽石像。亨利·莫科根据周达观的《真腊风土记》的描绘和记载，对这一地区出土的碑版雕文进行了考证。终于证实了自己在森林深处所见到的，就是公元 9 世纪至 15 世纪时期，柬埔寨吴哥王朝的都城及古代东方的奇迹——吴哥窟。

重现于世的吴哥古迹，让世人为之倾倒、赞服，同时又引发了人们无穷的遐想，并对它的建造和消失产生了许多疑问。

## 何人建造了美妙绝伦的古城

吴哥古迹在垒砌这些建筑时，没有使用黏合剂之类的材料，完全靠石块本身的重量和形状紧密相连，丝丝入扣。

它的每一块石头都经过精雕细琢，上面遍布浮雕壁画，其想象力之丰富、技艺之精湛、手法之娴熟，都让人难以置信，以至于人们普遍认为吴哥古迹是天神的杰作，不相信出自凡人之手。

◀吴哥窟精美绝伦的浮雕艺术

▲富有灵气的吴哥窟的南门拱

## 是什么原因致使人去城空

通过考古学家对吴哥古城的考察认为，在这座古城最繁荣的时候，至少有近百万居民在这里生活过。

可就是这样一座繁荣昌盛的都城为什么会被湮没在茫茫丛林之中呢？在这里生活的居民到哪里去了？

有人猜测，或许是霍乱和流行瘟疫之类的疾病，使他们在极短时间内全部死亡。也有人猜测，可能是受到外敌侵占后，被赶到某个地方做了奴隶。

中国一些学者认为，人去城空的结局与暹罗人的不断入侵有关。自从暹罗人不断强大，高棉人便蒙受了深重的灾难和巨大的损失。日益衰竭的国力使高棉人无法应付暹罗人的挑战，只好采取回避的方式。

有人则认为，吴哥王朝的衰落和抵抗力的丧失，并非完全是暹罗人所造成的，而是高棉王族之间内部矛盾斗争发展的后果。这时，暹罗人入侵，从而导致了吴哥王朝放弃古城。

这些疑问至今没有任何人能够给出令人满意的答案，由于有关柬埔寨中古时代的史料极其缺乏，重现于世的吴哥古城只能留待后人去探索和研究。

# 庞贝古城和赫库兰尼姆城的覆灭

▲今天的庞贝古城遗址仍显出它昔日的致密和宏伟

庞贝城始建于公元前7世纪，公元前4世纪开始逐渐受到罗马势力的影响，公元前89年与赫库兰尼姆城一同并入罗马。

庞贝城和赫库兰尼姆城相距8千米，位于意大利那不勒斯东南的维苏威火山脚下。

这里濒临海湾，阳光明媚，气候宜人。因此很多人都选择在这里生活、工作，其中不乏知名的权贵和富豪。随着时间的推移，人口数量不断增加，城市规模不断扩大，街市也日益繁荣。

庞贝城和赫库兰尼姆城舒适的气候和安宁的生活并没有永远持续下去。在公元79年8月24日这一天，灾难从天而降，维苏威火山爆发，天堂转瞬间成为地狱。



早在公元79年8月初，维苏威火山就开始不断冒出股股白烟，出现火山爆发的前兆。但是这一险情并没有引起人们的特别关注，因为以前这里也经常出现这种情况，而每次都是瞬间就烟消云散了。他们照常生活、工作。可是这一次，好运并没有光临他们，粗心大意使他们付出了惨重的代价。

8月24日这天，两城的居民像往常一样开始了他们一天的生活。中午时分，毁灭性的灾难到来。随着一声震耳欲聋的爆炸声，维苏威火山口岩浆汹涌而出，直冲云霄，遮天蔽日的黑烟挟带着滚烫的火山灰向人们袭来，刹那间天昏地暗。之后，火山爆发引发的暴雨扫荡着山上的石块、泥沙、火山灰，继而形成巨大的泥石流，顺着山势滚滚而下，冲向山麓平原。

庞贝城、赫库兰尼姆城遭到了彻底的摧毁。待烟消云散、土地冷却之后，庞贝城、赫库兰尼姆城这两座昔日繁华热闹的城市已被灼热的岩浆、火山灰和泥石流所埋葬，它们的历史就此戛然中断。

▼维苏威火山依然静静地矗立在庞贝古城的废墟旁

后来，维苏威火山多次爆发。由于火山灰和熔岩的多次覆盖，致使地下的古城埋得越来越深，后人再也无法见到古城的踪迹。

千百年来，人们只能从古籍史册中或者是传说中知

▲庞贝古城的内部景观

道曾经有过这两座古城的存在，但它们是什么样子，究竟在哪里，却一直是个不解之谜。

直到1600多年后，一个偶然的发现使得被遗忘已久的庞贝古城重新出现在世人面前。

18世纪上半叶，有人在离那不勒斯不远处挖出一块刻有“庞贝”字样的石头。经考察，这里就是罗马古城——庞贝城。不久，不远处的赫库兰尼姆城也被发现。

随后，经过长达100多年大规模的系统挖掘，庞贝城这座沉睡了1000多年的古城逐渐露出它本来的面目。但是，赫库兰尼姆城迄今只挖出其中的一部分，因为其被厚达10多米的坚固熔岩所覆盖，致使其发掘工作困难重重。

庞贝城由于受火山尘砾的保护，致使其当年的城郭结构、建筑装饰乃至居民的生活用品得以保持原状，甚至绘画颜色都鲜艳如初。这座在骤然之间被外力“凝固”的城市，就像一座天然的历史博物馆，鲜活地向人们展示出公元79年8月24日这一天庞贝古城的景象。



发掘的古城建筑在一个五边形台地上。城址略呈长方形，周围建有石砌城墙。它的城区规划得井然有序，东西向、南北向各有两条平坦笔直的大街，把全城划分为9个城区，每个城区又有许多街、巷纵横相连。街道路面用碎石铺成，路边还铺有高出路面的石块。

城西南有一个长方形广场，据残存的大理石圆柱和雕琢精美的拱门推测，这里应该是全城的政治、经济和宗教活动中心。

广场四周建有政府办公楼和法院。在广场的东北角，考古学家在那里发现了干枯的杏仁、胡桃、无花果、栗子、葡萄等果品，据此推测，这里应该是一个商品集散地。

城的东南有一个圆形剧场，剧场四周是环形观众席，中心低处为舞台，同时兼做角斗场，可容纳观众5000人。剧场附近还有一座体育场，近乎正方形。体育场三边围以圆柱长廊，黄柱红瓦，醒目亮丽，场中央是一口游泳池。

◀从今人的模拟图中更能清楚地看出这些遇难者生命凝固的瞬间

庞贝城每个城门设有2个城塔。

从已发掘出的遗址、遗物来看，庞贝城是个手工业相当发达的城市。榨橄榄油作坊、纺织作坊、面包作坊、羊毛纺织印染作坊星罗棋布，这些作坊的设备都很齐全。城里还有很多的小酒店、小客栈、小商店。

令人瞠目结舌的是，庞贝城竟然具有完整的供水系统。泉水从城外山上通过高架渡

▲末日来临时的庞贝城（油画）

槽引入城中水塔，再通过铅制供水管分流到城中各处。在十字路口设有带雕像的石头水槽，高近 1 米，长约 2 米，供市民饮用。城内有 3 座公共浴室，每座用一个锅炉统一烧水，将热水、温水分别导入男女浴室。公共浴室设施齐全，蒸汽浴、冷热浴俱全，还有按摩室、化妆室，装饰华丽，比起现代公共浴室有过之而无不及。

庞贝城除了富丽堂皇的公共建筑外，还有许多达官贵人的别墅。这些住宅装饰华美，无不弥漫着古罗马式的奢华情调。

在庞贝城中最引人注目的是那些色彩鲜艳的壁画。

1831 年，庞贝城出土了著名的镶拼画《伊索斯之战》。该画高 2.3 米，宽 4.5 米，表现出了极高的制作水平。整幅画约用了 150 万块嵌片，嵌片之间镶接得天衣无缝。整幅画有很强的立体感，明暗层次分明，显示了画家极高的技艺水平。



在考古学家们从庞贝城清理出的壁画中，以神话和传说为题材的作品很多，其中以《伊菲革涅亚的献祭》最为杰出。

庞贝城灿烂辉煌的壁画把人们带到了公元之初的罗马社会，但是发掘之中，这座曾经繁华美丽的古城却向人们展示了一幕人间地狱的惨状。2000 多具死者的骸骨被挖掘了出来。

赫库兰尼姆城的居民也没能全数逃脱，火山爆发引起的海啸切断了他们的生路，许多人葬身于海边。考古学家们在海边发现了一具具保存完好的骸骨，其中有妇女、孩子、战士和老人。

庞贝城和赫库兰尼姆城就这样在大自然的威力下被埋没了，但历史并没有忘记它们。经过考古学家们的努力，庞贝城得以重见天日，赫库兰尼姆城也终有一天会全部现身。

▶庞贝城现在就是这样一片整理出来的废墟

# 沉寂的蒂华纳科古城

▲远眺蒂华纳科古城

蒂华纳科古城位于南美洲玻利维亚，与神秘的马丘比丘古城一起，被誉为南美最负盛名的两大古城。1995 年 5 月，蒂华纳科古城遗址被联合国教科文组织列入《世界文化遗产名录》。

蒂华纳科古城位于玻利维亚境内的的喀喀湖以南约 20 千米处，海拔高达 4000 米的高原之上。那里的气压只有海平面气压的一半，空气中氧含量稀少。对一个非本地人来说，哪怕是轻微的体力劳动都将使他无法忍受。但是，就在这样一个连生存都很困难的高原之上，却曾经出现过高度发达的古代文明。

“蒂华纳科”在古印第安语中有“创世中心”的意思。它的名字和它的实际情况高度吻合。从远处看蒂华纳科古城，异常宏伟壮观，它将大批的宗教建筑、绘画雕刻以及高度发达的古文化汇集于一地。



16 世纪，西班牙人征服玻利维亚之后不久，对蒂华纳科城的珍贵历史文物肆意掠夺、破坏和毁灭。史学家维加目睹古城的壮观气势后，抑制不住内心的激动，写道：“尤其值得一提的是蒂华纳科城中庞大的、令人叹为观止的建筑。其中最引人瞩目的是整块岩石凿成的石门，这些石门矗立在长达 9 米、宽达 4.5 米、厚达 1.8 米的基座上，而基座和门是用同一块岩石雕凿而成的。当时的人类，使用什么方法，运用什么工具和器械，完成了规模如此庞大的建筑工程？这个问题我们无从回答，我们也无从得知如此巨大的石头当初是使用什么交通工具运载到这儿来的。”

现存的蒂华纳科古城遗址主要包括太阳门、地下神庙、亚卡帕纳金字塔以及卡拉萨萨雅广场四部分。

## 太阳门

太阳门被称为“世界考古最伟大的发现之一”，也是蒂华纳科古城最吸引人的地方，它不但是一件世界级的艺术精品，而且被专家们认定是雕刻在石头上的一套既繁复又精确的历法。

太阳门矗立在古城的西北角，是一座用整块青灰色巨石雕琢而成的建筑。

太阳门的两侧画着 48 幅方形图案，分列 3 排，簇拥着太阳门上方一个会飞的“神”。此外，太阳门上还镂刻有许多象形文字。后经考古工作者阿希敦破译后，认定这些象形文字是一份天文历。

▲蒂华纳科古城的巨石门

太阳门东的正面门楣上画着一些"回纹"图形。这些"回纹"图形是一系列代表阶梯金字塔的几何图形，连绵不绝地排列在门楣上，有的倒立，有些直立。在右边第三列上面雕刻的是一种动物的头颅、耳朵、长牙和鼻，类似今天的大象。

围绕该图形，考古学界形成了关于蒂华纳科古城建立年代的争论。考古学家们推定，蒂华纳科的建城年代属于洪积世末期。此说向历史学界的正统观点——蒂华纳科古城只有1500余年的历史——提出了严峻的挑战。

◀现代人绘制的后弓兽复原图

◀蒂华纳科古城出土的陶器

此外，在蒂华纳科发现的古生物图形中，还包括一种学名为"后弓兽"的动物，这是一种体形略大于马、足部有明显三趾的古代哺乳动物。还有一种已经灭绝的在昼间活动的四足兽。由此可见，太阳门不仅清晰地记录了天文学家的观测和计算，而且是一本记录古代珍禽异兽的"图画书"。

## 地下神庙

地下神庙是蒂华纳科古城的第二个奇观，坐落在一个像一座游泳池的大坑洞中，深达1.8米。庙堂的地板用坚硬平滑的碎石铺成，长约12米、宽约9米。墙十分坚固挺直，由许多块大小不一的方石组成，搭配得天衣无缝。沿着墙体，每隔一段距离便矗立着一根高大粗糙的石柱。

很久以前，有个不知名的工匠将维拉科查（印度传说中的神）的肖像雕刻在一根高大的红色石柱上。他的额头宽阔，眼睛又大又圆，鼻子挺直，嘴唇丰润，鼻梁虽然狭窄，却向两边伸展到鼻孔。整张脸庞最引人注目的特征是造型奇特、令人望而生畏的胡须，这使他的下颚看起来比额头还要宽。

尽管饱受风沙侵蚀，但肖像所呈现的面容依旧很祥和恬静，流露出一种莫名的震撼力。

地下神庙里除了维拉查科神像外，墙壁上还有数以百计用岩石雕成的人头。这些人头一颗颗从墙上凸出来，栩栩如生。至于它们有何意义，学术界众说纷纭，莫衷一是。

▼古城遗址内的景象

## 亚卡帕纳金字塔

地下神庙的西边是亚卡帕纳金字塔。亚卡帕纳金字塔依循东、西、南、北四个基本方位兴建，精确度令人叹为观止。

在金字塔内部，考古学家

发现了一个纵横交错、用上等方石砌成的渠道网。这些渠道的角度和连接点都经过仔细测量和设计，误差只有0.5毫米。

▲蒂华纳科古城墙上奇特的人面石雕

关于修建亚卡帕纳金字塔的目的，考古学界有以下4种看法：

一、认为这是一个引水系统，目的是用来引水；

二、认为这些人工水道可能是洗矿设备的一部分，也许是用来冲洗附近开采的矿砂的；

三、认为亚卡帕纳金字塔的兴建跟祭拜雨神或河神的某种原始宗教有关，目的是对水的威力表示无上的敬意；

四、认为亚卡帕纳金字塔内部神秘的“科技装置”跟死亡有关。

▶多样的古城浮雕艺术

## 卡拉萨萨雅广场

卡拉萨萨雅广场位于蒂华纳科古城西南角，被当地人称为“石头竖立的地方”。广场旁那座用不等边四边形巨石砌成的墙，每隔一段相等的距离就竖立着一根形状如短剑、高约3.6米的石柱。以这种方式建成的石栅栏相当辽阔，面积达500平方英尺。

修建卡拉萨萨雅广场的目的到底是什么，多数学者认为，主要用于观测天象，确定春分、秋分、夏至、冬至的日期，精确预测一年四季。墙中的某些装置（包括墙体本身）显然是配合天上的某些星座而设计的，以方便测量春、夏、秋、冬四季太阳出没的方位角。

史学家皮德罗·迪里昂在论及蒂华纳科古城时写道：“每一个到过蒂华纳科古城的人都不能不为它的恢弘气派和神秘气氛所震慑，每一个考古学家都会有探寻它的真正主人的欲望。”

400多年后的今天，尽管蒂华纳科城历经岁月摧残，但它的气势仍能震撼人们的心灵。

面对蒂华纳科城这座神秘古城，人们不免心存疑问：蒂华纳科城的祖先们究竟借助什么样的工具建造了这样宏大的工程？为什么西班牙殖民者要将蒂华纳科古城变成采石场？这些问题不得而知，但有一点不会改变的就是蒂华纳科城消失了，人类的这一旷世艺术之作遭到了毁灭。

**相关知识全接触**

**联合国教科文组织**

联合国教科文组织，全称为联合国教育、科学与文化组织。1946年11月4日正式成立，截至1999年10月19日已有188个会员国，中国自该组织成立之日起成为正式会员国。该组织的宗旨在于通过教育、科学及文化来促进各国之间合作，对和平与安全做出贡献，以增进对正义、法治及联合国宪章所确认的世界人民不分种族、性别、语言或宗教均享人权与基本自由的普遍尊重。

# 被废弃的塞兰迪亚

圭亚那有一个森林密布、河川纵横、绿草如茵的水乡泽国，那里有一个吸引着众多游客的塞兰迪亚古堡。塞兰迪亚古堡之所以让游人纷纷前往参观，是因为其有着一些至今无法解释的谜团。

塞兰迪亚古堡的历史可追溯到 17 世纪初。1616 年，荷兰探险者阿德里安·格洛埃诺韦赫率 3 条船成功驶抵圭亚那河岸的埃塞奎博河河口。他们沿河上行约 16 千米，在马托鲁尼河和卡尤尼河汇合处设居民点，建立了基克－欧弗－阿尔地区，设立了一个防务镇区。

1621 年，在亚洲、美洲和非洲均拥有大量庄园财产并起着贸易垄断作用的荷属西印度公司合并。从此，漫无边际地开拓殖民地被有计划的垦殖活动所代替。1624 年，该公司派遣了一大批垦殖者进入基克－欧弗－阿尔地区。

后来，这块土地在英、法、西班牙和荷兰人间连续不断地争夺殖民地的战争中几经易手，改换殖民统治者。持续不断的战争给那里的居民带来了深重的灾难。为了免遭战乱之害，他们逐渐迁移到离河口更近，并具有很好防护措施的地方居住。于是，埃塞奎博荷兰殖民地的新首府建立到了这个小岛上。

为抵御外敌入侵，1742 年，埃塞奎博司令官劳伦斯·斯托姆·范格拉夫桑德按中世纪堡垒建筑风格，用石墙和障碍物兴建起一个军事要塞，并在其周围挖了一条护壕。1744 年要塞建成，这就是留存至今的塞兰迪亚古堡。此外，又在塞兰迪亚古堡附近建造了一座教堂。

1781 年，英、荷间爆发战争，英国人占领了德梅腊工、伯比斯和埃塞奎博地区，但几个月后，又被法国人抢占了过去。1783 年，荷兰人重新占领这一地区后，由于当地种植园主反抗而处境日趋困难。1796 年 4 月 20 日，一支有近 1300 名士兵的英国舰队驶抵圭亚那沿岸，英、荷再度发生战争，荷兰最终彻底丧失了这块地盘。

▶荷兰殖民者在世界各地都遗留下一些不同文化侵入的痕迹

1803 年，塞兰迪亚镇区变得荒无人烟，满目荒凉，古堡最终被废弃。是什么原因最终让塞兰迪亚衰落？是瘟疫、战乱还是荷兰殖民者的彻底衰败？答案尚留存在这座古堡的遗址之下，至今无人释疑。

▶传说中的塞兰迪亚古堡，是什么原因让它衰落，不得而知

# 付之一炬的波斯波利斯古城

▶波斯波利斯古城遗址

在伊朗法尔斯省设拉子市西北，有一座神秘的山峰，当地人称之为“库赫·拉赫马特”（意为“善心山”）。山下是一片宽阔的平原，现在则是牧羊人的世界和商旅的必经之地。波斯波利斯古城就坐落在平原上。

在库赫·拉赫马特山脚下有一个巨大的人工平台，高约13米，面积约15万平方米，波斯波利斯宫廷就建在这个巨大的台基上。整个宫廷的面积约13.5万平方米。大流士一世统治时期，波斯帝国的经济达到鼎盛。在公元前520年左右，大流士一世开始修建波斯波利斯王宫，整个王宫历经三代国王，持续几十年之久才竣工。波斯波利斯王宫是一组设计严谨的巨大建筑群，它主要是由两种风格的建筑物组成：一种称为塔恰拉，是国王的寝宫；一种称为阿帕丹，是国王的接见大厅。



塔恰拉的柱子是木质的，高约7~11米。阿帕丹的地面比平台高出4米，东面和北面有台阶通向大殿，右面台阶两旁的浮雕，刻着国王近臣的雕像。这些近臣有波斯人、米堤亚人，他们都戴着项圈、手镯，手持鲜花。浮雕涂有红色、蓝色、金黄色和天蓝色颜料。左边台阶上有23个民族代表人物的雕像，他们都带着礼物或贡赋来朝见国王。

▶异彩纷呈的波斯波利斯古城壁画和浮雕

波斯波利斯第二大殿是金銮殿，殿顶由100根高达19.96米的石柱撑起，号称“百柱大殿”。大殿始建于大流士一世时期，至其孙薛西斯时期最后完工。金銮殿面积4900平方米，是国王接见客人和举行宴会的地方。大殿东门有大流士一世端坐在宝殿之上接见大臣的雕像，身后是王太子等人的雕像。大流士一世右手持黄金权杖，左手持莲花。宝座是黄金做成的高背椅，银制狮子腿。

波斯波利斯有一条通向波斯帝国所有城镇的大道。正因为如此，波斯皇帝建立了一个道路网，使四面八方的人们都能够来到这里。在当时那种几乎没有道路、人们也极少外出的时期，这是一个巨大的成就。

但是，令人奇怪的是，亚历山大东征之前，外界并不知道波斯波利斯。这座城市大概是座圣城，只对波斯上层人物开放，藏得十分隐秘。亚历山大占领此城之后，仅在国库中掠夺到的金银财宝就有约312万千克白银，需要3万头驴子才

能将这些金银财宝运走。亚历山大在城里住了 3 个月，整天寻欢作乐，酗酒闹事，却不知该如何来处置这座王宫。最后，亚历山大和他的战友们都喝醉了，放火将其烧毁。据说亚历山大高举着火把，他身后跟着无数的将领、士兵，边走边高呼“报仇、报仇”。大家冲进王宫，纵火把王宫烧了。熊熊烈火燃起时，亚历山大突然清醒过来，下令士兵救火，但为时已晚，整个王宫已葬身于火海之中。

亚历山大火烧波斯波利斯是一个历史错误。在古代波斯，还有一件类似的悲剧上演，这就是同样被付之一炬的“沙漠新娘”——台德木尔城。

从地中海沿岸深入沙漠内陆，东行 240 千米有一个大绿洲，台德木尔古城就坐落在这片绿洲之上。早在新石器时代这里就已是人烟稠密之乡。

公元前 1 世纪时的台德木尔已是一个享有自治权的城邦。台德木尔城中心的凯旋门雄踞于“中央大街”上，门呈“山”字形，中间为拱形正门，两边是配门，均以大方石砌成，表面雕饰精美图案。中央大街全长 2 千米，将城市分为东西两半；街的入口是贝勒神庙，中点为凯旋门，出口为陵墓。大街两侧由 400 根圆形石柱组成柱廊。每根石柱上部精雕细刻，有长龙般的廊檐偃卧其上；腰部凸出一个小基座，竖立着显赫人物的塑像。

贝勒神庙有一个长方形的庭院，四周由两排精美石柱支撑的回廊环绕，祭台设在庭院偏中位置（世界所有祭台均设在神殿正中，唯此例外）。石柱冠饰由黄金和青铜镶嵌。庙门口伫立着一组雕像——3 名身披拖地斗篷的妇女雍容华贵，仪态万方。贝勒神庙具有崇高权威，因当地人信奉多神教，祀天神、太阳神、月亮神、星神、战神等，而贝勒神为众神之首。神庙里的祭司不仅负责祭祀活动，还参与城邦的政治社会事务，对国家起着举足轻重的作用。



公元 260 年，波斯王出兵打败罗马军队，台德木尔国王乌辛纳趁波斯后方空虚，突袭波斯都城。公元 267 年，罗马皇帝乌尔扬组织大军讨伐台德木尔。城陷一年后，台德木尔人英勇起义，被罗马占领军残酷镇压下去。罗马人洗城抢掠之后，一把火烧毁了台德木尔城。

古代人民的杰作——波斯波利斯和台德木尔城，就这样在权势的争夺中化为灰烬。历史之河奔腾不息，滚滚向前，而这些绝世的文明，在万籁俱寂的荒原上、寸草不生的沙漠里，默默地放射着昔日璀璨夺目的余晖。

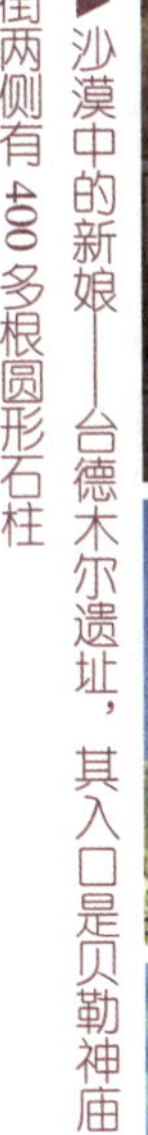

▶沙漠中的新娘——台德木尔遗址，其入口是贝勒神庙，中点为凯旋门，大街两侧有 400 多根圆形石柱

# 人间蒸发的佩特拉城

◀西克山峡后面别有洞天

◀广场正面的宏伟宫殿——哈兹纳宫

在死海和阿尔巴湾（今约旦境内）之间的西克山峡中，隐藏着一个神秘之都——佩特拉城。它是从岩石中雕凿出来的，并因岩石的色彩而闻名于世。它犹如一位矜持的蒙纱少女，从不轻易将美貌示人。

西克山峡深约1.5～2千米，蜿蜒深入，直达山腰的岩石要塞。里面漆黑一片，回声荡漾，令人毛骨悚然，在这阴森恐怖的岩石窄道尽头，却别有洞天。

穿过岩石窄道，首先映入眼帘的是一座位于广场正面的宏伟宫殿——哈兹纳宫，它是佩特拉最负盛名的建筑。宫室雕凿在陡峭而坚固的岩石上，共分上下两层，高50米，宽30米。底层由6根直径2米的大圆柱支撑着前殿，构成堂皇的柱廊。顶层6根圆形石柱附壁雕成，柱与柱之间是神龛，供奉着圣母、带翅武士等神像。然而真正使哈兹纳宫声名远扬的还是其独特的色彩。由于整座建筑雕凿在沙石壁里，在阳光照耀下，粉色、橘黄色、红色以及深红色层次生动分明，衬着黄、白、紫三色条纹，沙石壁闪闪烁烁，神奇无比。

西克山峡南面的半山腰上是欧翁石宫。令人惊叹的是，数百平方米的大殿内居然没有一根支撑的柱子，真是巧夺天工。欧翁石宫的两侧是石窟群，向东西两侧延伸，远远望去，密密麻麻，如蜂巢一般。

在欧翁石宫的斜对面是一座罗马式露天大剧场。看台依山坡呈扇形散开。舞台用巨石铺砌而成，由数十层阶梯石座环护着，犹如众星捧月。更神奇的是，在那个音响系统尚未发明的久远年代里，可容纳6000人的剧场居然会有天然的音响效果。只要站在舞台前的中心点击掌、说话，便能形成强烈的回音，而且声音可以清晰地扩散，即使坐在最后一排也能听得一清二楚，剧场内每隔10层阶梯就筑有一个通道。

再者就是处于中心位置的巨大广场。遍地岩景天生自然，远远望去，悬崖绝壁环抱，形成天然城墙；壁上两处断口，形成进出的通道；中间则是一个巨大的广场。大量的石窟构成片片楼群，在阳光照耀下发出夺目的玫瑰色光芒，宛

如天上的琼楼仙阁。真是一座名副其实的“玫瑰色石头城”。

▲佩特拉城内部的独特构造使其成为旅游者的天堂

佩特拉古城这项杰作究竟出自何人之手？是大自然的鬼斧神工吗？它有一段怎样的过去呢？

据历史学家考证：这座石城是2500年前纳巴泰民族鬼斧神工的见证。纳巴泰人是阿拉伯游牧民族，约在公元前6世纪从阿拉伯半岛北移进入该地区（今天约旦和南叙利亚境内）。佩特拉是他们建造的最引以为豪的安居地。这里是一个安居乐业的好去处：第一，它易守难攻，唯一的入口是狭窄的山峡，敌方无法调集大军攻城，可以做到“一夫当关，万夫莫开”。第二，资源丰富，环抱城市的高地平原上森林繁茂，木材丰富，牧草肥沃，利于游牧。第三，水源充足，一股终年不断的喷泉提供了可靠的水源。

佩特拉地处亚洲和阿拉伯去欧洲的主要商道附近。公元前4世纪，纳巴泰人又充分利用这一地理优势大获其利。来自世界各地的商人们押运着满载货物的骆驼队经过佩特拉门前——经波斯湾输入的印度香料、埃及的黄金以及中国的丝绸，源源不断地运往大马士革、泰尔以及加沙等地的市场。与此同时，佩特拉还是通往希腊和地中海各地的门户，接近商业要路的纳巴泰人得天独厚，盈利不少。他们有时也为旅客、商队及牲口做向导，做提供食物和饮用水等有偿服务。当时的佩特拉算得上是文化交流中心。可是，到了公元2世纪末，交易的中心转移到幼发拉底河，纳巴泰人便逐渐被人淡忘了。公元4世纪，地震毁坏了这座古城，许多人丧生，还有许多人逃离此地。公元551年，佩特拉城再次遭受严重地震。从此，佩特拉由生机勃勃的贸易中心变成一座死城，公元12世纪以后更是如同人间蒸发掉一样销声匿迹了。



纳巴泰人从此消失了吗？他们为什么要修建一座这样的城市？它又是如何修建的？它有什么用途？有人猜测，纳巴泰人继承和吸收了早期居民的风俗习惯，公元前3世纪定都佩特拉后，在岩石中开凿建筑物已成为一种风俗。一些学者认为这些建筑是当时纳巴泰人从峭壁的顶端开始向下凿刻而成的，是用来给国王、武士或官员当墓穴的。他们相信该民族可能把已故的国王们视为神灵，把他们的陵墓视为神庙。

◀山峡中的神秘之都——佩特拉城

然而，这些都只是猜测。佩特拉就像一本仅翻开几页的书，谜团重重，有待人们耐心、仔细地去品读、去感悟。

# 被离弃的科潘古城

▶科潘古城的玛雅遗迹

玛雅人在公元初就建立了一些奴隶制国家联邦，公元4世纪到10世纪，玛雅文化达到了鼎盛时期，在这个时期内，就有100多个城邦拥有象形文字铭刻，还有许多城邦没有文字记载。

玛雅人最大的城邦之一科潘位于尤卡坦半岛南端，它的规模比较大。在科潘古城的遗址处，有两座纪念性的神庙建筑。其中一座的台阶上有两个狮头人身像，嘴里衔着一条蛇，一只手握着几条蛇，另一只手攥着象征神祇的火炬，有非常鲜明的艺术特色。另一座神庙前的石阶上，站立着一个代表太阳神的巨大人头石像，威武庄严，石像上雕有金星图案。庙下有一条地下通道将两座庙连在一起。两座神庙之间的地面上有一个用石块铺成的球场，面积有180多平方米。此外还有进行天文观测的建筑设施等。



玛雅象形文字研究最发达的地区是科潘，它的纪念碑和建筑物上的象形文字符号书写最美、刻制最精、字数最多。比如说，在科潘遗址中，有一条用2500多块加工过的方石砌成的六七十级的梯道，这是一座纪念性的建筑物。梯道共刻了2000多个象形文字符号，它是玛雅象形文字最长的铭刻，也是世界上少见的珍贵文物，由此被称为“象形文字梯道”。

◀科潘古城的原始艺术往往和巫术相关

不仅如此，科潘的政治与经济实力仅次于玛雅文明的另一代表蒂卡尔，而远远超过其他城邦，在文化上则完全可以和蒂卡尔相媲美，甚至还有超越。有学者认为科潘的重要意义绝不在蒂卡尔之下，它们是玛雅文明两座最伟大的丰碑。

但是据记载，公元805年以后，玛雅人突然离弃科潘城北迁，科潘城随之变成一片废墟。这个谜团迄今为止，还未有合理准确的解释。

# 败落的高昌古城

▲人烟稀少的高昌古城

高昌是古代吐鲁番沿用时间最久的名字，至今不少文人墨客，仍常用“高昌”作为吐鲁番的代名词。

高昌王国的都城高昌城，位于吐鲁番市东哈拉和卓堡西南。该城的历史悠久，公元前1世纪开始建筑，并且使用了1300多年，到了公元13世纪末在战火中被毁。古城虽然经过了2000多年的风吹雨打，但是轮廓犹存，城墙依然屹立在火焰山下。

高昌古城呈长方形，周长5千米，分外城、内城、宫城三部分，是古代西域留存至今最大的古城遗址。其规模宏大，十分壮观，类似于唐代长安城的形制和布局，全部由夯土板筑而成。外墙基宽12米，墙高11.5米。

全城有9个城门，其中东、西、北面各有2个城门，南面有3个城门。西面和北边的城门保存最好。进入城内，可参观外城墙、内城墙、宫城墙、可汗堡、烽火台、佛塔等留存较为完整的建筑，其他的残破土墩、败落壁垣，只能由人们想象和继续考证了。

高昌是丝绸之路上的名城。汉武帝在公元前1世纪时，就已经派兵驻扎在这里，建立壁垒。

高昌城废弃后，渐被开垦为耕地，大部分建筑物消失无存。

1961年，高昌古城被列为国家重点文物保护单位。而保存较好的遗迹仅有外城东南和西南角的两处寺院遗址。西南角的一所寺院，占地约1万平方米，由大门、庭院、讲经堂、藏经楼、大殿、僧房等组成。游人若想拍到古城全景，可在晴朗之日登上南城墙进行拍摄。

其中东南角的寺院，尚存一座多边形的塔和一个礼拜窟，是城内唯一保存壁画较好的地方。

佛寺两侧曾立着高大的佛塔，院内正中有残存塔柱，而佛龛内则残存着菩萨像和壁画。据考证，这是当年玄奘西游路过高昌国时，被高昌国王挽留一个月的讲经之处。

▲古城内一些建筑的功用至今仍不得而知

在1300多年前，唐代的高僧玄奘西行取经经过高昌时，高昌王派使者把他接到高昌国中。并每天在众弟子面前跪地当凳，让玄奘法师踩着他的背登上禅堂讲经，这样一直持续了十几天。十几天后玄奘执意西行，高昌王还是苦苦挽留，并要以弟子的身份终身供养玄奘，可是玄奘没有答应，并以绝食的方式来表示西行的决心，直至奄奄一息。高昌王无奈之下只得同意他继续西行，并提出让玄奘取经回来时，在高昌住 3 年继续讲经的请求，玄奘答应了。在他临行时，全城的僧侣、大臣以及老百姓倾城相送，高昌王紧抱着玄奘恸哭不已，相送了数十里。可是后来玄奘归途并没有再路过高昌。现如今城内仍有一座大型寺院遗迹，大殿内还残存着壁画痕迹。

▶高昌古城的内部构造颇似现代楼房



当年高昌城中房屋相当多，有市场、作坊、庙宇和居民区，建筑布局与唐代长安城相仿。城墙上的大铁门，分别有金福、金章、玄德、建阳、武城等名号。全城人口达 30000，其中僧侣 3000 人。可是，这么昌盛的一个王国，这么大的一座城池，突然之间化为萧条破败的废墟，实在令人费解。

高昌国在明朝初年就已经废弃了，衰落的原因有很多种说法，有人说是因为蒙古游牧贵族都哇发动叛乱，率领 12 万骑兵，对高昌城围攻了半年，最后高昌城溃败而亡；也有人说是被改奉伊斯兰教的吐鲁番兼并后逐渐荒废的。

▼逝去的古城

无论是什么原因导致高昌灭亡，其由繁盛到破败已是不争的事实。破败的高昌城留给后人的警示应是：居安思危，免得重蹈覆辙。

# 特奥蒂瓦坎城的消亡

墨西哥雄伟的特奥蒂瓦坎城是闻名世界的历史古迹，也是到墨西哥的旅游者首先要去游览的名胜。

▶贯穿南北的宽阔『冥道』

特奥蒂瓦坎城位于墨西哥城东北40公里处，波波卡特佩尔火山和依斯塔西瓦特尔火山山坡谷地之间，面积达20多平方千米。“特奥蒂瓦坎”是当地印第安人赋予它的名字，意思是“诸神的处所”。公元1～150年之间，特奥蒂瓦坎人在这里建造了拥有5万人口的城市，为中美洲第一座城市。公元450年，城市达到全盛时期，兴建了大量宏伟建筑，其中包括著名的太阳金字塔和月亮金字塔。在通往金字塔的大道两侧还坐落着大大小小的神坛和宫殿，构成了一组规模巨大的建筑群。

在特奥蒂瓦坎城中，有一条“冥街”。那是一条纵贯南北的豪华大街，长2.5千米，宽40米。在街道的左右两侧建有金字塔和神庙平台。在这条街道上，每隔几米就会有一处6级台阶的平台，所有这些台阶和平台在不断升高的街道尽头分毫不差地与一座巨型金字塔相融，绝不会有一级台阶和一处平台之间的间隙与标准发生偏差，这是何等的神奇！



纵贯特奥蒂瓦坎城南北的大街，太阳金字塔在大街东侧，月亮金字塔位于城的北端，这两座梯形金字塔都是举行宗教仪式的祭坛。太阳金字塔坐东朝西，正面有数百级台阶直通顶部。塔的基址长225米，宽222米，塔高66米，共有5层，体积为100万立方米。太阳金字塔上原有一座太阳神庙，当年在此祭祀太阳神。月亮金字塔比太阳金字塔晚200年建成，坐北朝南，基址长150米，宽120米，塔高46米，也分5层，体积为37.9万立方米。两个金字塔内部是用泥土和沙石建造的，外面全部用石块砌成，还画有许多鲜艳夺目的壁画。

◀太阳金字塔是中美洲最有纪念意义的建筑物

◀位于城北端的月亮金字塔

另外，在这条街上，还有一个引人注目的高大建筑——魁扎尔科亚特尔神庙的城堡。这座城

▶魁扎尔科亚特尔神庙内残留的石雕花纹图案

堡边长约400米，南、北、西三边各有4座金字塔；在魁扎尔科亚特尔神庙内有大量石雕花纹装饰，这些花纹雕刻得惟妙惟肖，楼梯和墙壁上狰狞的魔鬼面具死死地盯着你。

特奥蒂瓦坎城的南端是当年的商场，如今设有博物馆、停车场、商场和行政中心。城南占地6.7万平方米的城堡，是当年祭司和官员的住地；城堡中有羽蛇神庙，现仅存庙基，庙基斜坡上所遗羽蛇神头仍栩栩如生。月亮金字塔南面有蝴蝶宫，是宗教上层人物和达官贵人的住所，为全城最华丽的地方。宫殿的圆柱上刻着极为精致的蝶翅鸟身的浮雕，至今仍然色彩鲜艳。宫殿下还发掘出饰有美丽羽毛的海螺神庙。这座古迹的地下排水系统纵横交错，密如蛛网，保存至今。

▶特奥蒂瓦坎城内古怪的绿岩马赛克小雕像

在古代印第安人中流传着一个古老的神话：在很久以前，这里还只是一片荒地，一个神秘的人来到这里，在一夜之间，建起了这些建筑，后来诸神都住了进来，这里也就一下子热闹起来。后来随着主神克察尔夸特的出走，这里也慢慢走向衰亡。所以，以后的阿兹特克族将此地供为圣地。

大多数学者认为特奥蒂瓦坎文化是托尔特克人创建的。

墨西哥本国的历史学家提出：特奥蒂瓦坎文化是在奥尔密克文化基础上形成的，由公元前2世纪延续到公元8世纪，其鼎盛时期是在公元350～650年。公元650～700年间因遭到外族入侵和当地居民破坏，特奥蒂瓦坎城被夷为废墟。

美国的考古学家派克斯则认为，特奥蒂瓦坎文化的繁荣时期是在9~10世纪。到13世纪前后因战事、灾荒、瘟疫等原因，托尔特克人被迫遗弃古城，古城逐渐走向消亡。

▶特奥蒂瓦坎城的『人祭』之谜有待进一步研究

关于特奥蒂瓦坎城究竟是谁建筑的，它又是怎样被毁灭的，目前还存在很多的争议，有待于考古学家进一步研究考证。

# 特洛伊由黄金城变废墟

▼特洛伊古城遗址

希腊诗人荷马在他的史诗中描述了这样一个故事：特洛伊王子帕里斯爱上了希腊王后海伦，并将她掳回了特洛伊，据说海伦是世界上最美丽的女子。而海伦的丈夫墨涅拉俄斯和她的兄弟迈锡尼王阿伽门农派兵讨伐特洛伊，但攻城10年未能攻下。英雄奥德赛献上妙计，让国王假装退兵，并留下一只巨大木马。特洛伊人以为取得了胜利，便将木马抬进城作为战利品，然后狂欢庆祝。深夜，藏在木马里的希腊士兵悄悄溜出，打开城门将早已埋伏在城外的士兵放进来。特洛伊城随后遭到疯狂的掠夺和血腥的屠杀，最后被付之一炬，成为废墟。史诗所描述的事情大约发生在公元前13世纪。

在古希腊文明的全盛时期（公元前700～公元前200年），特洛伊战争被视为是希腊人早期的一段重要历史。罗马人统治了地中海沿岸后，在古特洛伊遗址上修建了一座新特洛伊城，他们称之为伊利昂。



德国人谢里曼对荷马写的史诗有着疯狂的信念，他认为特洛伊城是真实存在的，他一心要寻找特洛伊城。1868年，他依据史诗的描述来到土耳其西北部的西沙里克小山，他确信那里就是特洛伊城的所在。

1871年，谢里曼获得土耳其政府的准许，对小山开工发掘。由于他的发掘方法太鲁莽，虽然挖出了特洛伊的城墙，但也破坏了部分建筑遗址，这使得他背上了“特洛伊第二个破坏者”的罪名。但是他对这一切都不在乎，他一心认为特洛伊城就在山的最下面，因此，他对上面的遗址大肆破坏，对此有些考古学家说他是个疯子，然而到最后他也没有发现真正的特洛伊城在什么地方。1873年，谢里曼在一截高约6米的城墙下挖出了近8700件各式金制物件。为了保存这些财宝，谢里曼从土耳其政府眼皮底下将它们偷运出土耳其，将宝藏献给德国。

但在第二次世界大战期间，收藏在柏林博物馆的特洛伊宝藏不翼而飞，德国人称盟军夺走了宝藏，苏联人则称宝藏在二战中被毁。1991年，两个莫斯科的学生偶然发现记录二战时期苏联军队从德国运回宝藏的相关文件，证实了特洛伊宝藏一直藏在普希金博物馆的地下密室。特洛伊黄金再次成为争议的焦点。

▼特洛伊战争中的“木马计”广被后人流传

# 败落的昌昌古城

▲规模较大的昌昌古城遗址

昌昌城是古印第安文明中奇穆帝国的首都，遗址位于秘鲁。15 世纪是奇穆帝国的鼎盛时期，但不久即被印加帝国吞并。这个城市的规划，反映了其严格的政治和社会策略，城市划分为 9 个“城堡”或者“宫殿”，都是独立的单位。

昌昌古城建立于 12 世纪，这是世界上最大的一座土砖城，那里的人们在远古时代就用黄金装饰建筑物，那里还盛传有些用贵金属制作的植物。

秘鲁位于安第斯山麓与太平洋之间，在其狭窄的沿海地区并没有石头这一自然资源，所以土砖便成了人们造房的材料。所谓土砖，即是把泥土在太阳下烤干后制成的砖，而昌昌便是用这种土砖建筑造起来的一个巨大古城。



这座古城曾是人口众多、强盛而富有的奇穆帝国之都，奇穆帝国的疆土就是从占地约 16 平方千米的昌昌开始的，随后向沿海地区伸展 966 千米。

昌昌古城是西班牙人到来前南美洲最大的城市，它是一座巨大而繁华的城市，位于秘鲁北部海岸的莫奇河谷，那时印加帝国还没有建立。15 世纪时，印加帝国部落以秘鲁的库斯科为中心，征服了邻近的部落后，建立了强大的印加帝国，是古代南美洲最强大、最具有影响力的文明社会。在印加帝国最为强盛的时期，帝国统治的疆域包括今天的厄瓜多尔、玻利维亚、智利以及秘鲁和阿根廷的部分地区。

据说，当时印加人的势力越来越强大，他们为了拓展帝国的版图，和周围的部族连年征战，同时也征服了已由强变弱、四分五裂的奇穆帝国。从此，印加帝国统治了这一地区。几十年后，昌昌古城被彻底遗弃。1493 年哥伦布到达美洲时，昌昌就已经被废弃。欧洲人来到这里时，看到的只是一座被遗弃的空城。欧洲人并没有见过昌昌的居民是怎样生活的，他们只是从印加人那里得到了一些有关的传说。昌昌，奇穆语为“太阳、太阳”的意思。对考古学家而言，今天面目全非的昌昌古城显得神秘莫测。

昌昌古城的中心地带为 6.5 平方千米，包括 10 个长方形的城堡。每个城堡平均宽为 200 米，长为 400 米，四周有较高的围墙，最高处可达 15 米，墙基厚 3 米，全城总的占地面积约为 36 平方千米。

古城只挖掘出很少一部分，但从挖掘出的一小部分来看，这座古城非常壮观。其城市布局也被严格地分为几个等级，反映出一种严谨的社会观念，看来当时的奇穆人已经有了社会等级制度。

其中古城中心是庙宇般的查珠第城堡，有一个至今保存完好的议事厅。24

◀昌昌古城的内部结构较为独特

◀墙上有浅浮雕的鱼图案

个座席围着矩形庭院的土墙，看上去很像是个进行辩论的会议厅。此厅内部传声效果不同寻常，坐在不同座位上的人哪怕用低声轻轻说话，都能被听得很清楚（这种传声效果，至今仍能得以体现）。一些建筑，其中也包括这个议事厅，周围都修筑了防御性的土围墙。除此而外，周围还有巴拉科斯水库、一些居住区和举行宗教仪式的平台等。查珠第城堡似乎是昌昌古城内十多个分散的建筑群中的一个，它们中有些建筑外面的围墙高达 9.1 米。

昌昌古城里的一些主要建筑群，看上去简单朴实，它们都是用各种不同的土砖造成的；另一些重要建筑物上，有金箔嵌在泥土墙面上的装饰图案，然而那些最珍贵的东西在多年前就已经丢失。城中还有非常复杂而有效的水道系统，用来供应城内的食用水，其中有一条水道长达 80 多千米。由供水设施来判断，当时这座城里的居民大约有 5 万 ~ 10 万人。



考古学家对昌昌古城中的一个城堡做了详细研究。城堡北面有一狭小入口，堡内以高墙分为南、中、北三部分。南侧有许多土坯房屋，有的墙上有浅浮雕的鸟、鱼、漩涡纹、格子纹等图案，北入口处为一略呈方形的大院，两侧是厨房和一些小院落，中部靠近入口处是一个小院，周围的一些小院落里很可能是作为贮藏室的小房间，另有一个巨大的陵墓。据考古学家推测，这些城堡大概是统治者及其亲随的生活区，一般的居民应该是住在城堡之外。考古学家还发现这些城堡并不是同一时期建造的，但是建造的年代前后能相接。因为这十座城堡正好和历代奇穆君主的数目吻合，因此有些研究者认为可能是这些君主各有一个城堡作为王宫，在他们死后又成为其陵墓，而且类似的习俗后来曾在印加古城库斯科流行。然而，这些证据还远远不能说明什么，希望在它被完全发掘时，可以对其下一个具体的定论。

▲古城的装饰性浮雕和雕塑

# 耶路撒冷旧城

▶从俯视和远景图可看出，相对其他古迹，耶路撒冷旧城保存较完整

耶路撒冷全城分为旧城和新城两部分。新城位置偏西，而旧城居东。旧城略呈方形，面积仅1平方千米。四周环以石造的城墙，城内集中了大量宗教古迹，一般人心目中的圣城耶路撒冷，指的都是旧城，或称古城。

被人们称为“智慧的民族”的犹太民族在这片土地上曾先后创建了他们的国家、宗教，并在这片土地上留下了他们的光辉历史。

流传千古的《圣经》中有2/3的内容都是来自希伯来人和他们的耶路撒冷。从另一方面看，世界上许多民族都有过自己不幸和痛苦的历史，但没有哪一个民族遭受的苦难像犹太民族那样普遍、深重和长久，所以又有人称犹太民族为“不死的民族”。从古至今，犹太人多次遭到歧视和迫害。



公元前的“巴比伦之囚”，公元70年罗马人对其的摧毁，直到第一次世界大战前，犹太人又被称为“没有国家的民族”，到了第二次世界大战期间，德国法西斯对犹太人的迫害更是令人触目惊心。

为什么这个多灾多难的民族在无数次被征服之后，却始终坚信自己是“上帝的选民”？一切似乎都和耶路撒冷古城有着千丝万缕的关系。

那么，在几千年的岁月中，耶路撒冷这块古老的土地上都发生过哪些重大的历史事件呢？

耶路撒冷地区有着悠久的历史文化，早在3000多年前，犹太人的大卫王就曾在巴勒斯坦建立了统一的以色列犹太国家，定都耶路撒冷。3000多年来，埃及人、阿拉伯人、巴比伦人、波斯人、土耳其人等，都在犹太人的圣地耶路撒冷留下了自己的痕迹。这些不同民族的人在这片土地上，你来我往，征战不休，造就了耶路撒冷错综复杂的历史过程。

对于犹太人来说，旧城中最神圣的地方，莫过于3000多年前，由所罗门所建造供奉“十诫”法柜的圣殿，两度被巴比伦和罗马人摧毁后仅存的外墙残垣。这面西墙并不全为第二圣殿遗迹，最底层基石是希律王所造，山面岩块则是拜占庭和回教所加盖的。西墙原称欧洲之墙，公元初期，欧洲人认为耶路撒冷是欧洲的尽头，而这面墙就是欧亚分界线了。长久以来，流落至世界各地的

犹太人都会回到这面象征犹太信仰和苦难的墙前低声祈祷，为缅怀昔日民族光荣和历史沧桑而悲恸，后被称为哭墙。哭墙的中间有屏风相隔，祈祷时男女分别来到广场墙前的两边，男士必须戴上传统帽子，入口处亦备有纸帽。许多徘徊不去的祈祷者，或以手抚墙面、或背诵经文、或将写着祈祷字句的纸条塞入墙壁石缝间。历经千年的风雨和朝圣者的抚触，哭墙石头也泛出光泽。

▶对饱经沧桑的犹太民族来说，位于耶路撒冷旧城的哭墙一直是他们心中的圣地

旧城墙内的圣殿山是耶路撒冷圣地中的圣地，到处都是犹太教、伊斯兰教和基督教神圣史迹所在。入口处就在哭墙边沿石阶而上的奥玛清真寺，又称岩石顶，是公元前687年第二圣殿被毁后由穆斯林所建。

这座金色圆顶的美丽建筑，堪称耶路撒冷的地标，不论从任何角度远眺此城，皆能看见奥玛清真寺闪烁的光芒。

◀旧城在今天仍是宗教信仰者心中的朝拜圣地

◀旧城建筑结构具有明显的宗教特点

清真寺呈八角形，圆顶是由真金箔贴成，柱子带有新月形标志。大理石砌建的墙壁，以马赛克彩磁贴成阿拉伯图案装饰，墙上方还有马赛克磁砖装饰的可兰经文字。

寺内圆顶壁柱皆由马赛克磁砖和彩色玻璃装饰而成，显得富丽优美。圆顶下方栅栏内的白色石丘，据说是亚伯拉罕将其子艾萨克献祭予上帝，以及先知穆罕默德由天使加百列引领升天之处。石丘下的比雷－阿尔瓦洞穴，即为灵魂之井，传说是世界的中心。

奥玛清真寺被视为继麦加和麦地那之后另一伟大的伊斯兰教圣地，多年来清真寺贴金工程费用都由约旦负担。以色列人和阿拉伯人或许互相仇视，但是当约旦占领哭墙时，仍允许犹太人进入默祷，而今以色列占领耶路撒冷，也依旧允许阿拉伯人前往清真寺膜拜。由此可见，宗教力量的崇高巨大，使得人性即使处于战争之中，仍能显现和平的一面。

# 曾经繁华的沙格古镇

◀沙格遗址保存了古代城市各个组成部分的遗迹，是当地城市最好的范例

◀数量巨大、形态迥异的纪念碑是不同历史时期的产物，其中相当大的一部分是世上绝无仅有的。正因如此，沙格成为一处非同凡响的遗址

在罗马合并努米底亚地区之前，沙格古镇就建在一块能够俯瞰富饶平原的高地上，是迦太基国家的首都，在罗马和拜占庭的统治下繁荣起来，但是在伊斯兰时期又很快衰落下去。我们今天从该遗址处仍可以想象到当年地处帝国边缘上的罗马小镇的繁华风貌。

沙格古镇位于突尼斯西南约 106 千米处，始建于公元前 6 世纪末，或者更早一些，历经了 17 个世纪。沙格小镇包括一组气势恢弘的建筑群，它们展现了不同文化之间的奇妙组合。

早在 1631 年，源于西班牙的普罗旺斯人托马斯·达尔科参观了沙格。当时的沙格还是一个以农业为主的小村落，而在 18 世纪初期，就一跃成为考古遗址，来突尼斯的旅行者频繁地光顾于此。

位于山坡上的沙格剧院是一个巨大的半圆形建筑物。而古镇的中心，位于剧院的西侧，是古罗马城镇的竞技场，从这里，人们可以全面了解沙格悠久的历史。长期以来，人们一直认为，这是罗马人的杰作，但是近年来的研究表明，其真正起源更为久远一些。许多尚存的纪念碑都留下了最初设计以及后来重新设计的烙印。

从中心广场出发，东侧是独一无二的宗教建筑群，由许多庙宇组成，其中的一个庙宇建立在努米底亚时期居民居住地的废墟上，配备有小型的宗教式的剧院。该建筑群源于哈德里安大帝统治时期（公元 118~138 年），由当时居住于该城市中的最为杰出的加比尼家族中的各个成员建造。与装饰着白色镶嵌式壁画的较大公共浴室之间，只隔着一条狭窄的小街道。

公共浴室的修建工作消耗了巨大的劳动力。广场的西侧，是匿名的异教徒庙宇（由于缺乏明显的证据，长期以来一直被认为是奴隶市场），与之相毗邻的是女神宫殿和喀拉凯拉大帝的庙宇。

1992 年以来，该遗址已经被列入国家考古公园的宏伟计划之中，确保此处的遗址及其自然环境受到长期的保护，如今沙格已成为主要的文化旅游景点。

# 消逝的文明

# Part 3

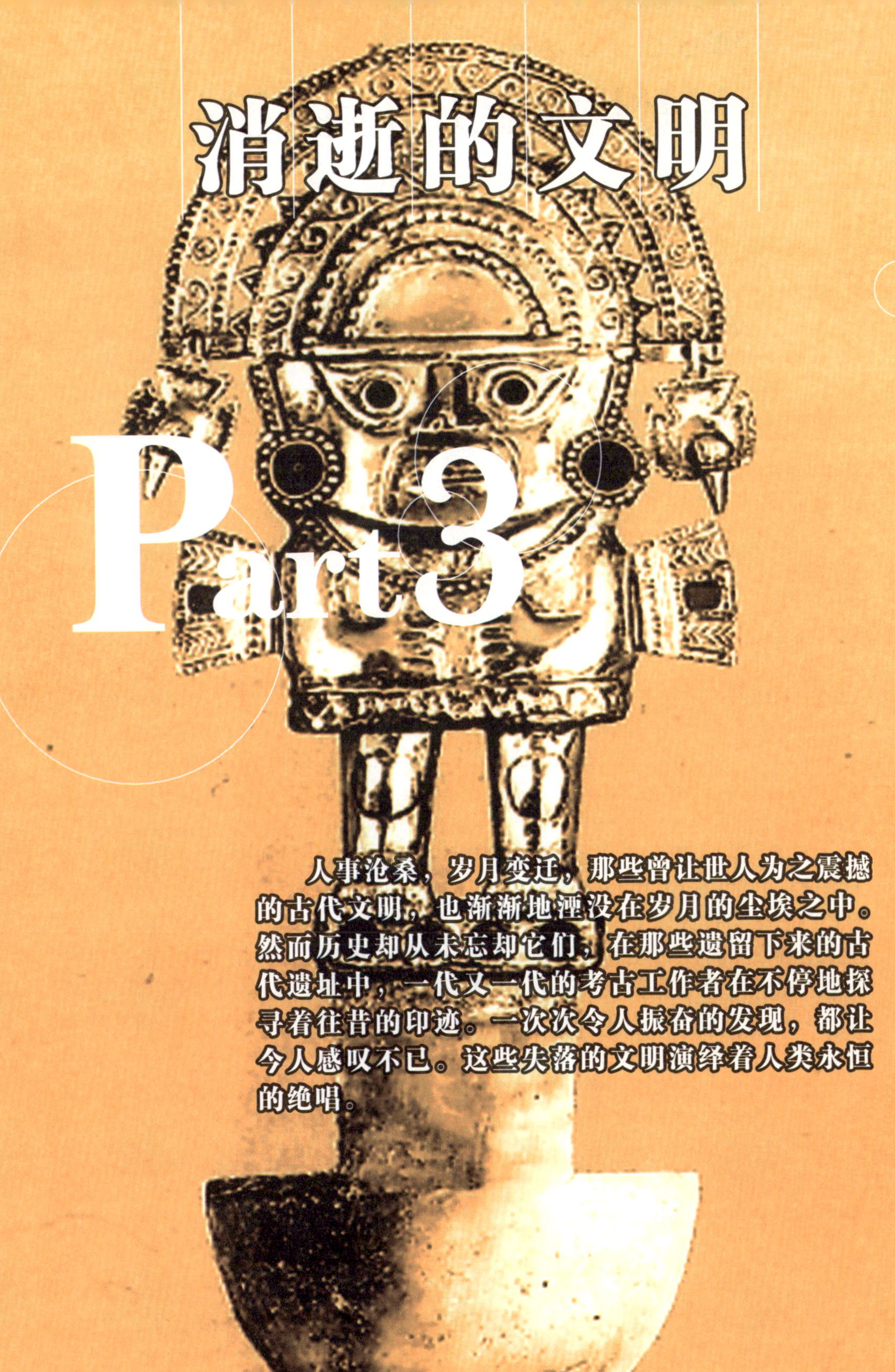

人事沧桑，岁月变迁，那些曾让世人为之震撼的古代文明，也渐渐地湮没在岁月的尘埃之中。然而历史却从未忘却它们，在那些遗留下来的古代遗址中，一代又一代的考古工作者在不停地探寻着往昔的印迹。一次次令人振奋的发现，都让令人感叹不已。这些失落的文明演绎着人类永恒的绝唱。

# 被焚烧的亚历山大图书馆

亚历山大图书馆是亚历山大城成就的代表，始建于公元前3世纪，曾被誉为“世界上最好的学校”。如今，那已成为历史的陈迹。对于谁焚烧了亚历山大图书馆这个问题，产生了很多的传说。

▲亚历山大图书馆 100 多根希腊罗马式柱子中的仅存者

有一种传说认为，是阿拉伯帝国的阿穆尔奉哈里发·欧麦尔的命令，放火焚毁了亚历山大图书馆。据说，欧麦尔让其烧图书馆的理由是：如果这些希腊人的著作与安拉的经典一致，那么它们就没有保存的必要了，因为现有的经典已经足够用了；倘若它们不一致，它们则是有害的，应该被摧毁。总而言之，一句话，毁灭它们是应该的、合理的。



可是，法国哲学家、社会学家居斯塔夫·勒朋说：“所谓焚烧亚历山大图书馆这样的荒唐行为并不符合阿拉伯人或穆斯林的道德准则。可是那些杰出的学者们怎么会长久以来一直相信这样一种传说呢?”不过，让人奇怪的是，那些穆斯林征服时代的或是稍晚一些的历史学家，却都一概保持沉默，而且没有一个人留下只言片语来对焚烧亚历山大图书馆事件作任何记载。但是过了大约500多年，到了13世纪的时候，突然冒出3个人讲起这个故事，特别是其中一个叫伊勃努尔·希伯来的人，他的说法根本经不起人们推敲。

按照这个人的说法，亚历山大图书馆中的70万册图书被亚历山大的4000座浴室当燃料连续使用了半年的时间。但这种说法中明显出现了简单的算术问题。如果按此人所说的把70万册图书分送到4000座浴室，那么每个浴室就只分到175本书，如果想让这175本书连续燃烧半年的时间，那么每一本书至少要持续燃烧一天以上。因此，这引起了人们的疑问，是什么样的书竟然可以持续燃烧一天以上呢？况且70万册这一个数量本来就无法令人相信。从上面两个问题，我们就能够完全否定这个人所讲述事件的真实性了。

其实亚历山大图书馆在阿拉伯军队进入埃及之前，就已经被破坏了数次。公元前47年，大名鼎鼎的恺撒大帝的舰队放了第一把火；公元391年，在罗马帝国分裂前的最后一位暴君狄奥多西统治时期，图书馆再次遭到破坏；而等到阿拉伯人在7世纪进入亚历山大城时，图书馆已经没有什么地位可言了，而

且不再像以前那样有名。关于这两次大火，许多历史资料都提到过，难道是这个人在那两次大火的基础上，又新杜撰了一个故事？

《阿拉伯通史》中也否定了这个故事，说："在伊勃努尔·希伯来叙述这个故事之前，巴格达人阿卜杜勒·莱克弗就已经叙述过了这个故事。这个人杜撰这个故事究竟是为了一个怎样的目的呢？但后来的著作家道听途说，把这种说法渲染得似乎真有这样的事情发生过。"

▶英国数学家罗素

著名的英国哲学家、数学家、社会学家伯特兰·罗素的言语直接把西方人热衷于排斥"异教徒"的要害点明了。他说："每一个基督教教徒都被灌输了哈里发摧毁了亚历山大图书馆这个故事。穆斯林的宽宏受到了大多数教徒的欢迎，这与基督教教徒不仅迫害异教徒，而且自相残杀形成了鲜明的对比。当然，这也在很大程度上促进了穆斯林的征服活动。在后来，法国因对胡格诺教徒的迫害而遭到了十分悲惨的削弱，西班牙也由于对犹太人和摩尔人的无比憎恨而遭到毁坏。"在罗素看来，那时的西方人自己倒是很适合扮演纵火者这一角色，像西班牙伊莎贝拉和费迪南这两位陛下，不就认为把穆斯林和犹太人的书稿投进烈焰是很光荣的吗！公元391年亚历山大城的主教在迪奥多西的支持下，下令把图书馆焚烧了，英国作家科林·威尔逊对此加以嘲讽："知识是邪恶的，当年亚当就是因为求知而被赶出伊甸园的。"



看来对于是谁烧毁了亚历山大图书馆还是存在着比较大的争议，而且对于这个问题，谁也没有提出有力的证据来证明什么。

**相关知识全接触**

**亚历山大图书馆**

亚历山大图书馆最早建于公元前3世纪，是世界上最大、最古老的图书馆之一。当时，亚历山大大帝在攻占了亚、欧、非三大洲许多地方后，希望建立一个世界大国，因此派出了许多人去遥远的地域了解情况。公元前323年，亚历山大病逝，建立世界大国的梦想随之破灭，可人们渴望了解周围世界的热情却未因此而衰减。公元前295年，古希腊哲学家亚里士多德的弟子法拉雷乌斯从雅典来到亚历山大城，向继任埃及国王的托勒密一世建议，在亚历山大城修建图书馆和博学园（又称智慧宫）。托勒密一世立即表示赞同，并拨巨款在亚历山大王宫内按希腊雅典莱格尤姆研究院模式修建图书馆和博学园，委任法拉雷乌斯为首任图书馆馆长。

◀埃及国王托勒密一世塑像

亚历山大图书馆的被毁，堪称"人类文化史上的一场浩劫"。从此，亚历山大城的"知识圣殿"荡然无存。

# 不知所踪的夏墟

考古发掘中的夏代村落

夏文化一直是考古学界和历史学界研究的重大课题。多年来，人们都有这样的疑问：这个显赫的奴隶制王国历经近5个世纪，既有人间传说，又有大量文献记载，怎么就没有留下一点痕迹给我们呢？考古界一直在努力寻找，从禹到桀这一段悠悠岁月中，它的都城到底建造在了哪里？研究者力图把文献记载和考古发掘相结合找出正确的答案。

要解决夏墟问题，就必须解决夏文化问题，而在解决夏文化之前首先还得把夏王朝人民活动的范围了解清楚。由文献记载推测，夏人大体在西起河南西部和山西西南部，东至今河南、河北、山东三省交界的地方，南接湖北，北入河北，在这一范围内活动。它的统治中心在现在的山西南部、河南西部地区，看来夏文化在中原历史舞台中应该是十分显赫的。而且文献上记载了很多“禹居阳城”的说法，由此看来，夏禹之都不会超出以上提出的范围。但是史书上所记载的地名与现实地名出入甚大，使得说法有很多种。一种说法是阳城就是唐城（今山西巢城县西）；一种说法是阳城在泽州（今山西晋城）；一种是说在嵩山南（今河南登封）；一种说法是在颍川郡阳翟县（今河南浔县）；还有一种说法是阳城在大梁（今河南开封）。

近年来，在河南的登封境内，发现了我国目前最早的城堡之一——王城岗城堡遗址。但是，要确定它是不是夏朝京都，还要解决夏文化问题。只有在确立了夏文化之后，才能进一步确定夏都所在。20世纪40年代，有人认为龙山文化是夏文化，也有人认为仰韶文化是夏文化。因为当时积累的考古资料有限，研究者只能进行一般的推论。直到1959年对“夏墟”进行调查，才正式展开对夏文化的探讨工作，随后把夏王朝的范围集中到河南境内的豫东、豫西，山西境内的汾河中下游。随着考古资料的不断积累，学者们大胆地做出论断，提出河南二里头文化一到四期和龙山文化晚期为夏文化遗存。

河南登封王城岗遗址的发掘，和对王城岗遗址的考证是夏文化探索的重要收获，这让不少人认为所谓的“禹居阳城”与今日的王城岗一定有关系。而且文献记载中禹与阳城的关系是非常密切的，且文献记载中的夏都阳城和王城岗遗址所在的地理位置基本吻合，但是，一个文化的确立，特别是一处奴隶制王国都城的确立，都要具有令人信服的材料。

可是史书中对夏墟的记载比较分散，传说较多，而且夏文化遗址的分布也较普遍，因此缺乏足够的材料加以定论。应该提及的是，夏王朝活动的中心和夏王朝统治的区域应该轻重分开，在探索夏墟问题上，应该从大范围集中到中

▲据考证，夏代已开始出现青铜器

心方面来。不管禹居阳城，还是安邑、晋阳、阳翟，但是禹居住过的地方并不一定就是夏的都城。而且，夏是否在此建都，还应该与有无典型或大型文化遗址的材料相印证。

因此，如果用更加开阔的目光来找这个问题的答案，可能会得到更可信的结论。或许，夏人的文化源头应该到具有游牧民族特点的北方细石器文化中去寻找。以细小打制石器为特征的细石器文化，是北方新石器时代的主要文化。它们地域相连、特征一致，构成了我国草原、沙漠、高原地带从事农牧和狩猎的古代民族的大文化。尽管它对夏、商文化产生了一定程度上的影响，但它绝不是夏文化，也不是商文化。夏文化显然自有来源。

有史料记载，崇山是夏的发祥地。考古工作者在山西汾水下游及浍水流域之间，发现了多处龙山文化遗址，其中陶寺遗址被认为与夏文化有关。因为几座早期大墓中都出现了彩绘蟠龙盘，那显然是夏族部落崇尚龙为神物的原始标志。在崇山下，发现了一个大型的龙山文化遗址，出土物品丰富而且别具特色，在地域上，又正与汾浍间的夏墟地理位置相吻合。这些证据说明，山西也很有可能是夏文化的发源地。

然而，这却给我们带来了夏墟之谜。夏墟究竟在什么地方？河南？还是山西？到底哪个更有说服力呢？



### 相关知识全接触

**细石器文化**

所谓细石器，指采用天然石髓和燧石制成的细小石器，常见种类有石核、石叶、石钻、石镞等，具有轻便、适合携带的特点，可以适应迁徙不定的游牧生活。所谓细石器文化，也并不是只有细石器，也包括大型打制和磨制石器，只是所占比重较少，故用细石器概言之。细石器文化也使用陶器，皆手工制作，质粗形简，器面多“之”字形纹。骨器有骨刀、骨鱼镖、骨锥等。

北方细石器文化主要遗址有：昂昂溪，在黑龙江齐齐哈尔附近；林西，在内蒙古昭乌达盟林西县锅撑子山；富河沟门，在内蒙古昭乌达盟林东镇北70千米，乌尔吉木伦河东岸。

▶大禹之子夏启

# 废墟中的殷代甲骨文

◀这是殷商武丁时期刻在龟腹甲上的《征讨卜辞》

清朝光绪年间，河南省安阳小屯村的几位农民正在翻耕土地的时候，偶然发现一些骨片。人们连忙捡起一看，有的骨片上面还有刻画痕迹。然而纯朴的农民们怎么也不会想到，这些骨片竟然是3000多年前的古物，上面的刻画痕迹就是当时的文字。

他们只是感觉这些骨片年代比较久远，或许可以卖给药店当作药材换些零用钱。于是有人试着挑选了几个比较大的骨片送到药店，药店果然把这些骨片当作“龙骨”收了下来。直到有一天，国子监祭酒王懿荣生病后，在吃这些所谓的“龙骨”中药时，发现了上面的刻画，他断定这是一种从未被发现的古老文字。经研究，这些所谓的“龙骨”正是商代晚期的遗物。商朝时的人们迷信占卜，凡事皆要问卜，这样就产生了专门从事占卜的卜官。卜官把占卜的经过和结果刻在龟甲或牛骨上，就形成了人们如今所发现的甲骨文。从此，对甲骨文的研究一发不可收拾。

▶卜辞记载战争的史实相当多。本版甲骨记载有二类不同的内容：殷王将征伐，卜问哪位将领合适；另外一段记录殷王牙齿有病，卜问是否来自祖先作祟，能否痊愈。



在中国古代文献中，有关商代历史的记载比较少，连司马迁写《史记》的时候都觉得资料匮乏，甲骨文的发现正好弥补了史料记载的不足。而且甲骨文所涉及的内容非常广泛，不仅有畜牧业、农业、田猎，还有医学、天文、历法、祭祀等内容，为我们研究商代的历史提供了重要的资料。而甲骨文本身的发现，在我国的文字发展史上也有着重大的意义。它是我国至今发现的最早的文字，有着严密的系统和规律。它与河北藁城台西村商代遗址和西安半坡遗址陶片上类似文字的记号或象形符号大不相同，因为后者不仅数量少，而且没有系统和规律，从严格意义上来讲根本不能算汉字体系。

◀这是商朝的《祭祀卜辞》。本版为长卵形，乃由龟背甲切割而成，中间穿洞以示可以用绳索串联成册。上面刻有二段卜辞，卜问祭祀祖先要用五牛还是三牛。

▶河南安阳出土的商朝的记日食卜骨（局部），它是殷墟卜辞中有记载的日食资料，是研究商代天文历法情况的宝贵资料，现藏于中国国家博物馆。卜辞内容是预卜日食是否会发生，还有卜辞记载，壬子这天卜问：两天以后的甲寅日会发生日食吗

甲骨文的发现，为中国在3500年前就已经出现了完整的文字体系提供了有力的证据。由于在甲骨上刻字，笔画只能直来直去，因此就形成了中国方块字的风格。

甲骨文中最有价值的是其对天文历法的记载，其中有关日食、月蚀、星辰的记载是世界上最早的与天文学有关的宝贵资料，对研究世界天文学史有重要的意义。其中有这样一条卜辞："癸酉贞：日夕有食，佳若？癸酉贞：日夕有食，非若？"意思是：癸酉这天卜问：晚有日食，是吉利还是不吉利？由于日食一般是在白天发生的，可是此次发生在傍晚，使得商王很担心，因此特意占卜一下。此外，还有对新星、新大星、大星、鸟星等星辰的记载。

甲骨文中对气象的记载也比较详细，比如甲骨文中对雨量的大小就有糸雨（毛毛雨）、小雨、大雨、祉雨（延绵不断地下雨）等。而且对雨的预报在一定程度上也比较准确，比如有一条卜辞上写："己酉，自今旬雨？三月，辛亥雨。"其意思是：三月己酉这天卜问，从现在起，这一旬（十天）下雨吗？到了第三天就下雨了。这些文字看来似乎让人有些迷惑，但是如果没有丰富的气象观察经验，是很难得出比较正确的判断的，这也说明了在商代时就已经能对自然现象有所预报了。

▶中国文字起源于图画，在甲骨上最容易看出。本版甲骨上刻鸟形象形文字，由上而下是由鸟嘴、鸟头、鸟身进而全部鸟形的刻画过程

除了这些之外，甲骨文中还有关于征伐是否成功、奴隶在田间劳动会不会逃跑、狩猎是否顺利、生男生女等内容的记载。总之，丰富的甲骨卜辞为我们研究商代历史提供了大量而且可靠的资料。但是甲骨文也有许多未解之谜等待着探索。例如，甲骨文发现的4500多个单字，目前才辨识2000个，剩余的还在研究当中，而且类似的问题还有不少。

这些甲骨文，还有很多的内容未被发现，所以至于甲骨文中还有什么隐藏的秘密，还有待人们去发现。

◀记载天候的卜辞相当多，因为天候状况与农业、出巡、田猎有密切的关系。本龟版是占卜今日或明日是否会下雨

# 消逝的丝绸之路

▲丝绸之路上的驼队

当有人提及丝绸之路的时候，一个浪漫的画面就会浮现在我们的眼前：一行长长的驼队，驮着成捆的丝绸，在叮当作响的驼铃声的陪伴下，艰难缓慢地在大漠之中跋涉。在一定程度上，中国的古文明是因著名的丝绸之路而被世界所共知的。

丝路的格局在先秦时代发生了很大的变化，但是塔克拉玛干南、北和天山南路的两道却没有发生太大的变化，其根本原因是因为沙漠的阻隔。尽管没有发生太大的变化，可是却没有人可以准确说出它的途径。而且现代关于丝绸之路的地图没有一个是不标注“示意图”的，丝绸之路给人们留下了一个难解之谜。



在古代，中国人自认为它不过是一条极为普通的商路而已，所以并不把它称为“丝绸之路”，从西安直到嘉峪关，并西行到新疆的这一段被称为“皇家驿道”。而在新疆境内的路段则被称为“天山南路”，因为这条路最早的南道和北道，都位于天山的南面。而且在这一条路上并不仅仅只运送丝绸，还运送玉石、茶叶、黄金等。不过，丝绸的运量是最多的，因为欧洲人追求穿着，来自中国的丝绸在他们的生活中非常重要。

爱美之心人皆有之，对美的追求是禁止不了的。丝绸在罗马、欧洲流行开来的同时，那里的人们也渴望对生产丝绸的国家有一定的了解。在早于罗马获得丝绸的希腊，有一个作家在他的作品中写道，丝绸产自于一个东方无人涉足过的遥远的民族，这个民族就叫“赛里斯”，即“丝国”。

“丝绸之路”的称呼，首次出现于著名的地理学家李希霍芬教授于1887年出版的专著《中国——我的旅行志研究》中。知名学者赫尔曼教授率先接受了这种说法。他在1910年出版的一部极有价值的著作《中国与叙利亚间的古代丝路》中以丝路命名这条路。

▼绵延漫长的丝绸之路沟通了世界的东西方

中国的丝路延伸到了罗马，从西安至罗马，直线距离达到6720千米，加上

沿途中的迂回，总长在9600千米以上，相当于赤道总长度的1/4，是当时横贯亚欧大陆最长的路，也是连接东西方的重要纽带。

▲仅是中国境内的丝绸之路就足以让人感受到贸易和文化交流的力量

丝绸之路在新疆境内变化多端，形成交错的布局。以东西向为主道，南北向为支道，殊途同归，合并于里海南岸。在主道上，天山以北有天山北道和草原道，天山以南有南、北两道。重要的支道有碎叶道、车师道、赤谷道、热海道、五船道、伊吾道和弓月道等。

有人认为，古文明丝绸之路是随着沿线的环境变迁而消失的。当然，气候变干、降水量减少、冰川融水萎缩、河流断流、水系改道等自然因素的波动对丝绸之路的荒废有一定影响，但是土地的过度开垦、资源的不合理利用以及盛唐之后民族纷争不断、战火摧残农业等人为因素的破坏也不可忽视。实际上，人类的活动加速了土地盐碱化和水资源的枯竭，如果没有人为因素，自然破坏也无从发生，可以说人为因素是导致这里古文明消失的主要原因。

也许依靠这些古代遗址连线，我们可以了解到当年丝路的途径。如果选出一些路段进行适当发掘，或许可以找出被沙埋没的丝路。但是这只是我们美好的猜测，至于丝绸之路具体在什么地方至今还没有一个定论。



**相关知识全接触**

**丝绸之路的路线**

张骞出使西域，开通了促成东西方经济文化交流的交通要线——丝绸之路。从长安经河西走廊，再分为南北两道，南道是出阳关（今甘肃敦煌西南）西行，经鄯善（今罗布淖尔附近），沿昆仑山的北麓，经过于阗（今和田）、莎东、蒲犁（今塔什库尔干），逾葱岭，至大月氏，再西行到安息和地中海的大秦，或由大月氏向南入身毒（印度）；北道是自玉门关（今敦煌西北）西行，经车师前国（今吐鲁番附近），沿天山南麓西行，经焉耆、疏勒，逾葱岭，至大宛。再往南北方向到康居、奄蔡；向西南方向到大月氏、安息。这条横贯欧亚的大路交通线上运输最多的商品是丝绸，因此被称为“丝路”或“丝绸之路”。

▼敦煌莫高窟壁画《张骞出使西域图》

# 神秘消失的印加文明

▶印加帝国古城遗址

的的喀喀湖畔是印加帝国的文化发祥地，虽然地处海拔3800多米的高原上，但它具有丰富的水源，一片绿茵，阳光充足，是农业立国的最好地方。在这里，印加人惨淡经营，以最进步的方式建筑了漂亮宏伟的宫殿，并且男耕女织，日出而作，日落而息，是一个生活安然的部落。印加人接受太阳神统治帝国的说法。他们有比较进步的政治制度，能用较为完善的法律来治理百姓，而不采用严刑酷法。

▶印加帝国的金饰能说明其当时的繁荣

农业立国的印加人，在公元前400年就已知道集约栽培法，他们栽培玉米的技术是任何人都无法比拟的。另外，他们在纺织品上的生产技术更有伟大的突破。

由于发掘了金矿，在帝国庄严的宫殿建筑上，四处均镶着金饰品，灿烂夺目，金碧辉煌，但这同时也为其本身带来了灾难。

今日许多考古学家在安第斯山脉中，陆续发掘到许多印加帝国的遗迹，证明印加人确实抛弃了曾经辛苦经营的帝国，而在蛮荒的山地中再建王国。考古学家丙海姆在马丘比丘发现了一个洞穴，两边排着雕凿极工整的石块，很像一个陵墓，上方是一座半圆形的建筑物，外墙顺着岩石的天然之势建造，巨石之间插不进一张纸，墙是用纹理精细的纯白花岗岩砌成，独具匠心，而且很有艺术价值。在这个山上墓穴中的骸骨里，女性占绝大多数，是否是太阳神庙中的女性被送到这里，为印加帝国继续祈祷呢？可是印加人没有文字记载，使得遗留下来的问题更具神秘性。

印加人的文明到底是怎么消失的呢？

有一些学者根据印加人的记录，大胆推测说，印加帝国是被突袭而来的恐怖瘟疫横扫全国。可是就算是发生了瘟疫，难道当时的西班牙人具有超强的免疫力？即使印加人认命了，垂首等死，试想那么多的人如何能够消灭殆尽呢？遗留下来的谜，疑云重重，给古代印加帝国的灭亡增添了浓重的神秘色彩。

对于印加文明的消失，人们众说纷纭，这有待于历史学家和考古学家的进一步研究，我们现在只能满脑子问号的去幻想：印加文明是被谁毁灭的？怎么毁灭的？

# 起源难明的奥尔密克文明

奥尔密克文明，是墨西哥最早出现的较为发达的人类古文明之一，享有中美洲“文化之母”的美誉，是墨西哥湾沿海地区3000多年前出现的。奥尔密克文明发祥地位于今墨西哥的维拉克鲁斯州和塔巴斯科州，西起帕帕洛阿潘河，东至托纳拉河，面积约为1.8万平方千米。这一带西部为洪泛区，东部为沼泽地，气候炎热多雨，河流众多，并且橡胶树成片，因此当地居民被称为“奥尔密克人”，意为“橡胶之乡的人”。

墨西哥民间有一个古老的传说：远古时代的密林里生活着一个古老的民族——拉·文塔族，他们住在仙境般的美丽城市里，有着高度发达的文明。在传说的神奇魅力吸引下，墨西哥考古学会于1938年组织了一支考古队，去探寻这个传说中的古老民族。令人意外和欣喜的是，考古队竟然比较顺利地在拉·文塔族所在的森林里发现了十多颗巨石头像。

◀奥尔密克的巨石头像是其文化的独特象征

考古学家们在墨西哥湾沿海地区发现了两处遗址：一处是特雷斯·萨波特斯，另一处是拉·文塔。根据专家测定，两处遗址至少出现于公元前11世纪，这是中美洲发现最早的文明遗址。20多年后，又一重要遗址——圣洛伦佐遗址被发现。这三处遗址都是古代墨西哥的奥尔密克人居住的地方，从此奥尔密克文明才逐渐被世人所知。

◀奥尔密克的象形图文

我们通过考古发掘的材料可以发现，奥尔密克人具有高超的艺术技巧，这突出地体现在他们的石雕作品及制陶工艺上。

1938年发现的“奥尔密克巨石头像”是奥尔密克文化中闻名于世的艺术品。这些头像由整块玄武岩雕成，构思完善，具有强烈的写实性。巨石头像中最大的是一个青年的头部雕像，形象十分生动。他鼻子扁平，嘴唇厚大，眼睛半睁，呈扁桃状，眼皮显得十分沉重，头戴一顶装饰有花纹的头盔，遮住了两耳。考古学家认为该头像可能是当时奥尔密克领袖的雕像，或者就是一种向死者表示致敬的纪念物。

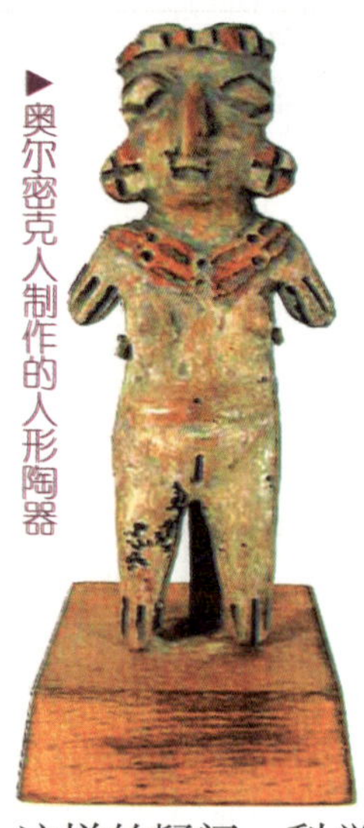
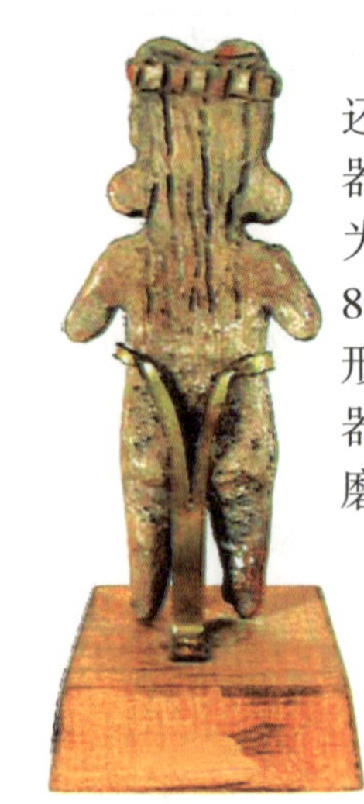
▶奥尔密克人制作的人形陶器

在奥尔密克文明早期，奥尔密克人还制作陶器。主要以灰黄色粗砂陶为主，器形较厚，表面一般没有什么装饰，均为手制。大约到了公元前1000～公元前800年，制陶技术大有进步，出现了以钵形器和壶形器为主的黑色陶器。这种陶器，虽然器壁仍然较厚，但是表面已经磨光，然后刻出富有代表性的花纹。

人们对奥尔密克人创造的诸多奇迹感慨万千，感叹之余，又禁不住发出这样的疑问：产生于公元前11世纪而又创造出如此辉煌成就的奥尔密克文明起源于什么？其原动力何在？面对这样的疑问，科学家不懈地进行探索，虽然迄今尚未最终解决这一谜题，但也有所收获。

奥尔密克文明到底起源于什么，是否与殷商末年渡海而来的中国人有关，我们还无法得到肯定的答案。



相关知识全接触

**墨西哥城**

墨西哥是美洲大陆印第安人古老文明中心之一，闻名于世的玛雅文化、托尔特克文化和阿兹特克文化都是墨西哥古印第安人创造的。兴建于墨西哥城北的太阳金字塔和月亮金字塔是这一灿烂文化的代表。

墨西哥城历史悠久。印第安人阿兹特克部族遵照战神辉齐罗波奇特里的昭示，在一只神鸟的指引下，经过长途跋涉，于1325年在特斯科科湖中的小岛上看到了神所预言的情景：一只雄鹰嘴里叼着一条蛇，停在一棵巨大的仙人掌上。他们就在此安居建城，随后该城成为疆土辽阔的阿兹特克帝国的首都。

阿兹特克人的房屋之间多靠水道连通。全城有3条10多米宽的长堤与湖岸相连，长堤每隔一段距离就有一条横渠，上面修有吊桥。城市中心广场是全国宗教活动的中心。广场用围墙环绕，中间是供奉战神辉齐罗波奇特里的高达35米的金字塔神庙，周围是众多的神庙、大型公共建筑和豪华的贵族宫殿。

▼宏伟的太阳金字塔和月亮金字塔

# 神秘的玛雅文明

▲玛雅文明在因西方文明的扩张而引起的冲突中逐渐逝去

曾经有人说过这样的话：如果人类想要看到自己的渺小，并不用仰视点点繁星的苍穹，只要看一看在我们之前已经消逝的古文化就足够了。确实，神秘的玛雅文明让我们深刻地体验到自己的“渺小”，让我们时时笼罩在历史的玄想中，并给我们留下了许多无法解开的千古谜题。

1893年，美国人约翰·史蒂芬和美国画家卡德沃德在今天的洪都拉斯热带丛林中找到了一座城堡。当然这座城堡里并没有童话中沉睡的美丽公主，只有灌木丛生的断垣残壁。

坍塌的神庙留下一块块巨大的基石，上面有精美的雕饰。石板铺成的马路，标志着它曾经是个车水马龙、川流不息的闹市。路边修砌着排水管，又标志着它曾经是个相当文明的都市。石砌的民宅与贵族的宫殿尽管大多已倒塌，但仍可依稀窥见当年喧杂而欢乐的景象。所有这些石料，无不苍苔漫布，或被荒草和荆棘深深掩盖，或被蟒蛇一般行走的野藤紧紧缠裹。从马路和房基上破土而出的树木，无情地掀翻了石板，而浓阴逼人的树冠，则急不可待地向废墟上延伸，仿佛急于掩盖某种神秘的奇迹。如此荒蛮的自然景象与异常雄伟的人工遗址，形成了巨大的反差，令探险家们激动不已。本来，两个探险者不过是想证实一下当地传说的某种真实性，但未曾料想到无意中发现了一个伟大的奇迹。中美洲丛林发现古城的消息传开后，掀起一股寻找古文明遗址的浪潮。20世纪以来，一批又一批的考古人员参加到了这次寻找遗址的行动中。在这次行动中，一个古老的文明——玛雅文明的图景逐渐呈现在人们眼前。



各国考古人员在南美洲的丛林和荒原上一共发现170多处废弃的玛雅时代城市遗址，这些遗址为人们展示了一幅玛雅人在北至墨西哥南部的尤卡坦半岛，南达危地马拉、洪都拉斯以及秘鲁的安第斯山脉这个广阔区域内的活动坐标。这告诉人们，玛雅人几千年前曾在这块土地上过着安定的生活。在这块土地上，他们创造了一系列惊人的奇迹：不可思议的古老的宇航图、天文及数学知

▼重现玛雅人的生活景象

识、构思奇特的金字塔建筑等。有人把玛雅人比作“新世界的希腊人”，他们所创造的很多文明奇迹与古希腊人相比毫不逊色。

面对着玛雅遗址这异常灿烂的古代文明，人们会情不自禁地发问：这一切是如何造就的？难道它们是从天而降的吗？虽然科学家们进行了无数的研究和考证，但迄今为止尚未能够提供一个圆满的答案。

玛雅文明带给人们的难解之谜之一就是在帕伦克出土的宇航图。当我们面对帕伦克的那幅宇航图时，一时间似乎心中豁然开朗，关于玛雅文明的诸多疑惑都消失了。然而取而代之的却是一种更为深切的迷茫。谁都知道，古代是没有也不可能有宇航器的。那么，古代的玛雅人是怎么了解宇航奥秘的呢？唯一的解释大概只有一种，那就是在遥远的古代，南美这片热带丛林里可能有过一批来自外星球的智能生命，他们在玛雅人的顶礼膜拜中走出自己的飞船，向玛雅人传授了各种知识，然后飘然而去。然而，这也仅仅只是一种猜测，并无足够证据来佐证。

玛雅人还创出了一套精巧的数学，来适应他们按年记事的需要，并以此决定播种和收获的时间，以及对季节和年度中雨水最多的时间准确地加以计算，以期充分利用贫瘠的土地。他们所掌握的数学技巧在古代原始民族中，真是高明得令人吃惊。

在高明的数学基础上，玛雅人还制定出了精妙的18月历法。玛雅人认为一个月（兀纳）等于20天（金），一年（佟）等于18个月（兀纳），再加上每年之中有5个未列在内的祭日，一年实际的天数为365天。这正好与地球公转时间相吻合。



几千年前的玛雅人能有如此精确的历法，这意味着什么？玛雅人依照自己设想建造的金字塔，实际上就是一种祭祀神灵并兼顾观测天象的天文台。位于奇钦·伊察的天文台是玛雅人建造的第一个也是最古老的天文台，塔顶高耸于丛林的树冠之上，内有一个旋梯通至塔顶的观测台，塔顶有观测星体的窗孔。其外面的石墙装饰着雨神的图案，并刻有一个展翅飞向太空的人的浮雕。这一切都令人遐思万千。

▲玛雅古迹以其神秘性深深吸引着现代人

令我们再次陷入迷惑之中的是，玛雅人掌握了现代解剖学和光学知识。1927年，科学家在中美洲的洪都拉斯玛雅神庙中发现了一个水晶头颅。令人震惊的是，该水晶头颅竟然综合了现代解剖学和光学知识。头颅用水晶雕成，高12.7厘米，重5.2千克，大小如同真人头，是依照一个女人的头颅雕成的。这颗水晶人头雕刻得非常逼真，不仅是外观，连内

▲玛雅的建筑和石刻大概只有他们自己才懂得其中的意义

部结构都与人的颅骨骨骼构造完全相符。而且工艺水平极高，隐藏在基底的棱镜和眼窝里用手工琢磨的透镜片组合在一起，发出炫目的亮光。据研究，至少有1000多年的历史。

近代光学产生于17世纪，而人类准确地认识自己的骨骼结构更是在18世纪解剖学兴起以后的事。这个水晶头颅却是在谙熟人体骨骼的构造和光学原理的基础上做成的，1000多年前的玛雅人是怎样掌握高深的解剖学和光学知识的呢？

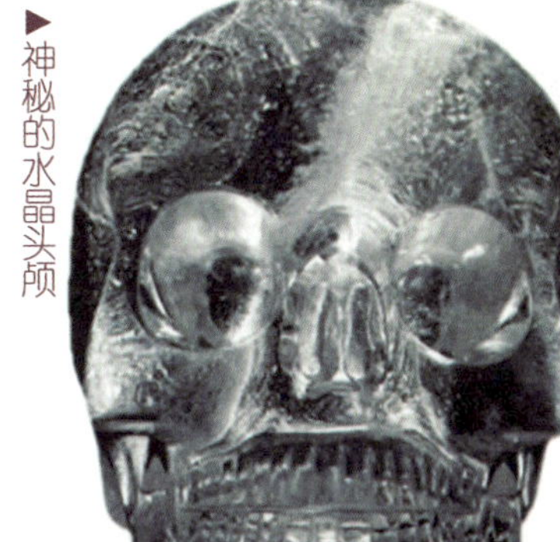

▶神秘的水晶头颅

从这个奇异的水晶头颅来看，也许玛雅人掌握的科学技术比我们所想象的还要高超得多。但他们又是怎样获得这些科学技术的呢？这就更是谜中之谜了。

玛雅人伟大的建筑才能（例如金字塔的建造）、独特的象形文字以及广博的医学知识，都给我们留下了无尽的迷惑。这一个个的谜团，引起我们无限的遐思，而神秘的玛雅文明中或许还有什么令我们更为震惊的事情等待着我们去发现。



**相关知识全接触**

**金字塔之谜**

玛雅的金字塔与埃及的金字塔有所不同，在尤卡坦半岛上的金字塔更像一个祭坛。因此看来，它的功用不仅仅是国王或首领的坟墓。在尤卡坦半岛上，耸立着9座巍峨的金字塔，它与埃及最早的几座金字塔相比，可以说是孪生姐妹。同类的建筑在英国和法国也已发现。

玛雅人的金字塔的天文方位计算得更为精确：天狼星的光线经过南墙上的气流通道，直射到长眠于上面厅堂中的法老头部；北极星的光线通过北墙的气流通道，径直射进下面的厅堂里。

大家一向认为金字塔是一种坟墓，而且在很多金字塔中确实找到了木乃伊。那么，大西洋两岸的古民族真的会不谋而合地都来营造工程浩大的金字塔作坟墓吗？如果真是这样，那么为什么金字塔与塔顶上的神龛是这么不相称，整个塔的建造水平是如此之高，而神龛却是相当粗糙，这不禁使人认为神龛可能是后来加上去的。

有人推测据此，金字塔原先很可能是一种玛雅祖先的储物库，只是由于金字塔内部的奇特空间形状，能使停放在金字塔内一定部位的木乃伊保存完好，因此头脑中有着永生渴望的民族，要把自己的首领放进这种存储物已用完的建筑物中，是可以理解的。

不过这只是一种猜测，金字塔的用处也许远不止这些。

# 欧洲文明的源头克诺索斯

▶希腊雕塑《欧罗巴和公牛》

关于克里特岛有不少传说。传说希腊的宙斯神爱上腓尼基公主欧罗巴，便化为一头精壮的牛，混在牛群中。最后，欧罗巴被宙斯所化的牛吸引，兴奋地跨上牛背。宙斯驮着她在草地上慢慢地行进，并逐渐离开了牛群和随从。到了海边，宙斯腾空而起，把欧罗巴带到了克里特岛。宙斯与欧罗巴生下了米诺斯及其兄弟。后来，欧罗巴成了克里特国王的新娘，她的儿子们也因此获得了继承王位的机会。米诺斯为了夺得王位，求海神波赛冬派一头牛让他用来献祭。波赛冬派来了一头牛，可是派来的牛太好了，竟让米诺斯舍不得杀掉。波赛冬对此十分恼火，他施展神力，使米诺斯的妻子帕希妃爱上了这头牛。

可怜的王后对这头牛如醉如痴，并请巧匠戴达鲁斯雕刻了一只木牛。她藏身牛腹中，还让人将木牛放到牧场。后来她与牛结合，生下了牛头人身的阿斯特流斯。米诺斯让戴达鲁斯建造了一座迷宫，并把阿斯特流斯养在其中。后来，英雄提修斯来到克里特，杀死了阿斯特流斯。由于戴达鲁斯帮助王后，米诺斯很恼怒，把戴达鲁斯父子也关进了迷宫。可是，戴达鲁斯父子俩凭借蜡烛做的翅膀飞出了迷宫。戴达鲁斯的儿子在飞的过程中由于太兴奋，飞近了太阳，蜡翅融化，不幸坠入海中。而戴达鲁斯飞到了西西里，不仅得到了西西里国王科卡鲁斯的庇护，而且得到了国王女儿的青睐。米诺斯追踪戴达鲁斯也来到西西里。科卡鲁斯的女儿们趁他洗澡时，用滚烫的水浇死了他。后来，米诺斯成为冥界的判官。



德国考古学家谢里曼在小亚细亚西海岸发掘出了特洛伊古城，证明了古代传说中的“特洛伊城”是真实存在的。考古学家们从中受到启发，注意到荷马史诗中关于克里特的记载，从而联想到古希腊神话传说中的“米诺斯王宫”。“米诺斯王宫”的结构复杂，又称“南海迷宫”。1900 年，英国学者伊文思在克里特岛北部的克诺索斯山岗上挖掘出一座占地 2400 多平方米的巨大宫殿遗址，这就是希腊神话中的“米诺斯王宫”。

◀被埋入地下的米诺斯王宫

▶谢里曼的发现将欧洲史的序幕提早了1000年或更早

在克里特岛米诺斯王宫被发现之前，大多数的人认为欧洲史是随古希腊文明的兴起而开始的。然而，到了19世纪70年代时，这种观点被改变了。当时，谢里曼发现了古希腊人的祖先——迈锡尼人。而谢里曼的这次发现，将欧洲史的序幕提早了1000年或更早。在19世纪末，随着学者们对迈锡尼废墟遗址研究的深入，其中一部分人开始提出这样一个问题：谁是迈锡尼人的祖先？这个问题由继承谢里曼遗志的考古学家们做出了回答。

一些考古学家在克里特岛进行了长时间的挖掘，但是伊文思和他们大不相同：开挖的第一天，他和他的民工就挖到建筑物的墙和一些艺术品；第二天，发现一堵虽已褪色但仍可辨认出有壁画的墙，还有画有图案的石膏作品；在第五天，发现了一片埋满石器的遗址——似乎每挖一锄都会挖出1件古物。这王宫废墟埋得如此之浅，以至于像是从地下迸发出来似的。掘出的文物古董堆积如山，数枚雕刻印石、花瓶、陶罐（有真人那么高，用来装粮、酒和油）、数以百计的泥板（上面刻着两种未知文字：伊文思称它们为“直线A”与“直线B”，因为这些文字都由直线构成）。



一开始，伊文思便意识到，他将揭开历史的新篇章。因为出土的文物古迹与他以前所见到的大不一样。他写道：“这是一种异乎寻常的现象，不像古希腊，也不像古罗马，也许，它的全盛时期可以至少追溯到迈锡尼时期之前。”

又一组壁画出土了，上面有和真人一样大小的图画，画的是一个优雅的黑发人像，还缠着白色条纹的腰布。伊文思曾在埃及见过类似的图画，在那里，法老统治期间的壁画上绘着一些人物，穿的就是这种类型的衣服，他们极具才华，埃及人把他们叫做“岛人”。伊文思确信，“岛人”与克诺索斯王宫的建造者是一回事。

开掘了一段时间后，伊文思和他的民工们发现，这些遗址并非是孤立的建筑物。它们是一个庞大建筑物的组成部分，后来考古学家称它为“宫殿群”。在宫殿群的遗址上，伊文思发掘了2400多平方米，共计1400多个房间。有各种层次的住房、庭院、通道、楼梯、地窖和阳台。

▶俯瞰下的克诺索斯遗址

这样的宫殿群像一座迷宫，稍不留神，就会迷路。伊文思断定，这一定是古希腊迷宫传奇的出处。他甚至相信，他找到了王宫的正殿。遗址西面装饰精美的正厅里，靠墙放着长长的石凳，有一张石椅比其他的要高。伊文思向全世界宣布了他的重大发现。之后，他为当地人取了个名字——米诺斯人，因为当地国王的名字叫米诺斯。伊文思的宣布引起了强烈反响。

▲克诺索斯『宫殿群』中的一个宫殿遗址

考古学家们意识到，伊文思的发现不仅仅是一座废墟，而且是一个全新的文明，于是，他们从许多大学和博物馆匆匆赶到克里特岛并立刻着手工作，凡是与传奇故事有关的每个地方，每一个小丘，他们都不放过，统统掘开。顿时，整个小岛沸腾起来，处处可见考古学家，处处可见发掘的人们。

▲克里特岛上的王宫的内部景象



在伊文思的率领下，克诺索斯的发掘一直在持续。1901年，他又发现了一个大型中央庭院一侧的楼梯间的更多壁画，上面绘有虔诚的宗教礼仪和民间生活情景，以及一块由象牙、银、金、水晶石嵌合而成的游戏板，此游戏板揭示了古米诺斯人也玩游戏，用来测技艺或运气。这块游戏板被伊文思认为是克诺索斯遗址上所发现的最有价值的单件工艺品。然而，米诺斯文明究竟从何发展而来，又怎样变得无影无踪？这成了历史上的悬案。

伊文思意识到，在这座王宫建造之前很久，克诺索斯就已有人居住。他把最早有人定居的时间追溯到公元前8000年，但研究表明，克诺索斯最古老的居住史只能追溯到公元前6000年，被认为是米诺斯时期的文化大约在公元前2500年出现。

在此期间，克里特岛人可能住在小村落里。然后，随着时间的推移，他们的社会变得更为集中，人们开始聚集到比较大的、比较有组织的社区。而克诺索斯坐落在宽阔低洼地带中部，有着肥沃良田和丰富水源的地方，是理想的居住之所。而在克里特岛之外的地方，还有其他一些人口稠密的居住中心。

米诺斯人擅长航海，且拥有高效率的船队。他们的船只长达30米，有船员50人，能够轻而易举地横渡地中海。米诺斯人在爱琴海岛屿上建立起殖民地和贸易港。

米诺斯的经济主要依靠贸易。米诺斯工艺品，如印石，在整个地中海东部地区都有所发现。在米诺斯遗址上已经发现来自希腊、土耳其、爱琴海诸岛、埃及以及美索不达米亚的金属制品。在克里特岛工作的考古学家也发现了各种各样的、曾经用来盛装橄榄油和葡萄酒的大型坛罐，而橄榄油和葡萄酒是米诺斯人的出口产品。

米诺斯人的宗教，也是值得推敲的主要问题。伊文思和考古学家认为，许多塑像和壁画表现的是女神或女祭司。因此考古学家相信，米诺斯人心中的上帝就是女神，女人在米诺斯的宗教礼仪上应扮演着重要角色。伊文思认为，王室正殿的厅室和崇拜女神的地方，都被看成是圣堂。

◀米诺斯人的艺术品

米诺斯人的艺术品是最令人着迷的，那些充满生气的大自然精灵形象，看上去更加人性化，至少比其他古文化中那些僵硬、呆板、描绘着狰狞面孔的作品，更具现代情趣。米诺斯人把他们自己描绘成一个友善、文雅的民族，酷爱大自然，喜欢运动，看上去还有点时髦，无论男女都把长长的黑发卷盘在脑后，男人佩带缠腰布；女人口唇着红，身穿荷叶边长裙，紧身衣。一句话，米诺斯人似乎是一个精神饱满、有文化教养、热爱和平的民族。20世纪上半叶，克里特岛上的米诺斯以它充满田园诗气息、正值金色年华的宝岛之国形象再次展现给世人。



1926年，一次地震袭击了克诺索斯，给伊文思以强烈印象。因此他认为，米诺斯人是遭到了自然灾害。伊文思认为用地震灾难来解释是比较合乎逻辑的，因为克里特岛和其他爱琴海岛屿经常有地震发生。这可能也有助于解释地下迷宫中牛头人身怪物传奇故事的创作。可能是地震使米诺斯文明走到了尽头。

但是现代学者拒绝接受这种解释，他们认为米诺斯人是消亡在战争之中的。但究竟如何，还有待考古学家的进一步探索。

▼克诺索斯的精美绘画

# 哈拉巴文化由盛转衰

哈拉巴遗址

哈拉巴文化起源于印度河流域，于公元前 3000 年左右逐渐进入了全盛时期。那里的居民主要从事农业，种植的农作物主要有稻、大麦、小麦、豌豆、甜瓜、椰枣、胡麻、棉花等。饲养的动物主要有水牛、黄牛、山羊、绵羊、猪、猫、狗、鸡、骆驼等。使用的农具主要是青铜器，人们还在和洪水进行的斗争中，学会了筑坝和引水灌溉。在手工业方面，有冶金、粮食加工、制陶，还有棉、毛纺织、刺绣、染色等。此外，也有了珠宝制造和象牙工艺。



在哈拉巴，除了农业、畜牧业发达外，商业也很繁荣。这里的商人将印度河流域出产的棉布、木材、香料、珠宝等输出到西亚等地，同时从南亚次大陆以外的地区运进工艺品原料，进行加工。随着经济的发展，度量衡也在这一时期出现：人们用介壳尺和青铜杆尺计量长度；用砝码来衡量重量，用小砝码进行珍宝玉器的买卖，用大砝码衡量非贵重物品。

哈拉巴的交通也十分便利，陆路主要使用车辆和牛、骆驼等运输，在水路出现了船只。

在哈拉巴，已经形成了记载语言的文字，用以记载一些重要事情。说是文字，其实只是一些符号，它们大多刻在石头或陶土制成的印章上。在早期的文字中，共有 417 个文字符号。后来文字中的图形符号渐渐消失，这些文字也已经简化，基本符号只剩下 22 个，有的符号加上了短划线，也有两个符号连写的。这些文字至今也无人能破译出来。

发达的农业、畜牧业和繁荣的经济使哈拉巴形成了当时印度河流域最大的城市之一。占地达 85 万平方米，人口达到了 3～4 万人。城市规划中的供水、排水系统也已相当完善，几乎每一户都有自备水井，每条巷道有一口公共水井。排水则用阴沟，在大街下有深 30～60 厘米、宽 20～45 厘米的主沟，每户又有与主沟相通的支沟，楼上的污水则经过垂直的水管通向地下沟道。这些废水最终经下水道流进大河。

在哈拉巴，贫富差距十分悬殊：穷人住矮小、简陋、拥挤不堪的茅舍，富人住的是庭院宽敞、设备完善的高楼大厦；富人使用的物品甚至小孩子的玩具

都镶有珠宝，而穷人只能使用由泥土和贝壳制的粗劣物品。

人们的生活内容相当丰富。吃的有肉、鱼、面包、饼、蔬菜、水果、牛奶等，穿的是自织的棉布和毛织品。日常用具有碾谷石磨、擦肉具、制饼模子、烘面包的炉子、做菜的锅、过滤的穿孔陶器以及盛放食物和饮料的碗、盘等，此外还有照明的灯、烧香的炉。娱乐方式也多种多样，各种棋盘、骰子、响板、手鼓、竖琴、七弦琴等均已出现。人们还注重打扮和装饰。

哈拉巴文化兴旺发达了几个世纪后，到公元前1750年突然衰灭，从此印度河流域哈拉巴文明之光便莫名地消失了。

这个古城文明究竟是怎样毁灭的？印度的史学家和考古学家根据遗址和遗物提出了种种假说。

有些学者认为，古城的消失是由于地质和生态的变化引起的。印度河河床的改造、地震以及由此而引发的水灾等，这些灾难，无论是哪一种都会给古城带来巨大的破坏。此外，河水的泛滥、沙漠的侵害、海水的后退也都是引起生态环境变化的主要原因。

有的学者认为，古城的毁灭是因为外族的入侵。他们认为，在公元前1750年左右，印度河流域的很多城市遭到了外族的入侵，使这些城市遭到了很大的破坏。在这座城市的一些街巷和房屋里留下了不少像是被杀戮的男女老幼的遗骨，这些遗骨横躺竖卧、杂乱无章，有的遗骨上还留有明显的刀痕，有的四肢呈痛苦的挣扎状。当时外族入侵，居民四散奔逃，古城从此荒废了。

还有的学者认为，《百道梵书》所记载的当洪水毁灭世界之时，只有人类的始祖摩奴在神鱼的启示和帮助下造船得救。也许，这就是对印度河文明毁灭的一个回忆吧。

在哈拉巴城上层更有明显的衰落迹象，特别要提到的是，在这里人们发现有新的陶器类型与哈拉巴文化并存。这一切说明有新的入侵者占据了哈拉巴文化区域。但疑问也随之而来：新的入侵者是谁？过去很多学者把他们同吠陀时期的印度雅利安人联系起来，可是据史书记载，吠陀时期印度雅利安人的入侵年代与哈拉巴文化的毁灭相隔整整有几个世纪。

当然，这些也仅仅是假说，真相还有待后人去揭示。



▼哈拉巴带有宗教色彩的艺术遗存

# 消失的良渚文化

1936年，在余杭市良渚镇首先发现了距今约4200~5300年的良渚文化，它是我国长江下游太湖流域的一支重要的古文化。经过半个多世纪的考古调查和发掘，初步查明在余杭市良渚、瓶窑、安溪3个镇的地域内，分布着以莫角山遗址为核心的50余处良渚文化遗址，不仅范围广阔，遗址密集，而且内涵丰富，有村落、祭坛、墓地等各种遗存。良渚遗址已成为实证中华5000多年文明史的最具规模和水平的地区之一。

由于社会生产力的高度发展，使得良渚文化时期的社会制度发生了剧烈的变革，社会分化成不同的等级阶层，这在墓葬遗存中表现得尤为突出。贵族墓地大都建有人工堆筑的大型墓台，具有宽大的墓穴、精致的葬具，随葬的还有一批制作精美的玉礼器。而小型平民墓葬则与之相反，没有专门营建的墓地，只是散落在居住址的周围，墓穴狭小，随葬的只是简陋的陶器及小件装饰用的玉器。由此可见，良渚社会中已经显现出明显的等级差异。而这种差别是通过凌驾于氏族社会之上的某种社会权力来达到的。可以说，在良渚文化时期，在氏族和部落里已经出现了具有绝对权威的领袖人物，有着组织大量劳动力进行大规模营建工程的社会权力。这种社会权力的存在，也充分表现在良渚文化时期的玉器制作上。



玉器的加工是一个复杂的多工序的劳动过程，良渚文化的玉器上大都雕琢有精美繁密的纹饰，可见，制作者必须单一从事玉器的加工制作，而其生活资料则需要广大社会群体为其提供。同时，玉器器形比较规范，图案花纹雕琢规范，体现出其制作过程中脑力劳动成分的增加，出现了相对独立的趋势，脑力劳动与体力劳动的分工差别已经形成。

▶以玉器而闻名的良渚文化

以用玉制度为核心的礼制的产生是社会形态发生变革的重要方面。礼制的核心是体现人们之间贵贱、尊卑、上下、亲疏的隶属关系。以用玉制度为主要特征，表明良渚文化已产生礼制，这也表现出社会发生了质变。良渚社会已踏入文明的社会。

良渚文化遗址围绕太湖大致呈三角状分布，其影响达浙西南、浙东、皖南、华南、山东、苏北等地。在良渚文化中已开始出现文字和城址，良渚文化刺激了中原地区原始文明的发展，并产生剧变，最终形成了中华繁荣的早期文明。

# 神秘的西夏文明

▼现存的西夏王陵

西夏，是一个以党项民族为主体，包括汉、吐蕃、回鹘等多民族的国家政权，曾在中国历史上占有一席之地。

隋代之前，善于放牧的党项人开始崛起。不久，他们征战南北，1032年，党项首领李元昊立足怀远（今银川），取消宋赐赵姓（其实他们一直延用唐赐李姓），改姓嵬名。不久，李元昊登基称帝。从此，西夏开始了它近200年灿烂的历史。西夏受汉文化的影响，不仅有自己的方块文字和历法，而且还有了一套完整的宗教体系和政治体系。可以说，这个善于征战的民族通过融合多民族的文化造就了自己的辉煌文明。

从夏景宗李元昊开始，西夏共出现了10位皇帝。到了13世纪初，在蒙古军队的强劲攻势下，西夏已是英雄末路。到了夏末帝时代，这个民族消失在蒙古人锋利的马刀下，永远湮灭于滔滔的历史长河中。伴随着西夏文明的湮灭，西夏王陵也遭受到一场空前浩劫。

1227年，成吉思汗率领大军征战西夏，这是他一生中的最后一次征战，因为进攻遇到了惨烈的抵抗。西夏这个顽强的民族，曾使大宋的讨伐十战九败。而西夏对外人的入侵寸土必争。此时，成吉思汗开始卧病在床，有人说他受到了致命的伤害。不久之后，一代天骄在其征途中离世。

蒙古人对西夏，一场疯狂的灭绝种族的复仇拉开帷幕。整个西夏民族遭受了灭顶之灾，他们几乎被灭族，即使有逃脱者，为了避免杀身之祸，也只能改名换姓，隐居起来。蒙古人对西夏人的祖坟也进行了一番大规模的扫荡，成片的建筑被烧被砸。从此，辉煌一时的西夏文明消失了。

20世纪初，有了研究西夏的西夏学，但西夏文明仍有很多的谜团，至今毫无线索。考古学家现在寄希望于西夏王陵，希望从中能够找到一定的线索来解开这些谜团。

▼独特的西夏文字和石刻艺术

# 赫梯文明的衰落

▶至今仍显庞杂的赫梯遗迹

赫梯文明诞生于公元前 17 世纪左右，繁荣了几个世纪，是古代中东文明的主要组成部分。但到了公元前 1200 年左右，灾难降临。在几年时间内，首都哈图萨斯和其他许多城市都被夷为平地。

现在遗留在哈图萨斯的到处是被烧焦的遗物碎片和瓦砾。如此繁华的城市，是谁在那么短的时间内就将它毁掉了呢?

考古学家通过对这些遗迹进行分析，确定哈图萨斯的敌人是用冲天大火毁掉了这座城市。从火焰熏黑的城墙内壁上仍可看出他们所放的火势之烈，整座哈图萨斯竟没有一座建筑物依然耸立。

1993 年，在赫梯首都哈图萨斯以东 125 英里的库萨克里，考古学家挖出一座已被烧毁的巨大建筑群，在该建筑群的 54 个房间里到处都是散落的赫梯陶器堆，其中有些陶器因受大火的高温烘烤而熔化。总之，赫梯人遭到了灭顶火灾，所有的赫梯城镇被毁为废墟。

关于毁灭赫梯王朝的那把大火，以及赫梯王国在极短的时间内消亡的原因，考古学家的看法也各有不同。

有人认为是来自“海上民族”对中东的侵略。当时出现在海上的一支北欧海盗舰队曾破坏了很多国家和地区。他们杀死大量居民，掠夺财物，甚至将其用大火毁掉。考古学家发现，在公元前 1180 年左右的一份拉美西斯三世的文本中有这样的记录：“这些外国人在他们岛国本土密谋策划，没有一个国家能挡其锋，赫梯首当其冲……他们继续前行……来到埃及。”

也有很多史学家很难接受赫梯帝国被毁于航海者之手这一观点，他们倾向于认为其他劫掠者也卷入其中，并且国内的敌人起到了一定作用。

还有人认为，赫梯王国被毁的大火早已酝酿了好多年。在长达一个多世纪以来，干旱影响着整个中东地区，国家收入减少，严重地削弱了赫梯王国的国力。民众为了生存，开始迁徙，寻找好一些的生存环境。于是，由于自身臣民的不稳定，加上北部迁徙而来的掳掠性游牧部落和西部入侵民族的合力，把赫梯王国推向了覆灭的深渊。

赫梯勇士雕像，头像所表现的坚硬和略带粗糙的风格是大部分赫梯雕像的特征

但这些也只是考古学家的看法，并没有确切的资料证明。赫梯王国究竟是怎么毁灭的，究竟在哪一年毁灭的，仍然是个谜。总之，赫梯王国已经不复存在。

考古学家认为，在大火毁灭城市时，幸存下来的人们四处奔逃，许多年以后，最终被别的民族同化，然而，赫梯文化并没有一起毁灭。在赫梯王国覆灭200年以后，纳托利亚东部和叙利亚北部又崛起15个小王国。他们选择了赫梯人的语言，承接了赫梯人的一些宗教和风俗习惯。学者们把这些王国称之为“新赫梯人”。

新赫梯人在叙利亚建立起了城邦并持续到公元前8世纪左右。在《圣经》里提到的赫梯人也正是这些新赫梯人。

1915年，捷克学者赫罗兹尼对楔形文字赫梯语释读成功，他宣布赫梯语不是中东语言的一支，而是与起源于欧洲和印度的亚欧语系相连的印欧语言。从那时起，现代人才真正认识了赫梯文化，也认识了赫梯人的首都哈图萨斯城。



然而，那些赫梯象形文字写就的文本，却始终没有人能够破解。19世纪80年代末，一位名叫阿切贝尔德·赛斯的学者破译了6个象形符号。1946年，这一不解之谜有了新的突破，伊斯坦布尔大学的一位教授在土耳其南部的一座新赫梯要塞遗址的两座相同门的两侧发现了刻着文字的平板。每座门左侧的板上都是用可读懂的闪族语文字写的腓尼基语，右侧的饰板上刻的都是赫梯象形文字。由于各块饰板上的内容几乎相同且文本很长，所以，学者们正好可以利用这些长长的铭文，编写赫梯象形文字的释义用词和语法。这样，史学家终于有了进入赫梯王国的钥匙。

线条柔韧大方的赫梯浮雕

如何能够读懂赫梯语言，困惑了语言学家很多年。在这之后，又有一个不解之谜随之而来。即如果赫梯人确实讲的是印欧语言，而印欧语言并非源自安纳托利亚高原本地，那么，印欧语言又是从哪里来的呢？这种语言到底起源于何处？起源于何时？接踵而来的是，赫梯人的族源到底来自哪里？他们迁徙的路线在哪里？他们又是什么年代到来的呢？

这些令考古界长期迷惑的问题，至今也没有定论。

# 传说中的麦罗埃文明

▶历史遗留下的麦罗埃古迹似乎和埃及文明有所类似

麦罗埃王国地处西亚、北非与非洲腹地的交通要道，它是非洲东北部一个重要的贸易中心。麦罗埃人同埃及人一样，曾创造了灿烂的古代文化。

麦罗埃的城市分布在尼罗河以东土壤肥沃的布塔奈草原。在这片沃土上，农业比较发达，人们依靠种植谷物为生，并且把牛作为牲畜养殖。据考证，麦罗埃人可能是在尼罗河流域最早种植棉花的居民。

麦罗埃地区含有大量的铁矿石和木材。早在很久以前，这里的人们就懂得了冶铁技术，他们将铁矿石熔化，铸成铁制的工具和武器。同时，木工也是他们一个重要行业。当时，在手工业方面，这里还出现了织布、制革等工艺。出现了大量的工匠，其中包括铁匠、木匠、建筑设计师、泥瓦匠、陶工、织布工、制革匠、石匠、金银珠宝匠等。



麦罗埃最大的优势还是来自于其地理位置。它正处于陆路贸易通道与尼罗河水路贸易通道的交汇点，这里是东非的交通要道和贸易枢纽。通过水上航行，可以远达苏丹，直至南方的苏德沼泽为止。商旅们起初赶着牛、驴、马等牲畜，到公元前 1 世纪出现的更为吃苦耐劳的骆驼，使商业得到进一步发展。

商业圈从麦罗埃向外四散辐射，穿过沙漠，越过草原，深入非洲的中心地带，再到达阿比西尼亚高地、红海，或者沿尼罗河顺流而下，到达埃及。同时，麦罗埃与印度、埃塞俄比亚、西亚等地也都有贸易来往。

公元 1 世纪左右，麦罗埃王国的经济达到鼎盛时期。麦罗埃本国的金银珠宝、铁器等运往周边国家，同时从这些国家运回黄金、象牙、铜器等物品。比如中国的铜鼎，当时就曾运往麦罗埃地区。

麦罗埃人在许多方面都受埃及的影响，他们信仰阿蒙神，还建造了很多神庙以供奉这位埃及的主神。麦罗埃的阿蒙神庙有近 150 米长。麦罗埃的国王和王后们死后，也同样制成木乃伊，葬在金字塔里，追求来世的永生。

在麦罗埃人的眼里，狮神的地位仅次于阿蒙神。供奉努比亚狮神阿佩德马克的神庙，由一个单间构成，通过一个巍峨的塔式门楼进入殿内。

麦罗埃的石工技术也非常出色，在麦罗埃以北 16 千米的穆索瓦拉特，有一座庞大的带有围墙的综合性建筑，它与努比亚和埃及各地的任何建筑都不一样，是由众多封闭的房间组成的一个围墙迷宫——大圈地。这座综合性建筑气势恢宏，廊柱都是精雕细刻的石柱，中间矗立着一座神像，周围是开放的广场与院落，石工技艺成为它最为显著的特点。

对于这座建筑的用途，至今还没有定论。有人认为，这里应该是商队的目的地；有人认为，这里是宗教节日聚会的地方；也有人认为，这里应该是饲养与训练大象的地方。

无论是地理、经济还是文化方面，都让麦罗埃声名远扬。古希腊历史学家罗多德曾于公元前 5 世纪沿着尼罗河上游到达如今的阿斯旺。他被告知，麦罗埃距此大约还有 60 天的路程，它的财富多得令人难以置信，那里拥有不计其数的金银珠宝，人死后都用水晶棺材埋葬，就连囚犯的脚镣都是黄金所制。根据古希腊地理学家与历史学家斯特拉博的描写，麦罗埃的王宫拥有一个长满果树的花园，市民们彬彬有礼，住在砖房或者“劈开的棕榈树搭建的房屋里”。

许多世纪以后，在这些古典作品的诱惑下，考古学家开始寻找这个如同神话传说般的非洲城市。

1772 年，一位名叫布鲁斯的探险家来到苏丹的巴格拉维亚村，在那里他发现了“成堆的破碎底座与方尖石塔的残迹”。他在日记中断言：“它可以令人大胆地猜想，这就是古城麦罗埃。”

1842~1859 年之间，一支德国考古队到麦罗埃考察，并把他们的考古发现写成了书。此后，在 1905 ~ 1971 年之间，英国、美国、波士顿艺术博物馆和加拿大的考古学家也相继来此考察和发掘。麦罗埃文明再次出现在世人眼中。

◀在麦罗埃发掘的器物精致而富有情趣



▼在沙漠中逝去的麦罗埃

### 相关知识全接触

**阿蒙神**

传说中的万物创造者阿蒙神被描绘成头戴两片羽毛，手持一根权杖的形象。他象征着男人的气概，公羊和雌鹅是他的神兽。他的崇拜中心位于底比斯，在中王国时期，他的重要性达到了顶峰。

后来，他得到王族的青睐，到第十八王朝时他的地位超过了其他众神。在这期间，人们在卡纳克为他建造了一座宏伟的神殿，这座神殿直到今天仍然存在。

# 被遗忘的“两河文明”

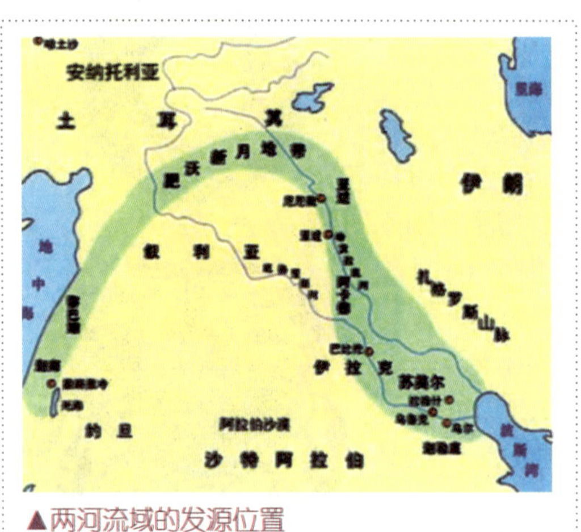

▲两河流域的发源位置

两河文明又叫美索不达米亚文明，是世界上最早的文明之一。两河是指幼发拉底河和底格里斯河，大致在今天的伊拉克境内。希腊人称两河流域为“美索不达米亚”，意指两河之间的地方。两河流域位于西亚地区，北接亚美尼亚高原，南临波斯湾，东与西伊朗山脉为界，西与叙利亚草原和阿拉伯沙漠接壤。两河流域的北部为亚述，南部为巴比伦尼亚。巴比伦尼亚南部为苏美尔，北部为阿卡德。两河流域河水的定期泛滥，使两河沿岸积淀成适于农耕的肥沃土壤。史书称两河流域为“肥沃的新月地带”。公元前3500年左右，这里产生了世界上最早的文明。



两河流域文明时代最早的居民是苏美尔人。他们在公元前4000年以前就来到了这里。两河流域的最初文明就是他们建立的。两河流域文明起源于两河流域南部的冲积平原和三角洲，这里的居民主要用牛、驴拉着木犁耕地，他们主要的农作物是椰枣和大麦。其中，椰枣是他们的主食之一，大麦酒是人们最喜欢喝的饮料。

两河流域的居民编写了《农人历书》，这是人类历史上最早的农书，它是以一个老农民教育儿子的口吻写的。这位老农民不厌其烦地给儿子讲述应该如何务农，要注意的各种事情。比如说，不要让牲畜践踏田地、怎样节省灌溉用水、及时收割、驱赶食谷的飞鸟等。

两河流域的居民在5000年前就已经会制作陶器。他们主要制作色彩富丽夺目的彩陶，甚至有些陶器色彩还分层次。他们常用的生活用具几乎全部是陶制的，连人死后用的棺材也是用陶土烧制而成的长方形大箱。

由于两河流域缺少石料，他们最主要的建筑材料是黏土。垒墙、盖房、铺路，使用的都是用黏土掺上切碎的麦秸秆制作成的土砖。他们城市的建筑物都是用这种黏土修建的。另外，两河地区的金属制造工艺的水平也相当纯熟。他们有重约2吨的青铜铸像，这几乎与我国商代的司母戊大方鼎产生于同一时期。他们的手工业也有很多，比如制砖、刻石、珠宝、皮革、木业、织麻等。

▲这种古老的楔形文字就诞生于两河流域

两河流域的人民在人类文化宝库中留下了一笔丰厚的遗产。他们很早就有了著名的楔形文字。虽然这种文字没有发展成拼音文字，但是在人类早期的文字中，它是一种发展得比较完备的早期文字。谚语、神话和史诗是两河流域人民在文化上的主要成就。苏美尔人丰富的谚语只有少数被记录在泥板文书上，其中有的是生活经验的深刻总结。比如："鞋子是人们的眼睛，行路增长人的见识"等；有的反映了当时的社会风气和矛盾："妻子是丈夫的未来，儿子是父亲的靠山，儿媳是公公的克星"等。后人对两河流域的神话传说很感兴趣。人们发现《圣经》中的一些故事的渊源就是在古代两河流域。如有一首叙述神创造世界故事的诗歌与《圣经》的创世故事十分相像，它们都说神在第六天创造了人，第七天休息。两河流域的神话讲人的祖先因受到引诱而犯罪。而《圣经》中讲的是蛇引诱亚当、夏娃偷食禁果。

◀两河文明的艺术品显示出细腻动人的高超手法

欧洲的天文学直接受两河流域的天文历法知识的影响。苏美尔人按照月亮的盈亏把一年分成12个月，共354天，同时设闰月对阴历阳历之间的差距做出调整。到公元前7世纪，又形成了7天一星期的制度，每天各有一个星神"管理"，并以他的名字命名这一天。直到今天，欧洲各国每周7天的命名仍然没有改变。不过，当时的历法粗糙而且不甚准确。此外，他们在药物、植物、动物、地理等方面也有丰富的知识。

欧洲文明的最高成就就是古希腊文化。然而，两河流域的文明延续了2000年之后，古希腊人才迈进文明时代。而其后来的许多成就也是在两河流域文明的基础上发展起来的。在5000多年前，两河流域的人们就能够创造这样发达的文明，真是令人叹为观止。

# 托尔特克文明的衰败

▲托尔特克的城市遗址

托尔特克人原是居住在墨西哥北部的一支游牧民族。大约在公元 800 年进入阶级社会，并开始南迁到中部高原地区。在托尔特克人南迁到中部高原地区时，特奥蒂瓦坎文明开始衰落，这为托尔特克人创造了一个发展自己文明的机会。

特奥蒂瓦坎城被毁灭后，特奥蒂瓦坎文明虽然开始显示出衰落的迹象，但其发展并未中断，很快又在其他地方兴盛起来，并逐渐与当地文化结合。在这种结合过程中，一系列文明由此产生，如霍奇卡尔科文明、艾尔塔星文明、猛特奥尔凡文明以及托尔特克文明。古代托尔特克人在继承和吸收特奥蒂瓦坎文化的基础上，不断丰富和发展自己的物质生活和精神生活，在墨西哥这块古老的土地上创立了伟大的艺术文明——托尔特克文明。该文明在很多方面曾影响了阿兹特克文明和玛雅文明的发展。



托尔特克文明兴起于图拉城。图拉城的城池虽然建在山上，但丰富的河流、森林、野兽和石材为其发展创造了有利条件。托尔特克人充分利用这一有利条件，创建并发展了自己的文明。

图拉城，属今墨西哥伊达尔哥州，位于墨西哥城北 83 千米处的群山怀抱中。图拉城是托尔特克文明中的一个重要文化遗址，该遗址是在 1942 年开始修整的。图拉城古文化遗址，分布在一个每边长约 120 米的四方形广场的周围。在它的北面有两座神庙，分别用来祭祀金星和太阳，还有宫殿、球场、祭坛和起居室等。布局讲究对称，有排水设备，且大量应用了模制土坯。城中还有专门的石器作坊，石器作坊里的原料大都是坚硬的黑色石头，这些石头是制造农具和武器用的，作坊主要集中在专门的街区。另外某些街区还设有专门的纺织和制陶作坊。

图拉城面积约 13 平方千米，人口最多时达 6 万，此外，还有约 6 万农民生活在谷地里，他们主要从事玉米、菜豆和辣椒的种植。

托尔特克人的石雕具有极高成就，在图拉城发现的武士巨型石柱雕像，不仅体现了托尔特克人高度的雕刻技术，而且体现了托尔特克文化特点。另外，在奇钦·伊察城武士庙的入口处，发现了一尊保存比较完整的恰克摩尔像，恰克摩尔是托尔特克人崇拜的神，托尔特克人的雕塑作品中出现大量他的形象，

这为人们研究古代托尔特克文明提供了重要的史料。他们高度的智慧在建筑上也有所体现，这集中体现在奇钦·伊察古城上。他们在奇钦·伊察城中，兴建了武士殿、金字塔、观象台、球场、市场等建筑。这些建筑，既有托尔特克人原有的风格，又保存了许多玛雅文化的特点。

托尔特克人在制陶和绘画艺术上也表现出极为鲜明的特征，托尔特克人的陶器以橘黄色陶为主，器壁较薄，大部分经过磨光，也有刷泥痕迹，器形有三足器和平底钵形器等。托尔特克人喜欢用黑色的花纹装饰，托尔特克人还利用蚌壳制成各种装饰品。

▶托尔特克的武士塑像

托尔特克人的绘画艺术集中体现在一座金字塔上，此塔共有 5 个阶层，塔的顶部平台建有羽蛇神庙。塔身侧面有许多绘画和雕像，这些绘画有武装到牙齿的武士和各种各样象征战争的动物，这些动物的嘴中都叼着滴血的人心。总之，托尔特克人作品的艺术氛围显得比较阴郁，不那么明快。

托尔特克时代，武士国家开始形成，出现了两名最高首领，武士主持政务，祭司主持教务。图拉城邦还与另外四大城邦结成联盟，成立了最高委员会，设在图拉城。商人在这一联盟中起了重大作用，因为他们不仅进行商品交易，而且还相互传递信息。托尔特克人在宗教信仰方面废除了用活人作为牺牲献祭的礼仪，而使用禽鸟和蝴蝶，这大大影响了以后的文明。

1156 年，图拉城邦的武士集团和祭司集团由于权力分配问题发生内讧，开始相互争斗，联盟也随着争斗瓦解，北方的奇奇迈加人趁机入侵，逼得托尔特克人迁出图拉地区。托尔特克文明也随着奇奇迈加人的入侵和托尔特克人的迁出而逐渐衰败。

# 消逝的人类

# Part 4

世界之大，无奇不有，有的地方水能倒流，有的地方任何物体到达那里都能凭空消失，包括人类。

倘若说一个人神秘失踪还能解释，那么一大群人的突然消失又该做何解释，一个种族的灭亡又是因为什么？所有的疑问还有待我们去探索、去揭示其真相。

# 消失的拉达部落及爱斯基摩人部落

▼消失部落原来所在的亚丁港位置

1938年的8月，也就是第二次世界大战爆发之前，在阿拉伯半岛西南端，红海入海口的英国保护地——亚丁港（战后独立成为也门人民民主共和国），发生了一件离奇的事情，一个部落的居民竟然全体失踪了。

那时这里还是由英国统治，因此有英军驻守在当地。而发生问题的是四周环绕着沙漠的部落——拉达部落。

这里的夏天，平均温度高达45℃，其酷热程度可见一斑。虽然这里天气极热，但沙漠中的绿洲依然美丽。有些地方会有泉水涌出，形成草木丛生的绿洲，绿洲的周围就有一些驻扎的部落。拉达部落的周围长有枣树，驻守在附近的英国航空部队的士兵们，经常来这里购买枣子等物。

在拉达部落北方约320米的地方也有水源，这里便驻扎着另一个叫巴尔的部落。另外，其南方约1600米处，还有一个叫库阿鲁孙·伊文阿德宛的大型部落。

在这些部落间往来时，必须穿过岩石，经唯一的一条通道联络。不过，只要一个失足，就会跌到滚烫的沙漠里，因此，这里几乎是人迹罕至。

俗话说：“天有不测风云”。果真，拉达部落就发生了变故，因为在一瞬间，整个部落的居民全部消失，无一幸免。根据发现离奇事件的英国士兵报告，最不可思议的是该部落的人家里，每户家中的家具都维持原样。此外，有些家里的餐桌上，还留有刚刚准备好而未动用的饭菜。

由此看来，拉达的居民应该是在十分匆忙的情况下离开的，但并不像是移往南、北两个部落去。即使真是穿越沙漠移往南北两个部落，应该也会被不断在空中巡逻的英国军机发现才对。为什么整个拉达部落的人会毫无理由地消失了呢？难道是从人间蒸发了吗？

无独有偶，就跟住在炎热沙漠中的拉达族群一样，住在寒带地方的爱斯基摩人部落也发生了“消失事件”。

这个离奇事件发生于1930年12月初，在距离加拿大北方蒙第连络基地约有800千米的安吉克尼湖附近。这一带均为酷寒的冻土地带，和阿拉伯半岛的拉达部落之酷热相比，简直有天壤之别。就是在这里住着的30余名爱斯基摩人，在不知不觉中突然消失了。

这一天，经常与这里的爱斯基摩人联系的猎人约翰·拉斐尔又如以往一样站在部落的入口处大声喊叫，可是却没有任何人像平常一样回应他。约翰感觉很奇怪，为什么今天没有人回应？他便走向最前面的小屋，打开海豹皮做的大门，再次叫了几声，让他倍感奇怪的是依然没有人回答。约翰仔细查看了小屋，发现屋中空无一人。接着，他又挨家挨户敲门，打开小屋，依然不见半个人影。就这样，他走遍了整个部落，也没有见到一个人。

▶这部分世代生活在北极的爱斯基摩人究竟是怎么消失的呢

然而，令他觉得不可思议的是，其中一间小屋的炉子上还摆着锅子。掀开锅子一看，里面一些已煮熟的食物已经结冻而无法取出。而在另一间小屋里则放着一件正在缝制的海豹皮上衣，不过似乎只缝到一半，因为用动物牙做成的针依然刺在衣服上面。由此看来，一定是在相当慌张的情况下，人们夺门而出的。



加拿大西北部的警察局在接到约翰·拉斐尔的报案后，立即出动一队人马前往那里进行调查，并且在约翰·拉斐尔的指引下，仔细清查了每一间小屋的每一个角落，可是却有如陷进云雾里，毫无头绪。尤其是他们发现每一间小屋的步枪都原封不动地摆在原处，这才是问题的所在。因为对于爱斯基摩人来说，步枪有如他们的第二生命。他们不可能不带步枪就去长途旅行的。“说不定整个部落的人，是因为某种原因而集体发疯了。”不过各个小屋的内外都井然有序、毫无乱象。

对爱斯基摩人来说，重要性仅次于步枪的要算是狗了。然而，在距离部落100米左右的灌木丛中，却有7条狗集体死在那里，依据兽医的鉴定，这些狗都是被饿死的。

由于单靠警方的力量无法进行充分的调查，因此也请来专家协助。经过两周的详细调查，结果推定：“安吉克尼湖畔的爱斯基摩人，是早在猎人约翰·拉斐尔发现前的2个月就已消失了。”

不过，这个“推定”也是个问题。因为“推定”并不代表答案，只是依据想象和线索做出的解释。那些专家是凭着锅中残存的食物状态而做出的判断。

总之，那些爱斯基摩人是基于什么样的理由而消失的，并没有人知道。不过可以确定的是，在这个离奇的事件发生之前，他们仍按照日常的作息过活。

搜索队为了慎重起见，调查的足迹遍布广大的冻土地带，但是最终还是没有任何结果。

# 神秘失踪的第五纵队

第一次世界大战期间，英国第五纵队的士兵在巴尔干半岛一团浮云中消失得无影无踪。

1915 年 8 月 21 日，在欧洲东南部的巴尔干半岛上，发生了震惊世界的事件，事情的经过是这样的：

在巴尔干半岛上有一个群山重叠的突起部分，它控制着欧洲和小亚细亚分开的达达尼尔海峡，这就是第一次世界大战时期具有战略意义的加利波利半岛。因此，英国人决定攻占这个半岛。

在一次战斗中，土耳其军战败。英军的诺福克第五纵队奉命向名叫圣贝尔的山丘追击。为及时了解战况，司令部又派出 20 余名官兵，在圣贝尔山丘附近的高山上，担任观察任务。当日，天色昏暗，云层很低，山丘的顶部已被黑云遮蔽，这些担任观察的士兵，什么也看不清。正当他们焦急的时候，圣贝尔山丘上的云消散了。在太阳的照耀下，周围数十平方千米的地面、山丘上的景观清晰可见。奇怪的是，诺福克第五纵队的 341 名士兵却踪迹全无。怎么回事？那里莫非就只是光秃秃的山丘而已。即使那些英国士兵撤离了那个山丘，总还能找到他们的踪影吧。难道在短短的 1 个小时之内，士兵可以行走数十千米？这显然是不可能的。



是中了土耳其兵的埋伏，被其俘虏？如果是这样，也应该有作战的痕迹，或者有土耳其兵的出现。但是据现场观察，好像什么情况也没有发生过。

英军司令部迷惑不解。341 名士兵怎么会消失得无影无踪呢？为了弄清真相，就派出大批军队登上山丘进行搜索调查，结果一无所获。直到 1918 年，第一次世界大战结束，英方向战败国土耳其进行了详细的调查，无奈何，土耳其人一无所知，他们既未俘获过诺福克第五纵队的士兵，更不知他们躲藏在哪里。在英国人的抗议面前，土耳其人哑口无言，找不出一点解释的理由。

341 名士兵就在目击者的面前神秘失踪了。

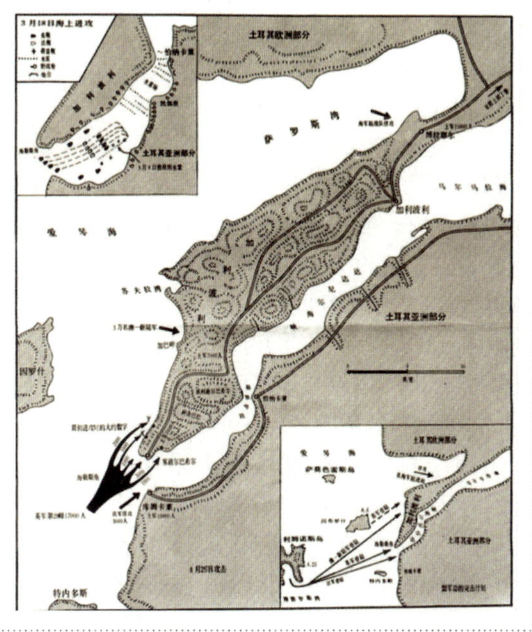

▼达达尼尔-加利波利战役

# 永逝的邛人

▲邛人遗址的发掘现场

“邛人”是古代生活在四川攀西一带的西南夷中的重要民族，曾有过自己的政权，后来与巴人一样神秘消失，由于史料上记载甚少，给世人留下了许多难解之谜。

1974年10月，几名考古专家组成安宁河流域调查考古队，到西昌礼州镇进行新石器遗址发掘。他们在发掘时发现，新石器遗址上一座墓基由众多巨石组成，搬除巨石后，出现的土陶和人骨令他们感到十分惊奇，他们确信发现了一种珍贵的古墓。这种墓用巨石砌成墓室，顶部以巨大的墓石覆盖，这种古墓遂被称为“大石墓”。



据《史记·西南夷列传》记载：“自滇以北君长以什数，邛都最大，此皆魋结，耕田，有邑聚。”从现存的200余座大石墓分析，如按每座墓葬入八九十人计算，入葬的人数也应在2万人左右，和凉山地区同时期的其他古代民族所遗留下来的墓葬相比，他们的确是这一地区最大的民族。从大石墓的分布区域和它所反映出来的文化面貌来看，基本上与古文献所记载的邛人相吻合。所以考古界的大多数学者认为，邛人就是大石墓的主人。西昌古称“邛都”，其南至今还有邛海，都说明了邛人曾是这一地区的主要居民。

▶墓门前竖立着巨石的大石墓

大石墓分布于安宁河谷流域约700平方千米的范围内，北至凉山彝族自治州冕宁县，南至攀枝花市米易县，主要分布在安宁河流域的喜德、冕宁、西昌、德昌等县。它们处在古南方丝绸之路上，是从成都平原出发，到达印度、西亚的必经之地，是四川安宁河谷流域的一道奇观。

邛人大石墓在全世界也是绝无仅有的，是安宁河流域原住居民独特的墓葬形式。从西昌河西的一座保存完好的大石墓，可以观察到古代建筑师们的智慧。这座大石墓的后部，有一条长长的用土堆积起来的“尾巴”，使整座大石墓看起来像一只巨大的蝌蚪。这条“尾巴”前高后低，形成一个缓坡，大石墓的建造者们正是利用这个办法降低了搬运道路上的坡度，慢慢地将巨石拖上墓顶，筑成墓室。据日本考古学家的研究，古埃及人建造举世闻名的金字塔也是采用的这种方法。

有考古学家说：可以认定大石墓就是《史记》、《汉书》等古籍记载的“邛人”、“邛都夷”的文化遗存。邛人是我国古代西南的主要民族之一，直至今天，我们使用的一些名词还带有邛人的印迹，如“邛海”、“邛都”（西昌的旧称）、“邛竹”等。成都的“邛崃”可能也与之有关。

▶大石墓出土的铜器和陶器

大石墓的结构，有的是平地起建，有的是在地面上挖浅坑然后再砌上巨石。墓葬形制比较独特，是四川安宁河流域独有的墓葬形式。

大石墓墓葬形制有 3 种。

第一种是长方形墓穴，墓室的两壁和后壁用天然的长方型大石竖立排列而成，墓顶用几块巨石覆盖，前方有一个狭窄的墓门，墓门用碎石封闭，墓门前并排竖立着大石头，这种墓葬形制是最多的。其中，位于安宁河主干流上的这种大石墓，不论在东岸或西岸，墓门都朝着河流方向，而位于支流坡地上的大石墓墓门的方向则比较随意。它们有的有墓道，有的则没有。



第二种大石墓形制的不同之处在于，墓门是开在墓壁长边中间的位置，墓壁之间、墓壁和墓顶石之间的缝隙都以卵石填充。这两种大石墓的墓底都铺有一层卵石，都是墓底加工的形制。

第三种大石墓是非常大的墓，顶部盖有巨石，墓壁则是用小石头和封土堆砌，它们混合在一起使墓穴更坚固。

在大石墓的墓底，考古专家发现了大量人骨架堆，男女老少都有，

▶正被人们吊起的邛人石墓的巨石

骨架数量从数具到 100 多具不等。随葬物品中，生活用具有深腹瓶、带流壶、平底罐、单耳罐、双耳罐、大口尊等，其中带流壶是较典型的器物。生产工具有陶纺轮、石凿、铜刀等，饰品有铜发饰、铜手镯、玛瑙珠、铁环等。

▲对邛人遗址的精细发掘会给人们带来更多收获

通过研究，考古工作者发现大石墓可以分为早晚两期。大石墓的开凿时代当从战国开始，到西汉末年消失，延续了约 500 年之久。早期的大石墓主要出土水平较差的铜器和陶器，晚期的大石墓出土的陶器水平较高，反映了制陶技术的进步。

在西昌坝河堡子大石墓底部，考古专家发现了稻壳痕迹，而在河西大石墓里则发现了稻草痕迹，专家推测邛人是定居的，以农业为主，已掌握了种植水稻的技术。



从 20 世纪 80 年代开始的普查已发现了 200 多座大石墓，它们分布于安宁河两岸及其支流上，大都成群组分布，最多处达十几座，它们背山面水，昂然耸立，排列有序。大石墓长度一般在 10 米左右，最大的长达 28 米，最小的也有 6 米多长。墓石以花岗岩居多，大的石头重达数吨乃至数十吨，最大的墓顶石厚 0.6 米，约有 9 立方米，重 20 多吨，墓室一般宽 1 米左右，深 1.5~ 2 米。目前已对其中的 40 多座进行了考古发掘。

现在大石墓这种神秘墓葬的面纱已初步揭开，但考古专家表示，要对大石墓有一个彻底的了解仍需要进行大量工作。

大石墓考古仍有诸多谜团待解。比如说，超重量的巨石是怎样运过来的？在生产力水平还相当低的情况下，是什么原因促使大石墓的建造者花费这样大的人力物力来建筑这种巨大的墓室呢？

为什么同一个墓室里埋葬着上百人？考古学者发现，在同一个墓室里埋葬着的人，骨架错乱，随葬品没有多寡贫富之分。从这些现象分析，考古学家认为，这可能是不同时期放入的，而且极有可能是以血缘关系为纽带的同一氏族的成员，但也不排除家族墓葬的可能。

有的考古专家认为，大石墓作为邛人特有的丧葬方式，是将死者的尸体放在野外，待皮肉腐烂殆尽后，再将骨骼收集起来，陆续葬入墓室。这种葬式考古学上称为“二次丛葬”，是一种相当独特的埋葬习俗。但这种说法也仅仅是一种推测，并没有合理的证据令人信服。

大石墓是怎样产生的，为何到了西汉中期大石墓就消失殆尽？邛人这个人口众多，并且相对强大的民族哪里去了？对于这些问题的解释，争议还比较大，还有待于考古学家的继续探索。

# 契丹铁血一族的消亡

▼辽代契丹金版画，从画面上可看出契丹皇家贵族狩猎、生活的真实面貌，具有浓郁的契丹民族风情

契丹，一个熟悉而又陌生的字眼，说它熟悉是因为它曾建立了一个强盛的王朝。说它陌生是因为查阅中国民族史，人们会惊讶地发现，关于契丹族的记载是少之又少。拥有200多年辽王朝历史的契丹民族突然在历史记载中消失，这一直是令历史学家感到困惑的中国历史之谜。

"契丹"在其族语中的含义是"镔铁"，为坚强、宁断不屈的意思，由此可见契丹民族的骁勇剽悍。早在1400多年前，契丹作为一个中国北方民族就已经出现在《魏书》里。他们以游牧为生，以车马为家，迁徙无定，勇猛善战。据《辽史》记载，契丹先祖乃炎帝后裔，号鲜卑氏，后被慕容氏的燕国所破，被拆为3姓，分别是：宇文氏、库莫奚和契丹。



公元916年，部落首领耶律阿保机将契丹的所有部落统一，建立了契丹国。公元947年，契丹国改国号为大辽，1125年为金所灭，前后立国200多年。辽亡后，耶律大石率残部西迁至中亚楚河流域复国，史称西辽。大辽王朝最强盛时期，曾经雄霸中国半壁江山，疆域北到兴安岭、贝加尔湖一线，东临库页岛，西跨阿尔泰山，南抵河北和山西北部，这个善战的民族在中国北部持续存在了200多年，与宋朝形成南北对峙的格局。

契丹民族不但建立了强大的军事王国，而且创造了灿烂的文化，辽寺和辽塔就是其文明程度的体现。至今在黄河以北地区保存下来的古佛寺和佛塔，有的始建于辽代，有的在辽代翻修过。它们巍峨雄伟，历经千年风雨依然坚固挺拔，尤其是山西省应县的释迦塔，

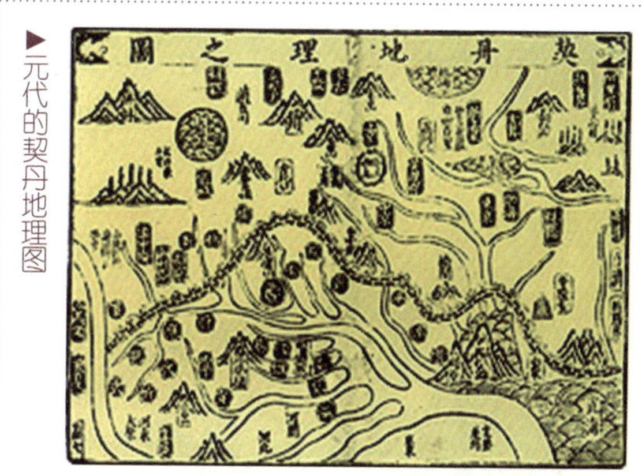


▶元代的契丹地理图

▶《契丹人饮马图》

是全世界现在最高最古老的木结构塔式建筑，历经多次地震却岿然而立。不难看出，创造如此辉煌文明的民族，一定有着相当雄厚的经济基础和工程技术力量。同时，也可以看出契丹王朝对各种文化兼收并蓄，除了大量吸收中原汉族人才之外，还通过和宋朝的贸易获得先进的生产技术。契丹这个马背上的枭雄，确实在中国北方开创过一派繁华的景象。

▶契丹人的文字在结构上接近汉文

然而，如此一个强大的民族竟如同过眼烟云一般消失得无影无踪。据说，辽国灭亡的时候人口达数百万之众。那么，人们不免要问：数百万的契丹人都到哪里去了？而且在辽王朝灭亡后，整个契丹文化也随之消亡了，这究竟是什么原因呢？

1922年6月21日，在内蒙古巴林右旗一座被盗掘一空的古墓里，由比利时传教士克尔文发现了一块石碑，上面刻满奇怪的类似文字的符号。当时，没有人能识别这犹如天书的符号，也不知它来自何方，是什么含义。经过考古专家和历史学家的研究探讨，最后确定这座墓穴是900多年前契丹人的陵墓。

据史书记载，契丹人建立辽国后确实曾经创造契丹文，然而，契丹文字早在700年前就失传了。专家们断言“天书”就是早已被岁月掩埋的契丹文字。这个结论的出现令人们异常兴奋。这个消失的王朝、这段沉睡的历史会不会由此显现出来呢？



1986年，在内蒙古自治区通辽市发现一座契丹公主与驸马的合葬墓，它是迄今为止出土辽代文物最多的墓葬。墓穴丧葬制度明显受中原文化的影响。虽然墓中的尸骨已经风化，但包裹他们全身的银丝网络和盖在头上的黄金面具都记录了主人生前的雍容华贵。墓中的陪葬品从金器、玉器到生活用具都精美绝伦，体现了当时高超的工艺水平，从一个侧面反映了骑马打仗之外的契丹。显然，这个贵族墓葬是了解契丹人所建立的丰富多彩的辽王朝的一扇窗口。那么，一个消失的王朝，会通过这扇窗口显现出它的本来面貌吗？

◀契丹人的精美饰物和盛器

契丹文化消失了，那么，契丹作为一个民族，为什么也在历史中渐渐消失了呢？

据史书记载，辽灭亡后，至少还有两大部分契丹人留了下来。一部分是契丹末代皇帝的追随者，另一部分是聚居在辽代南京城附近的契丹人，再加上散居各地的契丹军民，数量绝非少数。不断出土的文物就是他们留下的印证，说明有的契丹人被女真人建立的金降服，有的向北回迁到契丹的发祥地，也有人和北方其他民族逐渐融合为一体。进一步考古证明：在整个金代，契丹人不断举行起义。当蒙古族兴起后，契丹人纷纷投靠，想借助成吉思汗恢复本民族的地位。也就是说，到元代初期，契

◀契丹的本意是镔铁，也就是坚固的意思。这是一个剽悍勇猛的民族

丹人的势力仍然十分强大。

然而令人惊异的是，自明代以来，契丹人却销声匿迹了，时至今日，在中国56个民族中，却没有当年响当当的契丹。

史学家们通过考察这些陆续出土的墓葬，以及对契丹文字的识别，对契丹的神秘消失渐渐形成了三种推测。

第一种推测，居住在契丹祖地的契丹人渐渐忘记了自己的族源，与其他民族融合在一起。据考证，数百年前，一支契丹军队来到位于大兴安岭和嫩江之间的呼伦贝尔草原修筑堡垒，经过长时间的驻守，他们就在这个地方繁衍生息不再离开了。他们后来被称为“达斡尔人”。早在清代就有人提出达斡尔源于契丹，也有现代学者通过比较研究契丹族和达斡尔族的生产、生活、习俗、宗教、语言、历史，找到了大量证据，证明达斡尔人是继承契丹人传统最多的民族。

第二种推测，西辽灭亡后，大部分漠北契丹人向西迁移到了伊朗克尔曼地区，被完全伊斯兰化。通过伊朗克尔曼地区的部分墓葬形式与契丹民族的相同这一点，基本可以肯定这一推论。

第三种推测，金、蒙战争爆发后，部分“誓不食金粟”的契丹人投靠了蒙古，并在随蒙古军队东征西讨中扩散到了全国各地。据历史记载，一代名将阿苏鲁就是投靠蒙古的契丹后裔，他的先祖曾参加过西南平叛的战争。

▶从古画中看出契丹贵族出行乘坐驼车

▶辽国《契丹烹饪图》

综合这三种推测，再结合当时的背景，我们可以得出这样一个结论：元代蒙古人建立横跨欧亚大陆的蒙古大帝国时，连年征战，并且大规模频繁征兵，能征善战的契丹族人几乎被征召殆尽。随着战事的调遣被分散到各地，有的保持较大的族群，如达斡尔族，作为民族续存保留下来；有的则被当地人同化了，作为“分子意义上的契丹后裔”零星分布在各地。渐渐地，契丹民族就消失在历史当中。

当然，这样的结论只是在有限的资料上得出的推测。契丹文明消失背后到底隐藏着怎样的真相，这仍是历史学家和考古学家们苦苦探索的谜题。

# 神秘消失的巴人

巴国是先秦时期分布在今天湖北、重庆、四川境内的一个王国，大约在2000多年前神秘消失。长期以来，关于巴人和巴人文化的传说很多，但可以考证的巴人遗址却非常少。巴人和巴人文化究竟是什么模样？神秘的巴人究竟缘何忽然消失？这是很多考古专家一直在苦苦探索的问题，至今仍然没有解开。

罗家坝遗址是在四川境内发现的最大的先秦文化遗址。通过对罗家坝遗址的发掘，尤其是对其33号墓的挖掘，引起了考古界和历史界的震动。在罗家坝遗址的33号墓里，考古队员发掘出了春秋战国时期的一大批文物，经初步鉴定，其中的鼎、缶和盒等为国家一级珍宝，这在全国已发现的所有巴人文化遗址中是规格最高的。专家推测，这座豪华墓葬就是考古学家数十年来苦苦寻找的巴人王陵。罗家坝遗址被发掘后，古代巴人主要生活区域被重新定义，为揭开巴人消亡之谜提供了重要依据。

巴人是生活在长江上游的中国最古老的先民，但由于只是一个松散的部族联合体，迁徙流动性很大，后来又形成了廪君族与板木盾蛮两大部族体系，在当时统治者以夷制夷的政策下，很难形成政权体系，所以，尽管人口多，活动领域宽，但仍是一个弱小的西南少数民族，尤其是生活在鄂西、川东峡江两岸的谷地和山坡上的巴人，以采集、渔猎为生，经济文化远远落后于中原。分散的居住方式决定了它们的组织结构松散，难以形成强大的整体，因而在邻近民族的侵凌下向东迁徙。



“武王既克殷，以其宗姬封于巴，爵之以子”，巴人或许参加了武王伐纣战役，后在汉江上游建立国家，部分更弱小的民族融入巴族。春秋时期巴国见诸于史籍的是与楚、邓等邻国之间的战争记载。最终巴国失败，又开始了数百年的迁徙，向祖先的故地退却。在这个过程中他们也不断主动或被动地接受周边文化，使巴人原本就不深厚的传统更难彰显。最终巴国被一路跟随而来的楚国逼迫，数易其地。“巴子时虽都江州（今重庆），或治垫江（今合川），或治平都（今丰都），后治阆中，”这段记载也许就表现了巴人当时的生活境遇。

▼据考察巴人发祥于峡江流域

但巴人的遗迹却在进一步显现。在

重庆境内发现的忠县中坝、哨棚嘴、奉节老关帝遗址与罗家坝遗址有着非常密切的联系，也有相同的文化因素和传承关系，它们属于同一大范围的考古学文化。川渝两地发现的巴人文化是一脉相传的，这从两地的一些民俗上也可见一斑。如古巴国特别有名的“巴渝舞”，是表现巴人冲锋陷阵的军舞，它流行于川北阆中一带，现在罗家坝一带的土家族最流行的“薅草锣鼓”里面也有“巴渝舞”的影子，而阆中曾是巴国最后的都城，巴人的后裔土家族的“摆手舞”也与巴渝舞极其相似。

▲现今重庆的手型浮雕可能就是巴人文化的遗留

▶巴人器物上的符号具有何种意义仍待考证

由此看来，事实上巴人并没有神秘消失，其族人及后裔土家族至今仍在阆中、湖南张家界、湖北利川一带生活着。但为什么又会说巴人神秘消失呢？这主要是指由巴人后裔廪君族建立的巴人王国，被楚攻打压迫，在长江、重庆一带建立政权的王公贵族的神秘消失。或许他们把祖先的墓地，甚至财宝都遗留在三峡一带了，但他们的余部却沿嘉陵江上溯，回到了他们的老家阆中，并试图重新崛起，但终不敌秦，为秦所灭。

# 高句丽民族去了哪里

▲高句丽的王城遗址

高句丽是古代位于东北和朝鲜半岛北部的中国边疆民族政权，其人民主要是居住在满洲和朝鲜半岛的夫余人、古朝鲜人（秽貊以及汉人，女真人，鲜卑人，此外还有句骊人等）。

高句丽王城、王陵和贵族墓葬的历史文化意义有多大？高句丽民族到底从何而来？它又经历了怎样的兴衰演变？这个显赫一时的民族又如何消失在历史的长河里？这一切无不让人迷惑不解。



高句丽是我国东北的古代民族，关于其起源，学术界也一直众说纷纭。传统的说法是，高句丽民族出自我国东北的秽貊族，秽貊人很早就生活在松花江流域。《诗经·大雅·韩奕》有“王锡韩侯，其追其貊。奄受北国，因以其伯”。这是周宣王将韩侯封到东北松花江流域的最好证明。

有的学者根据先商出自幽燕之地，认为当大部分商人入住中原之后，余部留在东北，成为东北少数民族的祖先，也就是成了高句丽人之源；有的学者认为高句丽王族出自北扶余，而将扶余说成是高句丽的源族；也有的人认为，西周初年，周成王营建洛邑之后召开诸侯大会，参加会议的东北高夷是高句丽族之源。但无论如何，都一致认为高句丽是东北的古代民族。

公元前 108 年，汉武帝在东北设玄菟、乐浪、临屯、真番四郡进行管理，这是对东北地区实行郡县行政管理之始。居住在玄菟郡高句丽县的高句丽人负责管理四郡的户口，负责征税、征徭役，他们使用汉代铁工具、兵器进行农业和渔猎生产。

公元前 37 年，高句丽人在汉中央政权同意的情况下建立高句丽国，成为汉代北方的一个少数民族地方政权，由玄菟郡来管辖。虽然中原地区政权更迭，皇帝变更，历经了两汉、魏晋、南北朝、隋唐，但高句丽政权始终是一个地方政权，高句丽诸侯王的地位也没有改变过。

高句丽政权存在了 705 年，曾先后三次迁都，共有 3 座都城。第一座都城是纥升骨城，在今辽宁省桓仁县城附近，历时 40 年。公元 3 年，迁都到国内城（今吉林省集安市区内），以此为都长达 425 年。公元 427 年又迁都至平壤城（今朝鲜民主主义人民共和国的平壤）。建都平壤后的 240 年是高句丽走向衰落和灭亡的时期。公元 668 年，唐朝军队与新罗联合灭掉了高句丽。

一个存在长达 700 余年的王朝为何三次迁都？专家们对此进行深入研究后

发现，第一次迁都的原因是国内城一带山水深险，土地宜植种五谷，又多产麋鹿鱼鳖，利于百姓生活，同时地势有利，可以避免战争的威胁。第二次迁都，一方面是地理环境和自然条件的因素，另一方面则是高句丽向南发展的战略决策。更重要的是，高句丽王连续被东晋安帝封为使持节都督营州诸军事、征东将军、高句丽王、乐浪公。高句丽王作为晋的征东将军，既要管理高句丽的事务，又要对东方诸国进行征讨。原乐浪地区的首府平壤正是其行使政权的地方。

▶高句丽艺术具有美艳的东方色彩

历经700多年，高句丽都城地区保存着大量的文物遗迹，特别是集安市的国内城一带，由于作为都城的时间最长，又处在高句丽政权的改革发展时期，遗留下来的文物遗迹最多，也最富特色。国内城在集安市区西侧，南邻鸭绿江，西靠通沟河，石砌方城，城垣周长2600多米，最高处可达4米多，城门、排水设施及城内宫殿尚存遗迹，出土大量珍贵文物。城北2.5千米的山上雄踞着丸都山城，石砌城墙近7千米。城内有望台、戍兵营房和宫殿遗址。一座平原城、一座山城相拱卫，形成了高句丽都城的建筑格局。

另外，国内城周围现有8000多座高句丽古墓。其中一批大型的方坛阶梯石室墓是高句丽王的陵墓。被称为“东方金字塔”的“将军坟”是长寿王的陵墓，太王陵是好太王的陵墓，千秋墓是故国壤王的陵墓。此外还有一批古墓内绘有彩色壁画，内容有墓主人居家宴饮、出行、礼佛、歌舞、百戏、山林狩猎、攻城、斩俘、战争等生活场景。也有伏羲、女娲、神农、黄帝、四神等神仙传说的图像。

然而，盛极一时的高句丽王朝终究被历史前进的车轮所碾碎，那么多的高句丽人最终走向何处？至今尚无定论。

# 神秘莫测的霍比特人

▶电影《指环王》里的霍比特人

弗洛勒斯岛是印度尼西亚众多岛屿中的一个，它是一个狭长的东西走向的岛屿。和印尼的许多岛屿一样，与世隔绝的环境造就了一批奇异的生物。“霍比特人”就是其中的一个例子。在那个历史年代里，陪同霍比特人生活的还有剑齿象、巨蜥、巨型龟以及巨型鼠等。

霍比特人生活在 1.2 万年前的弗洛勒斯岛上。他们的长相也跟现代人有所区别，他们的头骨眉弓突出，没有下巴，这非常像猿的特征，而且他们的身体非常矮小，身高只有 1 米左右，相当于大猩猩的身高。他们的头部只有现代人类头部的 1／4，推算起来，成年霍比特人的体重应该仅在 25 千克左右。

造成这种现象的原因，可能是由于霍比特人生活的海岛是一个孤立的环境，能够提供的食物有限，这就导致矮小的个体更容易生存下来，因为矮小就意味着能量消耗少，也就是说，食物需求量少。霍比特人可能遵循了适者生存的进化路线。在很多年以前，他们的祖先乘坐小船或者通过地质变化造就的大陆桥，来到弗洛勒斯岛上，在这里，由于只有较少的食物提供给他们，而且危险的野生动物较多，在这样的生存条件下，他们过着群居的生活，以狩猎为生，能够制造石器和生火。长期缺少足够的食物以及孤岛的环境等因素促使他们向矮小化的方向发展，同时，近亲繁衍加强了这种趋势。



当然，这只是考古学家的一种猜测。

有的考古学家认为霍比特人是直立智人的分支。而有的考古学家对霍比特人是一种新人种的说法表示质疑，他们认为霍比特人不过只是患有“小头畸形症”，长得比较矮小的现代人罢了。这些考古学家认为弗洛勒斯岛上的许多人患有这种罕见的疾病。“小头畸型症”是天生的，患这种病的人的大脑很小，会缩小到和黑猩猩的大脑差不多。

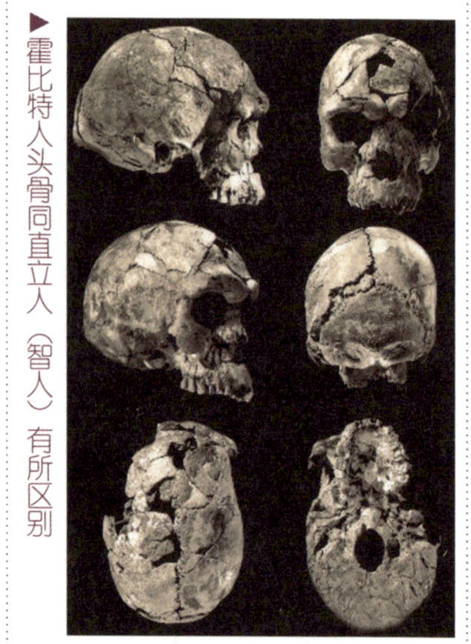

▶霍比特人头骨同直立人（智人）有所区别

虽然在霍比特人身上有很多谜团，但是至少有一个事实是清晰的：人类的进化并非只是一条纯粹的直线。在遥远的过去，人类有一些近亲。它们灭绝了，而我们却生存了下来。

关于霍比特人是不是新人种的问题，还有待考古学家进一步考证。对这个问题科学家目前还不能给出一个明确的回答。

# 消失的莫切人

◀诡异的莫切人面具

大约在公元650年前后，一件奇怪的事情发生了，南美莫切人大规模地离开他们世世代代生活的家园，消失得无影无踪。随后，沙漠也开始朝着莫切人的建筑物扩张，曾经繁荣一时的莫切文明就这样消失得无影无踪。

美国《国家地理》杂志的一篇文章说："现有对莫切文明的认识，出自数以千计的陶器，那是些被称为精细绘画的复杂图案。尽管这些图像有半数以上与士兵及战斗活动有关，却没有任何显示莫切人发动战争以征服他国的图画。甚至连一群士兵以有组织的方式与另一群士兵对抗这种两军作战场面的图画都没有。"

这些图案所表现的都是高风格的仪式性战斗：士兵一对一打斗，其目的是让被击败的人成为俘虏。这些不幸的人在战斗之后成为献祭仪式中的主要角色。许许多多绘画显示，囚犯先是被剥夺武器与剥去衣服，接下来，用绳索拴着他们的脖子，带到举行仪式之处。在那里，他们的喉咙被割断，流出的鲜血由参与仪式的人饮下，最后他们的躯体被肢解。虽然透过这些图画，考古学家已经了解了这些仪式如何进行，但最关键的问题——莫切人为什么要这样做?

在莫切人的壁画中，可以看到相当详细的用俘虏作为活祭的场面，一个又一个年轻力壮的人被抓住，喉管被割破，然后有人拿过一根管子，从他们被切开的喉咙插进去，血通过管子慢慢地流到一个个高脚杯里，由那些君王和他们身边的人饮用。

考古学家研究完这些壁画后认为，这都是根据实际情况绘制而成的。很多学者也认为，这不是凭想象能画出来的，至于为什么要进行这样的祭祀，没有人能回答。

1995年，加拿大籍考古学家斯蒂芬·博格在拉诺那金字塔找到了新的线索，他在一条壕沟里发现了一系列莫切人的尸骸，继续挖掘后，一个150平方米的坑出现在他面前，坑里面全是骷髅。人骨分析专家约翰·凡拉诺博士对这些骷髅进行分析后认定这些被杀掉的都是年轻力壮的人。致命死因都是被锋利的金属从正面割破喉管而死。

▶在莫切古墓的考古中发现，这些古人的墓葬方式颇为独特

约翰·凡拉诺博士的结论验证了壁画描

绘的都是一些真实的祭祀仪式，但是让这么多年轻人去做活人祭祀究竟为什么呢？

为了弄清事情的真相，斯蒂芬·博格再次来到考古现场，他意外地发现了上次忽略的一个重要细节：他第一次发现的骨骸躺在一张用泥做成的床上，然后在外面还有一个箱子把人保护起来。博格由此认定，当时很可能正在下大雨，如果不用箱子把泥做成的床保护起来，床就有可能会被冲得一塌糊涂。

▲莫切人很具有生活情趣

美国俄亥俄州大学气象学家龙尼·汤普森认为是厄尔尼诺害了莫切人。

龙尼·汤普森在研究安第斯山脉的气候历史时发现，只要敲开冰层就会发现，每一年的冰都在不同层面。某年的夏季干旱，那一层冰就非常薄，上面还会有被风吹来的沙土。如果某年降水丰富，冰层就会很厚。这样，每一年的降雨基本上就有据可查了。



那么发生在公元650年的莫切人社会的大崩溃是否和气象有关呢？汤普森说，通过对冰层的分析可以看出，公元560~600年，这一带经历着非常可怕的干旱，而且这场旱灾持续了将近30年。汤普森说：在此之后，冰层显示气候突然逆转，在公元600年以后，莫切人又经历了可怕的洪水。这就是为什么在莫切人建筑群中，一些高墙出现了大缺口，冲击出沟壑，一些外围的建筑物的装饰颜色变得暗淡无光，与内层的装饰明显不同的原因，因为它们都有可能遭到过洪水的浸泡。

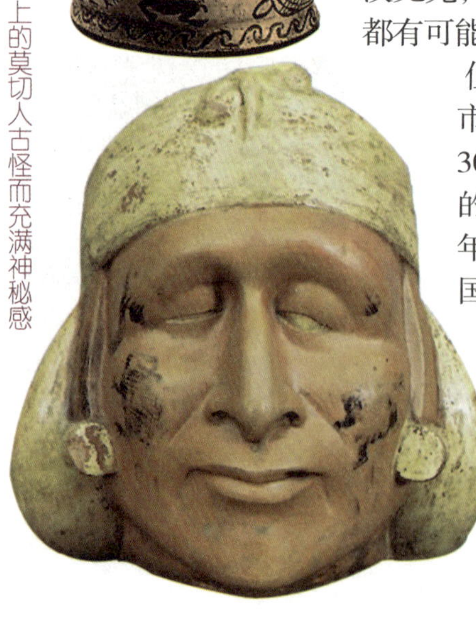
▶陶器上的莫切人古怪而充满神秘感

但是，恶劣的天气并没有消灭莫切人，在城市被洪水淹没后，莫切人重新修建了建筑物。30年的洪水加上30年的干旱足以把莫切人的社会和经济全都毁掉。他们举行祭祀活动，年轻人献出自己的生命，希望神灵能够保佑国家和老百姓，但是他们的希望落空了。

经历了60年的天灾，莫切人最后对神灵失去信心，于是爆发了内乱，并且由于这个原因，莫切人开始人心涣散，最后纷纷逃离了世世代代生活的地方，不知去向。从此莫切人消失在历史的长河中。

# 消逝的伊托鲁里亚人

▲伊托鲁里亚人的遗迹

伊托鲁里亚人的称呼似乎不是指一个民族，而是指居住在一个区域内的民族集和体。他们给人们留下了数千块的文字石板，然而石板上面的文字，除了个别的几个字外，其他的没有人能够读懂。

这是一个神秘的民族。这些人是从何处来的也不清楚，只知道他们早在公元前 9 世纪便懂得炼铁术。他们有一定的航海能力，虽然在山上居住，但是也拥有自己的港口。他们和当时的经济强国之间有着非常频繁的贸易交流。

这些人的活动范围是在意大利中北部的台伯河以北。好像是由 12 个城邦国家组成的联邦体一般，现在还有 7 个城市依然存在。不过，他们的独立倾向十分明确，他们的联邦仅仅只是在宗教上一致，但是在政治军事上都是独立管理，互不相干，从来没有团结过，而且彼此之间的实力相差不大，没有哪个城邦可以号令其他的人，也正是因为这一点，后来才被罗马人逐一击破。



伊托鲁里亚人信奉的是多神教，有天堂地狱。他们认为人死后就会被带到诸神的法庭上接受审判，到了天堂的，可以继续吃肉喝酒、吟诗、高歌、作画以及打架斗殴，也就是说，凡人间之乐可以一切照旧。但是伊托鲁里亚人好像大都没有到达天堂，所以关于天堂的资料也很少，相反，他们对地狱的了解十分深刻详尽。伊托鲁里亚人在宗教、技术、神话传说等许多方面对罗马人产生了巨大的影响。

从发掘出的伊托鲁里亚人的壁画等资料中，可以看出伊托鲁里亚人是一个愉快乐观的民族，喜爱旅游、经商和竞技运动，勤劳而且富有进取心。男女十分平等，女人可以和男人一样大碗喝酒，大块吃肉，而且能歌善舞方面也和男子一样。

公元前 8~6 世纪，伊托鲁里亚人的势力十分强大，罗马是无法与其相提并论的。其中最强盛的时候，曾经渗透到意大利的南部。事实上，当时的伊托鲁里亚人把罗马人当作未开化的民族，虽然和他们有一些小贸易，可是从来没有平等地看待罗马人。这种人种上的差别持续了 100 年以上。

当罗马人的势力逐渐变得强大后，他们对伊托鲁里亚人进行了极为惨烈的报复。不仅把伊托鲁里亚这个国家夷为平地，而且彻底抹杀了伊托鲁里亚文明。

◀优雅而富有人情味的伊托鲁里亚人的雕塑

# 神秘消失的古罗马战俘

◀因好大喜功而战死于帕提亚高原的克拉苏

公元前55年，地中海西岸的古罗马，被剧变与战争笼罩。克拉苏这位与庞培、恺撒大帝同称是罗马三巨头的新贵族亲政不久，就率领数十万大军东征安息。但这位统帅在卡尔莱战役中不幸战败，除了克拉苏之子率第一军团6000余人突围外，其余全军覆没。但突围的6000罗马人却下落不明，这成为欧洲史上的难解之谜。然而这个难解之谜却在中国《汉书》上找到了线索。

据《汉书》所记：汉元帝建昭三年（公元前36年），匈奴郅支单于攻战乌孙、大宛等，威胁西域。都护副校尉陈汤和都护甘延寿发兵至康居，恶战数月，灭郅支单于。在汉军与郅支所部的战斗中，发现有一支善“土城外修木城”、“摆鱼鳞阵，讲习用兵”的外来军队很难对付。陈汤降服这支军队后，将俘获的军士收编，协助汉军驻守西陲。据《汉书·地理志》载，西汉政府为方便他们的驻防和生活，专门在祁连山下的一块地域设置一县，名骊靬，并筑成城堡。这支军队被汉军收编后，作战勇敢，屡建战功。

▶《汉书》中提到的罗马“鱼鳞阵”可能是古罗马士兵独特的作战方式

▶以骁勇善战闻名的古罗马军团真的是甘肃永昌县者来寨的先人吗

《汉书》上所记载的这支奇特的外来军队和欧洲史上神秘消失的古罗马人的相似之处，引起了中外学者的关注。澳大利亚学者戴维·哈里斯经过多年的研究后认定：这支会摆“鱼鳞阵”的奇怪军队，就是罗马帝国远征军的残部；这支残部在卡尔莱战役中逃脱后，一直在伊朗高原流浪，后被郅支单于收编，参与对西汉的进犯。并初步推断出，该城旧址就在甘肃省永昌县境内，但具体地址不详。戴维·哈里斯于1989年公布了这一发现，当时便引起了轰动。

这个新推断，引起公众和考古界的极大重视。1989年，中国、苏联和澳大利亚的史学家开始对这一事件进行研究。

但寻找这些神秘失踪的古罗马人，却面临着许多新的困难。《汉书》上仅仅对这支军队进行了极短的描述，并且再没有在任何史籍上有所发现。而寻找专为罗马人而修的“骊靬古城”似乎就是寻找罗马战俘的关键。关于这座古城堡，《汉书·地理志》仅做了这样的叙述：“汉置。西域骊靬人内迁居此，故名。”北魏以后这一地名写为力乾，到了隋代以后，才将此县废除。许多史料都只记载了来历，却没有结局。三国史学家在翻阅资料时，发现了一张公元前9年绘制的地图。这张古代地图上，清晰地写着“骊靬”这一古县。专家们经过研究和实地勘测，终于找到了骊靬古城的确切方位，判定它就是位于甘肃省永昌县西南10千米的焦家庄乡者来寨。

骊靬古城被发现后，有关专家对实地进行了勘察，但没发现文物，此后，他们又对遗址进行勘察，仍未有新的发现。直到1993年，杏花村的一位农民发现一根长约丈余的粗大圆木，四周嵌有长约尺余的木杆，所属年代不详。据有关专家认定，古罗马军队善“土城外修木城”。这根奇特的木制品很可能就是古罗马人“重修木城”的证据。永昌县文化部门对骊靬城址地表进行挖掘，首次发现了瓷水壶、铁锅和铁鼎等数十件古代器物。专家们推断认为，经过几百年的岁月，古罗马人与当地民族通婚融合，骊靬城废弃以后，历代又在此废墟上重建城池，因此骊靬古城有可能深藏地下，成为城下之城。另外，他们在与骊靬城相距3千米处的杏花村、河滩村、者来寨等村寨，发现十几名具有欧洲民族特征的居民，这些人外貌颇像地中海人，与当地土著有明显差异。有关专家们认为这些居民很可能是古罗马人与当地民族通婚的后裔。

▶如今的骊靬古城遗址依旧安然闲静，但外界却对村中那些长了罗马人般面容的村民充满了好奇

罗马战俘之谜从发现到现在，虽说已经取得了一些证据和线索，但伴随着这些线索的出现，人们也提出了许多质疑。一种看法认为，从公元前36年至今，已经有2000多年的历史，如果古罗马人与当地土著通婚。按40年一代计算，也有50代了。而历经这样的血缘变迁，这么多代的同化，难道还真的可以保持原来的特征吗？另外一种看法认为，中国古代部族繁杂，也许是另外一族的变种。

但是无论如何，既然找到了骊靬古城遗址，那么就为罗马战俘这一千古之谜提供了新的线索。

# 即将消失的罗布人

罗布人是罗布荒漠的原住居民，罗布人有广义和狭义之分。广义的罗布人是指定居于整个罗布荒原的土著，而狭义的罗布人指的是生活在塔里木河的终端湖——罗布泊或喀拉库顺湖的那部分人。根据研究表明，现新疆尉犁县喀尔曲克乡的罗布人是广义的罗布人，而居住在新疆巴音郭楞蒙古自治州若羌县米兰镇的罗布人才是真正的罗布人，但他们仅剩下几户人家了。

▲具有独特象征意味的罗布人房屋

生活在若羌县米兰镇的罗布人，既可以说是鲜为人知，也可以说是广为人知。因为这个人群数量已降至极限，即将灭亡、消失，所以可以说他们鲜为人知；由于瑞典人斯文·赫定初次探访他们并对外公布后引起了世人的瞩目，因此也可以说他们广为人知。



最早涉足罗布人的小渔村阿不旦的人是俄国人普热瓦利斯基。由于普氏轰动世界的“罗布泊位置之争”使当时的学术界沸沸扬扬，而关注的焦点就是阿不旦这个小小的渔村。

罗布泊从19世纪开始，就是世人议论的话题和关注的焦点。在罗布淖尔（蒙古人最早对罗布泊的称呼）彻底干涸前后，罗布泊给世人留下了一个个的谜。罗布人的四散遁逃，乃至进入20世纪后瑞典探险家斯文·赫定的徒步探险考察，英国探险家斯坦因的狂暴盗挖，这些都成为西域探险史上的经典和热点。

罗布泊原本是一个环境极其美好的大湖，但流入罗布泊的塔里木河因注入其流的水系上游人群的繁殖和环境的恶化，水量越来越少，最后导致罗布泊消失了。水是人类的生命，尤其是在西部，所以罗布人被迫从没有水的罗布泊逃散。

◀最早涉足阿不旦的俄国博物学家普热瓦利斯基

1876年，俄国探险家普热瓦利斯基乘船从塔里木河下游紊乱的河道前往罗布泊的途中经过了一个外界人从未涉足过的、更不为人所知的罗布人渔村，当然普热瓦利斯基不知道村中人就是后人所称的“罗布人”。这个渔村的罗布人都归属于一个人——驻扎在阿不旦的伯克（维吾尔语：统管、统领之意，是清代塔里木地区的地方长官）昆其康管。普热瓦利斯基在日记中详细记录了对阿不旦和那群罗布人的感受：一个守着陈旧的世外桃源、不知谁是皇帝、不关心其他事

情、世代厮守那片水域、甘愿寂寞而又心安理得的人群，他说，阿不旦是一个“与塔里木社会脱节”的社会。

1898 年，昆其康去世之后，由于种种原因促使罗布人不得不抛弃阿不旦，将他们的生活地迁到西南方的新阿不旦（玉尔特恰普干）。1912 年罗布泊干涸，使得湖畔渔村阿不旦为荒漠所吞没，阿不旦河水干涸、植被被大量破坏、风沙无时不在肆虐，水草枯死。这些原因使得阿不旦不再适合人类，于是罗布人不得不迁居到米兰，那里有发源于阿尔金山的米兰河，水草也很丰茂。

▶干旱的罗布泊湖盆

▶在罗布泊沙漠边缘的罗布人

罗布人从罗布泊退出罗布荒漠的路线是：老阿不旦—夏卡勒—库姆恰普干—吐逊恰普干—新阿不旦（玉尔特恰普干）—米兰。而这些失落的地名，除了米兰尚存外，其他村落均已遗失在了黄沙漫漫、沙丘林立的沙海中。

从罗布人的语言、长相、饮食起居和生活习俗上，可以看出罗布人的来历很不简单。日本年轻僧人橘瑞超是最后一个抵达阿不旦的人。在他的《中亚探险》一书中，概括了自己对阿不旦和罗布泊的观感：“住在阿不旦附近的人通称罗布人，如果从人种区分，属于维吾尔人。但他们的语言与纯粹的维吾尔语有很大差别，他们大概是什么年代与什么人种的混血儿吧。”由此可以判断，罗布人应是更早以前的蒙古人与塔里木河沿岸土著人的混血儿，其混血的成分来自于回鹘等。

其实考古学家一直在追寻并越来越肯定的一个问题是：罗布泊的罗布人、麦盖提县的刀朗人、克里雅河尾闾的克里雅人、喀纳斯湖畔的图瓦人，均应是一代天骄成吉思汗西征时遗落的、坚毅生存下来并与军队中的老弱残兵混血的后裔。他们是一种特殊的人群，从他们的语言、服饰、饮食、面相、习俗、宗教信仰等就可以断定。另一个证据是，在新疆生活的老蒙古人提起先祖成吉思汗的西征，一方面表现出他们傲然的自豪，另一方面又为蒙古人群的四散而“埋怨”着“天骄”。

▲看起来罗布人对于抽象造型更有兴趣

罗布人，又是一个即将消逝的族群。

# 无比神秘的埃特鲁斯坎人

埃特鲁斯坎人的坟墓里发掘出的陶器

公元前 8 世纪，在亚平宁山脉以西、第伯河以北的广大地区生活着一个极富传奇色彩的民族。他们创造了高度发达的民族文化，对后来的罗马文化产生了深远影响。

2000 多年后，埃特鲁斯坎文明因一个偶然的原因被发现。1829 年，在罗马城西北部一个名叫乌尔齐的地方，一个农夫在耕作时突然发现他的牛掉进了田间的一个洞里。后经专家考察，这是一个埃特鲁斯坎人的坟墓，墓里有各种各样精致的随葬品，包括陶器、青铜器以及各种各样的雕像等物品。此后，在其他地区也陆续发现了埃特鲁斯坎人的墓葬。人们这才惊喜地发现，意大利也曾经存在着一个与古埃及、古希腊文明相比毫不逊色的古文明。

埃特鲁斯坎人曾分布在意大利半岛

埃特鲁斯坎人有自己的文字。考古学家们发现了数以千计的铭文，这些铭刻在墓碑上的文字很简单，多数只有姓名、身份。这些词用字母拼写，看起来与希腊文、拉丁文相似，但似乎又没什么关联。学者们经过艰辛的努力，终于学会了这种文字的读音和个别单词的词义，但对它的结构、语法却了解很少，依然无法从中获得确切的信息。

不少学者期望能够找到一块类似于埃及罗塞达石碑那样的文物，然后通过与一种已知的古代文字相类比，来破译埃特鲁斯坎文字。1964 年，意大利学者帕洛蒂诺教授在罗马附近的埃特鲁斯坎神庙发掘出 3 块金牌，其中两块上刻着埃特鲁斯坎文，另一块刻着迦太基文。教授心中想：迦太基文是已知文字；金牌上的迦太基文莫非就是埃特鲁斯坎文的译文？可经过几个月的对比研究，只能认定 3 块金牌所刻的内容可能有联系，而迦太基文金牌并非是埃特鲁斯坎文金牌任何一面的译文。

埃特鲁斯坎人的来源，至今仍是一个谜。由于埃特鲁斯坎人的艺术带有奇异的东方色彩，他们的种族和语言也与意大利人、希腊人有很大的不同，对他们的来源有着不同的说法。

“史学之父”希罗多德说埃特鲁斯坎人来自小亚细亚的吕底亚；公元 1 世纪时史学家狄奥尼修斯特认为埃特鲁斯坎人是意大利半岛上最早的土著居民；到了近代，人们认为他们是一支来自中欧地区的民族。

以上 3 种来源说各有理由，但都缺乏确凿的证据。

尽管埃特鲁斯坎人的文字和来源依然是千古之谜，但人们从考古发现的大量文物中，就已经基本上能看到这个神秘的民族所创造的高度文明。

◀埃特鲁斯坎人的盛器堪称是将生活和艺术相结合的完美典范

考古学家共发现了埃特鲁斯坎人17个大大小小的城市，并发现了很多的墓葬和遗物。他们的文明，很明显地高于同时代的意大利其他民族。埃特鲁斯坎人的工匠技术高超，他们经常利用厄尔巴岛的铁、科西嘉岛的铜以及埃特鲁斯坎本土的铜、锡等矿产制造出精美的器皿。他们制造的镜子、烛台在当时都很有名。在出土的埃特鲁斯坎陶器、青铜器、金银制品等艺术品中，以彩陶器最为突出。这些陶器造型奇特，颜色多样，制作精美，尤其是彩陶上的绘画，表现出了极高的艺术水平。彩陶上的绘画题材也颇丰富，不仅有生动形象的花鸟虫草和飞禽走兽，也有形神兼具的各种人物形象，这些彩陶绘画构图讲究，画面线条柔和流畅。



人们从发掘出来的大量文物可以看出，埃特鲁斯坎人的艺术制品，受外来文化尤其是希腊文化的影响很明显，但他们同时保持了自身的民族特色。他们的艺术与古希腊的理想化相比，更多地保持了自然、生动的一面。埃特鲁斯坎文化也是一种以城市为主的文化，这和当时意大利其他民族的农业文化有很大的区别。

▶在绘画上他们显示出一种优雅，这和希腊艺术一脉相承

埃特鲁斯坎人虽然繁荣富足，但他们并没有建立一个统一的国家，扩展领土似乎是他们中一部分人的事情，而不是全部，他们曾统治了不少地区，但他们并没有同化这些民族，最终却被罗马人征服，并且从此在历史长河中消失。

这个谜一般的民族，带给人们太多的惊奇，太多的迷惑。也许有一天，考古学家会给人们拿出更多的证据，来掀开埃特鲁斯坎人的面纱，驱散笼罩在他们身上的重重迷雾。

# 消逝的宝物

# Part 5

在人类历史舞台的幕后，总有一些隐藏着魔咒的迷人宝物。有些宝藏曾点燃了战火，有些曾推动了新王国的产生；有些给予了人们好运，而有些则带来了悲剧和死亡。人类一直在苦苦地寻找宝藏，但最伟大的宝藏总是被守护着、埋藏着，或神秘地消失在岁月的洪流中。

# 北京猿人化石

▲北京猿人化石在北京市房山区龙骨山被发现

1918年，瑞典籍著名地质学家安特生在北京西南郊50千米处的周口店，发现了哺乳类动物化石。

1928年12月2日又有了一个重大的发现，北京大学学者裴文中在周口店发掘出一具完整的猿人头骨，这是古人类学、古脊椎动物学、旧石器时代考古学和第4纪地质学研究中的一件划时代大事，它为研究人类的起源及其发展，和再现早期人类的生活面貌，提供了极其珍贵的第一手资料。而在这10年之间，还有数枚人牙化石被发现，这些化石经解剖学家研究，属于一个新种属的古人类。并命名为“北京人”。

经过1928年12月至1937年卢沟桥事变前这段时间中对周口店进行的挖掘，有40多个“北京人”的人骨化石及大量石器被先后发现。这一批无价之宝，在当时是由著名人类学家魏敦瑞负责研究并保管的，它们被集中在北京协和医院的保险箱里珍藏。而1937年卢沟桥事变后由于日本帝国主义全面发动侵华战争，使“北京人”洞穴遗址的发掘工作被迫中断。

在1941年初，由于日美的关系趋于紧张。魏敦瑞建议将化石暂时转运至美国纽约历史博物馆保存，待战后再运回中国，因为他认为把珍贵的中国猿人化石在现在这个时候继续留在日军统治下的北平是很不安全的。在经过多次交涉后，中美双方就此事达成协议。美国驻华大使馆在1941年11月中旬自重庆致电美国驻北京公使馆，令其负责转运过程中的事宜。

◀龙骨山的猿人洞穴

北京协和医院于1941年11月20日奉命将这些中国猿人化石（其中包括5枚头盖骨，15枚头骨碎片，14枚下颚骨、锁骨，147枚大腿骨、上臂骨、牙齿等）全部秘密装在两只大木箱内，并由美国公使馆运送至美国海军陆战队总部，美军上校阿舒尔斯特被指令负责押运。

按照原计划是在1941年12月11日前由“哈里逊总统”号轮船将化石运到秦皇岛，然后再从秦皇岛运往美国。阿舒尔斯特上校命令士兵将两只木箱改装到美军专用标准化箱里，并命令美国海军陆战队军医福莱将标准化箱由北京押运至秦皇岛的霍尔坎伯美军兵营，然后再将这批化石安全护送到美国。

▶珍贵的北京猿人牙齿化石和肢骨化石

但意想不到的事情却发生了。1941年12月7日，珍珠港事件爆发。秦皇岛霍尔坎伯军营被日军占领，因此美国海军陆战队队员也全部成为俘虏。这批俘虏在不久之后被押送到天津战俘营。美军战俘的行李过了十几天之后被转运至天津，其中包括装载中国猿人化石的美军专用标准化箱。福莱在天津将他的剩余行李和装有化石的标准化箱就地疏散。他把一部分存放在法租界巴斯德研究所，一部分存放在瑞士商人在天津建筑的仓库里，一部分存放在中国友人的家里。福莱一直到疏散前都没有打开过那装有化石的标准化箱子。但是等到战争结束之后，装有化石的标准化箱子却下落不明。中国的无价之宝经美国海军陆战队之手，由北京至秦皇岛，再由秦皇岛到天津，最后在天津失踪。

这些下落不明的中国猿人化石究竟到哪里去了？这产生了很多种说法。



一种说法是，标准化箱被福莱医生在天津疏散后，最终落入日本人之手。可是中国政府在日后从盟军总部接收的物品清单中却没有为世人所瞩目的中国猿人化石。为此当时中国驻日本代表团顾问李济和盟军总部都曾多次在东京广泛搜寻化石的下落，可是却没有找到。

还有一种说法是，标准化箱在秦皇岛时按照原计划装上了“哈里逊总统”号轮船，但该船在赴美途中不幸沉没。中国猿人化石也随之沉入海底。有人说，轮船是在中途被日军截获了，化石最后落入日军之手，可是后来下落不明。

1949年，瑞士商人在天津开设的伯利洋行曾伙同北京总行进行过走私活动。走私物品不详。1972年，美国巨商詹纳斯悬赏15万美金，寻找化石下落，世界各地提供了300多条线索，但都被排除了可能性。

总而言之，1927年以来发现的全部“北京人”、“山顶洞人”化石标本，于1941年太平洋战争爆发前后，下落不明。

▼北京猿人头盖骨化石模型

# 如来真身舍利

传说中的释迦牟尼佛七彩脑舍利（上）和金黄色血舍利（下）

舍利是梵文 garlra 的音译，它源于印度，原意是指佛的身骨，现在我们把德行高尚的僧人涅槃后经火化结成的珠状物也称为舍利，佛骨舍利是佛教徒崇信佛的一种象征。舍利大都建塔供奉，佛教信徒视它为圣物。

据文献记载，中国境内曾有四大名刹供奉释迦牟尼真身舍利。但是目前国内得以保存释迦牟尼真身舍利的只有法门寺，岱州五台及终南五台的舍利在唐武宗会昌年间（841~845 年）灭法时被毁坏了；泗州普工寺也在清康熙十九年（1680 年）时沉入洪泽湖中。

法门寺位于陕西省扶风县城以北约 10 千米的法门镇，是中国著名的古刹。1981 年 8 月因霪雨等原因，寺内原有的一座在明代万历十三年（1585 年）重建，并于民国二十八年（1939 年）修葺的 13 层八角砖塔倒塌了。



法门寺是在什么时候开始建筑的，关于这个问题的传说颇多。

由于法门寺在北魏、北周时名为阿育王寺，所以传说是印度阿育王所建。但是据资料显示，佛教是在东汉明帝时期传入中国的，这与阿育王起塔的传说相差了整整 3 个世纪。所以法门寺是阿育王所建，显然是一种牵强附会的说法。那么，法门寺及寺中的“真身宝塔”究竟是什么时候建立的呢？从文献记载上看，有北周、春秋末年和东汉末年 3 种说法。但是也有人认为塔应当是修于北魏孝文帝太和年间（477 ~ 499 年），那时名为阿育王塔。它能成为我国四大佛教圣地之一，是因为塔内藏有佛指舍利。

印度历史上杰出的阿育王

在北周时期，武帝毁佛，使法门寺惨遭摧毁。隋文帝杨坚仁寿元年（601 年）令全国各州建立佛舍利塔，法门寺就是其中之一。唐太宗贞观五年（631 年）揭开了法门寺走向兴盛的序幕，不仅开启了地宫，还对寺塔进行修葺，到了唐高宗显庆五年（660 年），建成了一座石砌塔基的四级木塔，也开始出现唐代皇帝迎奉佛骨的活动，法门寺进入鼎盛时期。另外，唐中宗曾下诏改法门寺为“圣朝无忧王寺”，并题舍利塔为“大圣真身宝塔”，至此真身宝塔之名一直沿用至今。

▲藏有如来真身舍利的法门寺

为了重建法门寺塔，中国考古队在 1987 年 2 月 28 日至 11 月 30 日进行了发掘。这次考古发掘最主要的收获是发现并清理了法门寺地宫。该地宫在塔基的正中部，其南端超出了塔基范围，略呈长“甲”字形，各段宽 2~2.5 米不等，总长 21.12 米。该地宫不仅结构复杂，用材讲究，而且在雕饰方面也相当精美，这在目前全国已挖掘的塔基地宫中是独一无二的。另外，该塔的地宫是模拟人间埋葬皇帝的最高规格的墓室构筑的。

◀据称如来佛指舍利被供奉在法门寺博物馆内



法门寺塔地宫出土的遗物，不仅有 4 枚佛指舍利，还有为供奉舍利而奉献的物品。奉献的物品有金银器、珠宝玉器、玻璃器、漆木器、石质器、杂器、瓷器以及大量的纺织品和货币。这些佛教圣物以贮藏佛指舍利的阿育王塔（前室）、灵帐（中室内）、八重宝函（后室内）为中心，放置颇有规律。由于都是唐代皇室贡奉的物品，所以数量大、等级高，錾文内容丰富，为稀世珍品。

这次发掘中发现的 4 枚佛指舍利，据佛教经典记载，是古印度摩揭陀国孔雀王朝时，阿育王为弘扬佛教而建塔时传入中国的。这次发现的 4 枚佛指舍利，均为唐代帝王时期的原物，其中 1 枚为“真骨”，3 枚为佛家为了保护真身和供人供养而特制的影射之骨，即“影骨”，其作用与真骨是同样的。这也是世界上仅存的佛指舍利。

但它真是如来真身舍利吗？倘若不是，如来真身舍利又在哪里？

**相关知识全接触**

**阿育王**

阿育王是孔雀王朝第三代国王；公元前 268 年即位，一生征战，攻伐羯陵迦国一战就屠杀敌方 10 万余人，血流成河。晚年放下屠刀，皈依佛教，对传播佛教曾做出过重要贡献。据佛典记载，他曾使诸鬼神分取佛舍利，于一日内起 84000 塔。

# 太平天国的窖金流落何处

▶太平天国起义遗址

中国历史上最大规模的农民起义——太平天国运动的失败令人叹息，而太平天国巨额的窖藏珠宝的不知所终同样令人遗憾。

1864 年 7 月，作为太平天国都城 11 年的天京（今南京）失陷。围城 3 年的湘军蜂拥闯进了天京各个城门，他们的目的就是抢掠，上至前敌总指挥曾国荃（曾国藩之弟，排行第九，又称曾九），下至军营里雇佣的民工、文职人员，都想发横财，当时传闻洪秀全和天国新贵收敛的财宝都藏在此地。

湘军搜查全城三天三夜，曾国荃和提督萧孚泗率先洗劫天王府，他们捞尽官衙甚至民宅的一切浮财，连同几万名女俘虏，一并作为胜利品带回去。但是，他们仍不满足，“历年以来，中外纷传洪逆之富，金银如海，百货充盈”，因而认为还有更多财宝埋藏在地下各处。

曾国荃抓到太平天国将领李秀成后，非常高兴，用锥尖戳刺他的大腿，把李秀成弄得体无完肤。一方面是因为气恼李秀成守城坚固，同时更是为了逼李秀成说出天京藏金下落。曾国藩不久从安庆赶到南京，赞赏其老弟“以谓贼馆中有窖金”，又多次软硬兼施，追问李秀成藏金处。这也是李秀成被较晚处死的另一个原因。

李秀成被俘之后，清朝皇帝也派僧格林沁、多隆阿来南京督促，李秀成却始终未透露太平天国天京的窖金事宜。

天京确实有窖金埋藏，曾国藩在城破后下令洗劫全城，“凡发掘贼馆窖金者，报官充公，违者治罪”，虽然湘军军令严明，但在“破城后，仍有少量窖金，为兵丁发掘后占为己有”。

天京被攻破后，除抵抗的太平天国将士遇害外，尚有 1000 余人，即占守城精锐的 1/3，随李秀成保护幼天王洪天贵福逃脱。据记载，“另有其余死者寥寥，大半为兵勇扛抬什物出城。或引各勇挖窖，得后即行纵放”。上元人孙文川在《淞沪随笔》（手抄本）中认为“城中四伪王府以及地窖，均已搜掘净尽”，但他说的也许是斗筲金银，而大宗窖金下落，并未见有著述，给后人留下一个谜团。

▶曾国藩镇压过太平天国起义，但他还是一位洋务运动的领导者

民间流传的另一种说法是：南京从前有个富丽堂皇的大花园“蒋园”，园主蒋某，绰号蒋驴子，据说他原来只是一个行商，靠毛驴贩运货物。因为有次运军粮，得到太平天国忠王李秀成垂青，被任命为“驴马车三行总管”。

天京被围，内宫后妃及朝贵多用金银请人办事，“宫中倾有急信至，诸王妃等亦聚金银数千箱令载，为之埋藏其物”。《红羊佚闻·蒋驴子轶事》则说：“有金银数千箱，命驴往，埋于石头山某所。”蒋氏后来因此发财起家，成为近代金陵巨富。

▼位于太平天国都城天京（今南京）的太平天国东王府



《红羊佚闻·蒋驴子轶事》中还说，民国初年，也有南京士绅向革命军都督和民政长官报告“洪氏有藏在某处，彼亲与埋藏事”，由此引起一些辛亥元老国勋的野心，“皆以旦夕可以财为期”，可是雇人多处寻掘，仍毫无收获。

这种事情，20世纪初多有传闻，众说纷纭，成为疑案。南京当年天王府遗址，至今只有西花园一角还隐约可见旧时面貌，据介绍，南京解放时期，有人听说洪秀全窖金的事，将园中湖水放干，但也一无所获。

窖金的下落究竟如何，传闻很多，却没有证据。对于如此巨额的窖藏珠宝，当然会引起世人极大的兴趣，因此众说纷纭，但这些珠宝的下落究竟如何，到现在也还是一个谜。

**相关知识全接触**

**曾国藩**

曾国藩（1811～1872），晚清重臣，湘军创立者和统帅。字伯涵，号涤生，原名子城，湖南湘乡白杨坪（今双峰荷叶乡）人。23岁取秀才，入县学；24岁入岳麓书院，中举人；道光18年（1838年），殿试中三甲第42名，赐同进士出身，入翰林院，从倭仁等习程朱理学，先后任翰林院庶吉士、侍讲学士、文渊阁直阁事，后擢内阁学士、兼礼部侍郎衔，升礼部右侍郎、署兵部左侍郎。曾两次上疏，为清廷出“教诲、甄别、保举、超擢”之策，为朝廷赏识。后创办湘军，成为镇压太平军、维护清王朝统治的重要支柱。

# 消逝在“金银岛”上的宝藏

哥斯达黎加的可可岛上真会有海盗的宝藏吗

著名小说《金银岛》是苏格兰作家史蒂文森以可可岛为背景创作的，书中讲述了一个引人入胜的探险故事，在尾声中，作者暗示仍有一大笔财宝隐藏在荒岛某处。

可可岛位于距哥斯达黎加海岸 480 千米的海中，曾是 17 世纪海盗的休息站，也是其中转站，海盗们将掠夺的财宝在此装装卸卸，埋埋藏藏，为这个无名小岛平添了几分神秘色彩。

据传说，岛上至少埋有 6 处宝藏，其中，最吸引寻宝者眼球的是秘鲁利马的宝藏。



1820 年，当时利马市仍是西班牙的殖民地，当被称为“解放者”的秘鲁民族英雄玻利瓦尔所率领的革命军即将进攻利马时，驻守利马的西班牙总督仓皇出逃，他将多年搜刮的财宝，包括黄金烛台、金盘、真人般大小的圣母黄金铸像装上一艘“亲爱玛丽”号帆船逃走。

《金银岛》的作者史蒂文森

不料，船长见财起意，当船行驶到海上时，船长杀死了西班牙总督，夺了财宝。为确保安全，他将财宝藏进了可可岛上一个神秘的洞穴里。

但是，在以后的日子里，他却一直没有找到适当机会重返可可岛取走宝藏，直至 1844 年，船长离开人世，留下了一张难辨真伪的藏宝图，也留下了至今未解的谜。

南美解放的杰出领导人——玻利瓦尔

这张图与后来流传的形形色色的藏宝图混杂在一起，诱惑着众多人前往可可岛，试图找到船长的藏宝地点。也许太隐蔽，也许太神秘，传说中的宝藏仍然不见天日，可可岛上的宝藏依旧使人着魔。

让所有寻宝者意想不到的是，1978 年，哥斯达黎加政府以保护生态环境为由，封闭了可可岛，严禁任何人挖掘。然而，这其中又隐藏了一个怎样的新秘密？那“金银岛”的宝藏会出现吗？看来这将成为旷世之谜了。

# 所罗门财宝在哪里

◀传说中所罗门王是睿智的化身

有史料记载：以色列新继位的年幼国王所罗门在公元前 965 年的一个晚上，做了一个奇怪的梦。梦中，慈善的耶和华对所罗门说："我会满足你的要求，尽管把你的需要说出来吧。"所罗门说："我的神啊！如今您让我这个幼童继承王位，可我并不知道该怎样治理国家，所以请您赐给我可以判别是非的智慧。"

耶和华对他说："我会赐你空前绝后的聪明智慧；另外，我也会赐给你富足、尊荣，使你在世的日子，列王中没有一个能与你相比的。如你能像你父亲大卫一样谨守我的律例、诫命，遵行我的道，我必使你长寿。"



耶和华所应允的果真都实现了，所罗门统治下的王国，不仅达到了王国时期的巅峰，而且他本人也成为以色列历史上空前绝后的一代国王，他的财富和智慧也著称于世。而他的智慧和财富，也在历史上留下了不解的谜团。

所罗门的智慧曾经引发出一段浪漫的异国情缘，传说这段异国情缘竟神秘地和犹太人的历史连接了起来。耶和华把巨大的财富赐给了所罗门，也正是这批财富引出了历史上的所罗门财宝之谜。

在所罗门统治期间，犹太人的手工业、商业，特别是对外贸易都达到了鼎盛，而且他以非凡的才智赢得了四方的尊敬与朝拜。和他相邻国家的国王每年都会进贡金银珠宝和名贵香料给他，所罗门在当时可以说是富甲天下，其统治时期被人们称为"黄金时代"。

公元前 10 世纪，为了存放那些数不清的金银财宝，所罗门修建了一座宏伟的犹太教圣殿———耶和华神庙，并在神殿中央的"亚伯拉罕神岩"下修建了地下室和秘密隧道。此后，人们都知道所罗门有一个藏宝之地，并为寻找这个秘密之地煞费苦心。

新巴比伦国王尼布甲尼撒二世，公元前 586 年攻陷耶路撒冷时，曾在"亚伯拉罕神岩"的地下室和秘密隧道中寻找所罗门财宝，但最终因地下室和

▶如今的圣城耶路撒冷。据说在这里的『亚伯拉罕神岩』的地下室里藏着所罗门的财宝

隧道曲折幽深，结构复杂，无法真正找到财宝而放弃计划，圣殿也被付之一炬。可是所罗门财宝对世人的诱惑实在太大，因此寻宝行动至今仍未间断过。

▶绘画艺术中也有很多反映所罗门智慧的题材

可是这些财宝究竟藏在什么地方呢？有人认为在巴比伦人攻陷耶路撒冷以前，这些财宝已经被转移到别的地方去了；还有人认为这些财宝还藏在地下室和隧道中，只是人们无法接近；更有一种说法认为所罗门根本就没有把财宝藏在“亚伯拉罕神岩”下的地下室和秘密隧道中，而是藏在了其他地方。

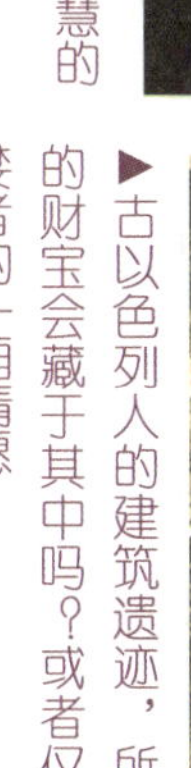

▶古以色列人的建筑遗迹，所罗门的财宝会藏于其中吗？或者仅是贪婪者的一厢情愿

据记载，在所罗门王统治时期，他常常派船只出海远航，而且每次都是满载而归。所以，相信后一种说法的人做出进一步猜测，并得出这样一个结论：在茫茫的大海中，必有一处宝岛是所罗门储藏黄金的宝库，那些满载而归的金银财宝就是从这个宝库中运出来的。

人们也逐渐相信，在南太平洋某处有一群岛屿，甚至有一个蕴藏大量财宝的大陆。因此一些冒险家纷纷去寻找这个岛屿或大陆。1568年，一个名叫门德纳的西班牙航海家率领一支船队踏上了一座岛屿。当他看到当地人都佩带着金光闪闪的各种首饰时，竟兴奋地认为自己发现了所罗门藏宝之地，并给那座岛屿取名为“所罗门群岛”，开始在岛上做起了他的发财之梦，结果却一无所获，美梦破灭。

拥有智慧和财富的所罗门，一直带给人们一种神秘的感觉。直到今天，所罗门财宝仍然是一个谜。

**相关知识全接触**

**尼布甲尼撒二世**

尼布甲尼撒二世是新巴比伦王国国王，那波帕萨之子。曾随父出征，建立战功。即位后与米堤亚继续结盟并联姻。大举进攻叙利亚、腓尼基和巴勒斯坦，与埃及争夺势力范围。公元前586年攻陷耶路撒冷，灭犹太王国，俘虏大批犹太人而归，史称“巴比伦囚虏”。公元前567年远征埃及，并掠夺大量财富。为防御米堤亚进攻，在北部筑一道横跨两河平原的长城。大兴土木，修建都城巴比伦。考古学家发掘巴比伦遗址，获得坚厚的城墙、石板铺设的大路及用玻璃砖镶嵌的伊什塔尔神门等，极其坚固、壮观。据说为了取悦米堤亚王妃，在皇宫中还建有别致的“空中花园”，后被誉为古代世界七大奇迹之一。

# 难明的荷马史诗中的宝藏

◀伟大的诗人荷马

荷马的《奥德赛》和《伊利亚特》虽被视为初期文学的经典之作，但没有人相信这两部史诗的真实性，而是认为这两部史诗是神话、是传奇故事。

为了证实荷马史诗的真实性，1870 年，德国考古学家谢里曼来到近东沿海特洛伊平原。经过实地勘察，他最后选定一个名叫希沙立克的小丘作为挖掘地点。

1873 年 6 月 14 日，谢里曼从废墟里发现了宝物。在这批宝物中，最珍贵的是两顶华丽的金冠。大的那顶由 16353 块金片金箔组成，还有一串精致的长链，可以围绕在佩戴者头上，并且悬吊着 70 根短的和 16 根长的链子，每根以心形的金片组成。短链子上的流苏垂在佩戴者的额前，长链子下垂到佩戴者的双肩，佩戴者的脸庞完全镶嵌在黄金之中。



另一顶金冠类似前一顶，但链子吊在金叶带上，侧边的链子较短，只遮盖双鬓。

还有 6 只金镯、一只高脚金杯、一只高脚琥珀金杯、一件装有 60 只金耳环的大银制器皿、8700 个各种式样的金制物件，还有穿孔的棱镜、金扣子、穿孔小金条和其他小件饰物，以及银、铜的花瓶与青铜武器。

▶谢里曼在考古中发掘出的珍贵金饰

让人不解的是，这些宝物是怎么到了古城墙下的呢？

谢里曼推断，它们原来是装在一个木制箱子里的，后来木箱被战火焚毁，宝藏却保留了长方形状。

▶考古学家谢里曼

也有人认为，这些财宝原是藏在王宫楼上的箱子里，后来由于大火烧毁了王宫，才使宝箱掉落到了离城墙不远的地方。

还有人说，这可能是当希腊人破城而入时，宫廷侍卫情急之下把国王的财宝装进几个大箱子，故意放到即将倾塌的城墙下面的。

那么宝藏在历史上又究竟为谁所有？

谢里曼至死都认为这是特洛伊王普里阿摩斯王宫的宝藏。

今日的学者相信，这批财宝属于比普里阿摩斯早 1000 年的另一位国王。

事情越来越复杂。人们不禁想问：既然谢里曼所谓的普里阿摩斯宝藏并非真正的普里阿摩斯国王的财产，那么它们的主人到底是谁？真正的普里阿摩斯宝藏又在何处？荷马史诗中的宝藏真的找到了吗？

# 500吨黄金去了哪里

▲平静的贝加尔湖下被认为是宝藏的埋藏地

据资料记载，1919年11月13日，沙俄海军上将哥萨克率领一支部队，护送着一列装甲列车，从鄂木斯克沿西伯利亚大铁路向中国东北边境撤退。

据知情人士透露，这趟戒备森严的列车上装载着沙皇从民间搜刮来的500吨黄金。

1920年1月，部队来到贝加尔湖湖畔时，铁路已被彻底破坏，无法通行，哥萨克只好命令部队改乘雪橇穿过贝加尔湖前往中国边境。

在刺入肌骨的暴风雪中，500吨黄金装上了雪橇。雪橇在80千米宽的湖面上，像蜗牛一样缓缓前进。

1920年3月初，贝加尔湖面上的冰突然出现裂缝。据说，哥萨克的部队和500吨黄金全部沉入了水深100多米的湖底。

1938年，一个生活在美国的沙俄军官斯拉夫·贝克达诺夫公开了身份，并宣称："沙皇的这批财宝并没有沉入贝加尔湖，早在大部队抵达伊尔库茨克之前就已经被转移走，并且早已被秘密埋藏了起来。"

他说，当时他亲自指挥了这次埋藏黄金的行动。把黄金转移出来后，就把它们埋在了一座已倒塌的教堂的地下室里。办完事后，将其余参与此事的人就地处决了。就这样，他成了现在唯一掌握沙皇黄金宝藏秘密的知情人。

1959年，贝克达诺夫返回苏联，并在马格尼托哥尔斯克遇上了在美国加利福尼亚认识的美国工程师约翰·史密斯。

史密斯了解贝克达诺夫的情况，建议一起去贝克达诺夫当年埋藏沙皇黄金宝藏的地方。于是他们在一个名叫达妮娅的年轻姑娘的陪伴下，找到了沙皇黄金宝藏，他们只取走了部分黄金。随后，当他们开着吉普车，正要通过格鲁吉亚闯过边境时，突然一阵密集的子弹扫来，在弹雨之中，贝克达诺夫被当场击毙，而史密斯和达妮娅则扔下车子和黄金，惊恐万分地逃出了苏联。

如今，这批沙皇黄金宝藏的线索又断了。从那以后，史密斯和达妮娅的失踪就像那黄金一样，成了无人解开的谜。

◀俄罗斯的末代沙皇——尼古拉二世

# 印加人的宝藏在何方

在15世纪中叶，位于秘鲁利马附近的一个土著印第安人部落，不断地把邻近的部落兼并，最终建立起了一个奴隶制国家——印加帝国。它的首都是一个叫库斯科的地方。据说，印加人对太阳神非常崇拜，他们对黄金也十分崇拜，是因为黄金发出的光泽与太阳的光辉同样璀璨。他们国内建造的所有神庙和宫殿，都使用了大量的黄金，而且大多数印加人都收藏着黄金。这个传说，引起了一些殖民主义者对黄金的占有欲。

1525年，西班牙殖民者弗朗西斯科·皮萨罗，率领西班牙殖民军，开始入侵印加帝国，1532年，他率军攻占了印加帝国的卡哈马卡城后，用计抓获了印加帝国的皇帝阿塔瓦尔帕，并让其交出40万千克黄金来赎身。阿塔瓦尔帕被迫答应了皮萨罗的要求，下令要国民向皮萨罗交纳黄金。眼看着巨量黄金就要落入皮萨罗之手时，一心想把印加帝国的黄金全部掠为己有的皮萨罗突然变卦，把阿塔瓦尔帕皇帝在卡哈马卡城广场，以谋反罪名处决了。

皮萨罗把印加皇帝处决后不久，就攻到了印加帝国的首都库斯科。他原以为这样就可以把印加人历年来聚敛的黄金全部掠到手，可是当皮萨罗率军占领库斯科之后，却到处也搜寻不到黄金。



面对这样的现实，皮萨罗十分震怒，他不甘心就这样失败。有一天，一个印加人向皮萨罗报告说，在印加国内的维拉贡加镇附近的一个洞穴里敛集了大量的黄金。皮萨罗听后十分欢喜，立即调兵遣将，准备前往维拉贡加镇。就在他准备就绪打算出发时，发现来报告的那个印加人失踪了。因此，他打算寻找洞穴的事也就化为泡影。

1533年前后，皮萨罗不知从哪里得到一个消息：一部分印加人在印加帝国的皇帝遭到杀害后，把大量的黄金偷偷运到印加帝国的“圣地”的的喀喀湖藏了起来。据说，当时印加人带着巨量的黄金和宝物到了的的喀喀湖后，便乘坐芦苇筏子向湖心划去。等到划了一段距离后，印加人就把带来的所有黄金宝物都投进了湖里。皮萨罗得知这个消息后，派他的部下迭戈·德尔圭罗和佩德罗·马丁内斯前去的的喀喀湖探宝。可是他们到了湖边东找西寻，从1533年12月开始直到皮萨罗被暗杀而死，相继寻找了七八年，也没能在湖上发现巨量黄金的下落。

▲业已消亡的印加文明仍能激起现代人的好奇心

由于皮萨罗寻找黄金接连遭到挫折，当时有不少人开始怀疑，印加帝国藏有巨量黄金的传说是无中生有。可是，

▲人们至今也没有在马丘比丘城找到宝藏

还是有不少的人，特别是一些西班牙殖民者，对传说仍然深信不疑。

一些西班牙殖民者了解到印加首都北面有一个要塞，那里的地道是印加人传统的藏宝之地。他们猜测巨量黄金可能也被藏在那里，于是，他们开始对那个要塞进行一次次的搜寻。可是，那个要塞就像迷宫一样复杂，使得西班牙殖民者每一次都一无所获。他们在那儿折腾了一次又一次，始终无法找到地道的秘密入口在什么地方。

▲印加帝国的“圣湖”——的的喀喀湖

也有人说，巨量黄金也许隐藏在安第斯山脉中一个叫做马丘比丘的神秘城堡中。因此西班牙殖民者又转而奔向安第斯山脉的群峰密林，但是，他们找寻了很久也没能找到马丘比丘城堡的踪影。

1911 年，研究拉丁美洲史的教师海勒姆·亚·宾厄姆，他的足迹几乎踏遍了安第斯山密林中的每寸土地，后来在库斯科西北 122 千米处的两座峭峰之间，找到了这座传说中的马丘比丘城堡的遗址。他对马丘比丘进行了反复细致的勘测后，发现古城堡地势险要，而且终年云雾缭绕，十分隐蔽，城堡内既有宫殿、祭台，也有道路、广场和城门，城里所有的建筑几乎都是用上吨重的浅色花岗石砌成的，整个城堡扑朔迷离。海勒姆最终也未能找到那些巨量黄金。

不少国家的科学家在海勒姆之后去马丘比丘考察。不过他们虽然采用的手段不同，付出的代价也不同，可是他们得到的结果却是一样的，那就是：谁也没有在那里找到任何的线索，甚至对古城堡是什么时候建立的也一无所知。至于这里有没有埋藏那些巨量黄金，更是无从查起。

可是，印加帝国的宝藏真的消失了吗？印加帝国的宝藏究竟在哪里呢？

**相关知识全接触**

**的的喀喀湖**

印加帝国的“圣地”的的喀喀湖是世界最高的大淡水湖之一。位于玻利维亚高原北部，属秘鲁和玻利维亚共有，以湖中心为界，各占一半。湖面海拔 3812 米，面积约为 8300 平方千米，平均深度在 100 米，最深处达 304 米。终年可通航。

# 洛豪德岛的海盗遗产

16 世纪 50 ~ 70 年代，西班牙人顺着哥伦布的航迹远征美洲，从印第安人那里掠夺了无以计数的金银财宝，然后载满船舱回国。

然而，他们的行动被敏捷的海盗察觉。过往的每一艘商船都遭到了疯狂袭击。海盗们杀害了所有船员，将西班牙人从印第安人那里抢夺来的财宝统统据为己有。

海盗们无法将堆积如山的财宝全部带走，于是将剩余部分埋藏在洛豪德岛，并绘制了藏宝图。海盗们发誓严守秘密，以图永享这笔不义之财。

哪知海盗中有一部分阴谋者企图独吞宝藏，便相互残杀，一场大火留下了具具尸体，胜利者携带着藏宝图混迹天下，过着花天酒地、骄奢淫逸的生活，而洛豪德岛藏宝的消息也不胫而走，风靡世界。

▲劫掠财宝的海盗在人类的大发现时代变得更加活跃



17 世纪 70 年代，一位叫威廉·菲波斯的人，意外得到一张有关洛豪德岛的地图，图上标有西班牙商船“黄金”号的沉没地。他惊喜若狂，觉得自己就要发财了。

菲波斯怀揣这张不知真假的藏宝图，独自登上荒岛，进行了长时间的寻觅，然而却一无所获。正当他在海滩徘徊时，无意中脚陷入沙中，触及到一块异物，经发掘是一丛精美绝伦的大珊瑚。在珊瑚内竟又藏有一只精致木箱，箱中盛满金币、银币和珍奇宝物。菲波斯狂喜万分，他在岛上呆了 3 个月，疯狂地寻觅，找到了整整 30 吨金银珠宝，实现了他的发财梦。

菲波斯在洛豪德岛发现宝藏的消息很快传了出去，一心想发横财的人们纷纷拥向洛豪德岛以及附近海域，其中有流浪汉、冒险家甚至王公贵族。人们认为菲波斯发现的财宝仅是海盗遗产中很少很少的一部分，其中还有更多没被人发现的宝藏，那么更多的宝藏又在哪里呢？一时间许多人不惜血本奔赴洛豪德岛，结果有的葬身海底，有的暴死荒岛，但始终再没有人找到过宝藏。海盗的遗产依然是一个充满诱惑的谜。

**相关知识全接触**

**哥伦布**

哥伦布，意大利航海家。在西班牙国王支持下，先后 4 次出海远航，开辟了横渡大西洋到美洲的航路。先后到达巴哈马群岛、古巴、海地、多米尼加、特立尼达等岛。在帕里亚湾南岸首次登上美洲大陆。考察了中美洲洪都拉斯到巴拿马达连湾 2000 多千米的海岸线；认识了巴拿马地峡；发现和利用了大西洋低纬度吹东风，较高纬度吹西风的风向变化。证明了大地球形说的正确性。促进了旧大陆与新大陆的联系。

# 羊皮卷上的宝藏今何在

法国南部有一个奥德省，在其首府卡尔卡松市南边约 60 千米处的科尔比埃山中，有一座叫雷恩堡的小城镇。从一条长 5 千米的崎岖不平、峰回路转的小道顺坡而上，就可以走到雷恩堡的教堂。

▲宝藏所在的法国奥德省雷恩堡小镇

1892 年，沧桑的雷恩堡居民早已忘却那起与宝藏有关的“帕里斯冤案”。然而在一个偶然的场合下，雷恩堡教堂神甫贝朗热·索尼埃跨入了神秘的地洞，从而创造了一则轰动法国的奇闻。

贝朗热·索尼埃 1885 年被任命为本镇神甫。他与一位年约 18 岁，名叫玛丽·德纳多的少女相恋。索尼埃神甫待人十分和善，因而他在教区也十分受人尊敬。1892 年，政府拨给他一笔 2400 法郎的款项让他修缮他的教堂和祭台。



一天上午 9 点，索尼埃在做了一些例行的祷告之后，检查了一遍昨天工匠的修缮工作，他觉得今天比较舒畅，因此他决定今天要多做点事情。

修缮教堂顶部的泥瓦匠让索尼埃帮他在几个空心圆木柱中挑一根做正祭台的柱子，而他随手拿了一根圆木，在里面发现了一卷陈旧的羊皮纸，纸上写了一些带有拉丁文的古法文。乍一看，里面不过是《新约全书》里的一些片断，可是索尼埃凭直觉猜想，在这里面一定另有文章。镇长听说这件事后向他问及此事。索尼埃把羊皮纸拿给镇长看了看，老实的镇长本来就不认识几个字，这羊皮纸上的字更是一个也看不懂，事情也因此而平静下来。

THE
Newe Testament
of our Lord Iesus
Christ,
Conferred diligently with the Greeke,
and best approued translations in
diuers languages.

*Imprinted at London by*
Christopher Barker, Printer
to the Queenes Maiestie.
1 5 8 1.

*Cum gratia & priuilegio.*

◀机智的藏宝者在《新约全书》的内容里掺入了宝藏的秘密

不过，这件事情是不会就此了结的，索尼埃很快中断了教堂的工作，竭力去把这张羊皮纸上的文字弄明白。很快，他认出了上面写的是《新约全书》中的一段内容，还发现上面有法国摄政王后布德施·德·卡斯蒂耶的玉玺

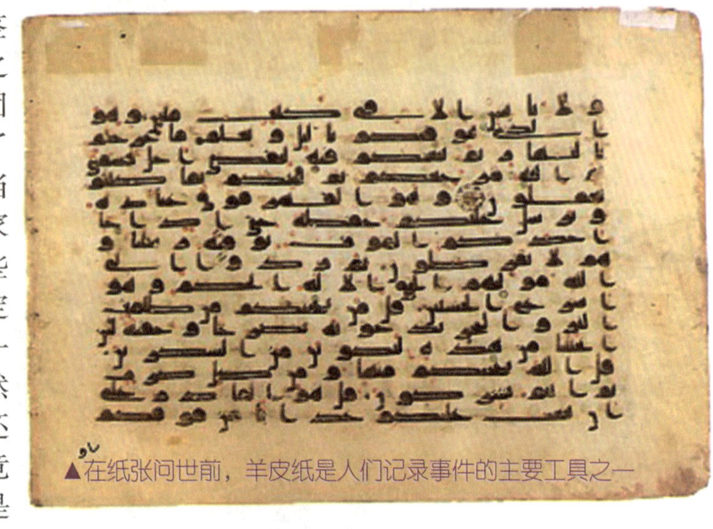
▲在纸张问世前，羊皮纸是人们记录事件的主要工具之一

印章以及她的亲笔签名。可是除了这些之外，其他的仍是一团迷雾。因此他求教了不少的语言学家。当然他给这些语言学家看的都是其中的一些语言。最终，他确定这卷羊皮纸中藏着一个宝藏的秘密。虽然他在返回雷恩堡时还没有搞清楚巨宝究竟埋在什么地方，但是他已经掌握了足够的资料。他首先在教堂里找，可是没有发现一点线索。一天，玛丽在公墓中发现从奥特布尔·白朗施福尔伯爵夫人墓上掉下的一块墓石上刻着一些奇特的铭文，而这些铭文与羊皮纸上的文字一致，财宝难道就藏在那座古墓底下吗？索尼埃在玛丽的帮助下，悄悄寻找了好几天，但是并没有多大的收获。一天晚上，他们从伯爵夫人的墓志铭中得到了启示，他们在一个早已空旷的墓地底下发现了一条弯弯曲曲的地道。他们沿着地道终于走进了神秘的地下墓穴，里面堆满了首饰、金币以及其他贵重物品，仿佛整个法国的财富全部集中在这里了。索尼埃虽然感到飘飘然，但他并没有忘记所存在的危险。最后索尼埃悄悄把公墓中暗示宝藏的那块基石上的铭文刮掉，并精心消除了所有能使他人发现地下墓室的痕迹，那卷羊皮纸也被藏进那个地下墓室里。



他们不仅从地下室中拿出了不少的首饰和金币，而且拟定了一个掩人耳目的方案：由索尼埃先去瑞士、德国、西班牙、比利时，把金币兑换成现钞，然后用玛丽·德纳多的名义通过邮局寄至库伊萨镇。不久之后，索尼埃神甫就成为拥有数十万身价的大富翁了。他以玛丽·德纳多的名义重新翻修了整座教堂，将教堂装饰得富丽堂皇，显得十分肃穆，并翻建了住宅，且在带喷泉和假山的花园里盖上了凉亭，还为公墓筑起了围墙。这一切突如其来的变化必然会引起各界的关注。

暴富给他们带来了一系列的麻烦，先是雷恩堡镇镇长，询问他的经费来源，并指责他贪污、浪费公款，糟蹋了公墓。后是主教、大主教、教皇都来过问此事。索尼埃对镇长宣称，他继承了在美洲一位叔父的遗产，并给了镇长一笔金币，镇长再也没有过问此事。另外，负责管辖雷恩堡镇教堂的卡尔卡松市大主教对索尼埃的所作所为十分不满，派人对他进行调查，可是索尼埃用美酒、佳肴和金币使得这次调查不了了之。而大主教也收到了一笔金币，从此他也缄默不言了。也就是说，索尼埃用金钱堵住了找他麻烦的人的嘴，使得情况变得很顺利。

新上任的大主教比德·博塞儒尔主教，再次要求索尼埃对他的一切行为做出必要的解释，可是索尼埃丝毫不理会他，继续进行着自己的事情。后来，教

皇要求罗马法庭过问此事，索尼埃被传到罗马出庭，最后，教庭宣布停止索尼埃的神甫职务。可是，索尼埃对这根本不在意，他继续在他自己的小教堂里祈祷、弥撒。

▲人们对于寻宝始终有着很高的热情

然而，有意思的是，几乎所有教区的教民都来到他的小教堂里祈祷、弥撒。这让新上任的神甫十分尴尬，最后发誓再也不去雷恩堡了。索尼埃很关心雷恩堡的发展，还热心于公益事业，他为美化雷恩堡拟定了一个新方案。他在雷恩堡兴建引水工程、水利设施，要修筑一条通往库伊萨的公路，以及再盖一座塔楼供居民使用，购买一辆汽车来运送镇民等。由此想见，雷恩堡的这笔财宝数额有多大。

可是索尼埃并没有来得及实施他的新方案。1917 年 1 月 5 日，索尼埃刚在几笔订货单上签完字后就病倒了，肝硬化夺走了他的生命。这天全雷恩堡的居民都自动来为索尼埃做了祈祷。玛丽也开始过起了深居简出的生活，并且不再接见任何来客。由此看来，她再也没有去过那个地下室，这笔财宝的秘密就只有玛丽一个人知道。



1946~1953 年，诺尔·科比先生在玛丽晚年时结识了她。因为当时他们夫妇寄居在玛丽家中，整天陪着她，这赢得了玛丽的友情和信任。玛丽看科比十分可靠，就决定把地下室的位置告诉他。这给秘密宝藏的再现带来了希望，然而他的运气实在是太差了。具体的情况是这样的：一天，玛丽对科比说：“科比先生，您将会得到一笔花不完的钱！”科比问到：“怎么可能？您上哪儿去弄这笔钱呢？”“这个嘛，你放心，我临终前会把一切都告诉您的。”玛丽说道。

然而，1953 年 1 月 18 日，玛丽突然病倒后不省人事，最后带着她心中的藏宝秘密离开了尘世。

那个秘密的地下室究竟在什么地方？那里面还有多少财宝，都已成了谜。

**相关知识全接触**

**帕里斯宽案**

早在 17 世纪，雷恩堡有一个叫伊卡斯·帕里斯的牧羊人，一次他丢失了一只母羊，只好到山坡上去寻找。他意外地发现地下有一条大裂缝，当他走下裂缝，就看到一条深不可测的地道。帕里斯心里充满惊奇，他开始向前迈步，希望看个究竟。最后他走进一个“尸骨横陈、箱子遍地”的基地。他惊恐万状，担心其中鬼魅突然向他攻击。但他还是鼓足勇气打开了一个箱子。这时他不由长长叹了口气，箱子里满满的全是金子。帕里斯装满口袋，偷偷跑回了家。

他的暴富传遍了大街小巷。有的人嫉妒他，也有人羡慕他，但帕里斯对这一切守口如瓶。由于他始终不愿透露那些金币的真正来历，于是被指控为犯有偷窃罪，不久他被捕下狱，但他始终没有讲出藏宝基地的秘密，最后死在狱中。

# 突然失踪的战利品

◀莫斯科的大火据说可能是俄国人自己放的，为的是让法军一无所得

1812年9月14日，拿破仑率领50万法国军队占领了莫斯科。然而此时的莫斯科几乎是座空城，里面大部分居民已随俄军撤退，城市中原本近20万人口仅剩下不到1万人。而且当天晚上，城内多处地方起火，后又蔓延成大火，整整燃烧了6天6夜。

法军长时间忍受着饥饿和严寒的威胁。由于法军的战线拉得太长，交通运输常被袭击，致使弹药和粮食无法供应。而俄皇也不接受和谈，拿破仑在这种情况之下，不得不放弃刚占领不久的莫斯科，开始向西南撤退。俄国军队和农民游击队在其撤退过程中不断地对其进行狙击。就在这个时候，原本在法军辎重队中，满载从莫斯科抢夺的战利品的25辆马车突然失踪了。



也正是从1812年至今，一个半世纪以来，“战利品究竟隐藏在哪儿”这个问题，成为了无人能解的谜。

英国历史小说家瓦尔特·司各特是一位注重史实的作家。他的作品《法国皇帝拿破仑·波拿巴的生涯》是在1831~1832年之间完成和出版的，离拿破仑远征莫斯科仅隔20年，时间不算很长。有一位名叫尤·勃可莫罗夫的苏联学者，在阅读这本书时，对其中的一些故事情节很感兴趣：“1812年11月1日，皇帝继续痛苦地退却。他在禁卫军的护卫下，踏上了走向斯摩棱斯克的道路。由于担心在途中会遭到俄军的阻截，所以应尽快往后撤。”“因感到目前处境的危险，拿破仑深知在莫斯科所掠夺的战利品已经无法带走，但他不甘心让俄军夺去，所以就命令将这些战利品沉入萨姆廖玻的湖里。”

▼对于拿破仑来说，战利品再多也无法挽回他入侵俄国的失败

勃可莫罗夫认为，那些曾经参加过那次远征的人在回忆录或手记中会对战利品的事情有所记载的。于是，他决定去查阅

一下。拿破仑在败退时，曾有两名亲信和他一起乘雪橇往西疾驰。其中的一人名叫阿仑·德·哥朗格尔。勃可莫罗夫在他的回忆录中发现："1812年11月1日，拿破仑从比亚吉玛撤退。第二天，我们来到了萨姆廖玻。第三天，到达斯拉普柯布。在这里我们遇到大雪的侵袭……"

▶大卫的这幅油画几乎奠定了拿破仑形象的基调，但此画可能出于一种攀附需要而作

此外，哥朗格尔写道，拿破仑把战利品沉入了萨姆廖玻的湖里。两者提供的日期和地点完全相符。后来勃可莫罗夫还参阅了一些英国人、法国人和俄国人所记述的有关这方面的材料，最后确认拿破仑在1812年11月2日把战利品沉入萨姆廖玻的湖中。但是，法国士兵会不会把这件事情泄漏给俄国人呢？显然是不可能的。即使居民知道了这个秘密，也没有什么办法，毕竟他们不可能把湖底的东西打捞上来，因为他们并没有什么工具。因此，勃可莫罗夫深信，那些战利品还应该沉睡在那个湖中。

那么这个湖在什么地方呢？为了这个问题，勃可莫罗夫在列宁图书馆中花费了大量的时间进行查阅，但是他在几乎翻遍了所有的地图后，还是没能找到那个湖，这让他很失望。后来，他给苏联科学地理研究所去了信，对方回信说："在比亚吉玛西南29千米的沼泽地有条叫萨姆廖夫卡的河。那块沼泽地也是以这个名字命名的。"这样看来，这条湖随着时间的流逝，岁月的推移，可能已经变成沼泽地了。

后来，他写信给有关机构，询问这方面的情况，可得到的答案都是无可奉告。只有斯摩棱斯克地方政府内政管理局记录保存室提供了一点材料：在1911年，根据克勒托诺女士和比亚吉玛地方的一些志愿者的要求也曾进行过探索，但还是竹篮打水一场空。所以关于战利品突然失踪的问题，仍没有合理的答案。

20世纪60年代初，应苏联《共青团真理报》的倡议，一批专家前往萨姆廖玻湖。在长约40米、宽5米的地带发现了大量的金属矿藏，化学家化验出湖水中的银含量要比一般银矿石中银的含量高出百倍。随之探宝者接踵而来，但他们下到湖中的深度从未超过5~6米，原因是湖里淤泥太多，结果什么珍宝也没找到。

这些战利品真的在萨姆廖玻湖里面吗？

**相关知识全接触**

**拿破仑**

拿破仑一世（1769～1821），法兰西帝国的缔造者，卓越的军事家，野心勃勃的政治家。先后多次打垮了欧洲各个封建君主国组织的"反法同盟"，保卫了由法国资产阶级进行的法国大革命胜利果实，并在欧、非、北美各战场上，进行了对欧洲各封建国家的战争，削弱了欧洲大陆的封建势力。重要功绩还有他颁布了《拿破仑法典》，确立了资本主义社会的立法规范，至今还发挥着重要作用。

# “沙漠之狐”的珍宝去哪儿了

◀被称为『沙漠之狐』的隆美尔将军有着过人的战争智慧

艾尔温·隆美尔无疑是最有名的纳粹将领，被认为是第二次世界大战中德国陆军中最优秀的将领。他在北非的大沙漠上，曾与强大的美英联军交锋，虽然他在兵力上和英美联军相差十分悬殊，但他在指挥装甲部队时高超的军事指挥才能，常使对手感到措手不及，因此他得到了“沙漠之狐”的称号。他被塑造成超越政治的军事天才人物，几乎使人忘记他纳粹将领的本质。

这个“沙漠之狐”在北非疯狂地掠夺当地土著居民的财富，而且只要他们表示拒绝，哪怕只是稍微反抗，就会遭到屠杀。如此血腥的手段，促使隆美尔在很短的时间内积聚起一批价值极为可观的珍宝。但是这批珍宝的价值究竟有多少，这是谁也估算不出来的。据说，这批珍宝包括满装黄灿灿金币和各种珍奇古玩的 90 多只木箱及一只装满金刚钻、红宝石、绿宝石和蓝宝石的钢箱。就连隆美尔本人也不清楚财宝的价值究竟有多少。别的不说，就那只钢箱的财宝就足够吸引人的了，可以说是价值连城。



有人说，这批珍宝除了供隆美尔挥霍外，还被用来收买少数的阿拉伯统治者。然而，隆美尔再怎么挥霍也仅仅是动用了其中极少的一部分。随后隆美尔自认所向无敌的非洲军团全线崩溃。他为了防止这批珍宝落入美英联军的手里，秘密调动了一支亲信部队将这批珍宝藏在了一个不为人知的地方。1944 年，隆美尔因被指控参与了谋杀希特勒的事件而服毒自杀。那批珍宝的线索也因隆美尔的死而中断。

隆美尔是唯一知道这批珍宝所藏地点和标志的人。西方的一些冒险家，早就对这批珍宝朝思暮想，垂涎三尺了。他们希望有朝一日成为这批珍宝的主人。因此他们不仅不惜用重金派专家查阅有关资料，甚至密档，还千方百计地寻找所有可能知晓的人。可是，冒险家看着调查的结果中那种种不甚确切的传说，一时之间也不知道该从何下手。

有这样一种传说，隆美尔在其非洲军团崩溃前夕，曾让一支高速摩托快艇部队，将 90 余箱珍宝分装于艇中，由突尼斯横渡地中海运抵意大利南部某地密藏。快艇部队于某日晚在夜幕的掩护下秘密出航，并按预定的计划行动。不料在天将破晓时，快艇部队被英国空军发现。当摩托快艇行至科西嘉附近海面时，德军深知已无望冲出英军密织的罗网。绝望之时，隆美尔竟下令炸

沉所有快艇。这支满载着珍宝的德军摩托快艇部队就这样在科西嘉浅海区沉没了。从那以后，虽然有人用高价雇用潜水员一次一次在科西嘉海底搜寻，但仍一无所获。是科西嘉的海面过于辽阔呢？还是沉船的具体位置并不在科西嘉岛？或是隆美尔并没有炸沉快艇？或艇上根本就没有装珍宝？

▲最终遭受失败命运的德国非洲军团

还有一种说法是，1980 年，署名为肯·克里皮恩在美国《星期六晚邮报》二月号刊载了《“沙漠之狐”隆美尔的珍宝之谜》，这使冒险家很感兴趣。作者说：“1942 年 11 月，美英联军在北非登陆。次年年初，兵分两路从东西夹击德意军队，前锋逼近濒临地中海的突尼斯城。1943 年 3 月 8 日清晨，居住在距突尼斯城不远的哈马迈特海滨别墅里的隆美尔发觉英军已控制了海、空权，他的珍宝已无法由海路安全运出，决定就地藏宝。而用快艇运走珍宝不过是隆美尔声东击西的计谋。3 月 8 日深夜，在隆美尔与他的亲信的严密监视下，这批珍宝被分装在 15~20 辆军用卡车上，车队在汉斯·奈德曼陆军上校的押运下连夜向突尼斯城西南方向行驶，在撒哈拉大沙漠边缘的一座小镇杜兹停下。汽车驶至杜兹后，前方即是大沙漠，无法行驶。汉斯·奈德曼购买了六七十匹骆驼，将珍宝分装在骆驼上，于 3 月 10 日踏入撒哈拉大沙漠。驼队在沙漠中跋涉 2 天，最后将珍宝按预定计划埋入数以万计的令人无法分辨的某座沙丘之下。负责押送、埋藏珍宝的德军小分队在返回杜兹途中，意外地遭到英军伏击，小分队全部丧生。撒哈拉大沙漠无情地把藏宝人连同宝藏的秘密一起用黄沙埋葬了。撒哈拉大沙漠被人们称为无情的地狱。如果有谁敢叩开无情地狱的大门，珍宝也许还有重见天日的那一天。”

也有人认为，所谓的珍宝，不过是一个引人入胜的传说故事罢了，只有傻瓜才会真的对它认真起来。可是如果那样说，“沙漠之狐”聚集起来的珍宝哪里去了呢？

**相关知识全接触**

**“沙漠之狐”隆美尔**

隆美尔，第二次世界大战中德国纳粹将领。第二次世界大战的纵火犯，曾以卓越的军事才能对法西斯德国的侵略和扩张起到推波助澜的作用。

在北非战场，他指挥德国非洲军团在兵力悬殊、环境恶劣的情况下屡败英军，并一度进抵阿拉曼，逼近埃及的开罗城。在盟军大规模反攻时，他又成功组织千里大撤退。他的骄人战绩赢得了希特勒的盛赞，但他参与暗杀希特勒的行为又反映出其性格复杂的一面。在隆美尔一生的军事生涯中，曾留下了“魔鬼之师”、“沙漠之狐”的称号。

# 神秘失踪的琥珀屋

1709年，当时的普鲁士国王为了效仿法国皇帝路易十四的奢华生活，命令普鲁士最有名的建筑师兴建“琥珀屋”，建成后光彩夺目、富丽堂皇，被誉为“世界第八大奇迹”。

由于俄国彼得大帝于1709年打败常胜将军瑞典国王查理十二，为普鲁士除去了一个大敌，普鲁士国王腓特烈一世为了感谢并得到俄国的保护，只好忍痛割爱，把稀世之宝琥珀屋送给了彼得大帝。琥珀屋于1717年被运到彼得堡。彼得大帝死后，他的女儿伊丽莎白女皇于1755年把琥珀屋运到沙皇村查斯科耶西洛，并把它改装成一个豪华的宴会厅。

◀赫尔曼·戈林是第二次世界大战的主要战犯，德国纳粹党的重要头目

◀里宾特洛甫是希特勒时期的德国外交部长

十月革命后，沙皇村更名为普希金城，辟为游览区，对外开放。叶卡捷琳娜皇宫中的琥珀屋成为最吸引游客的地方，因为琥珀屋实在太美了，它成了一颗灿烂的明星。

苏德战争中，德国法西斯攻占了普希金城，将叶卡捷琳娜皇宫里的珍宝文物抢劫一空，琥珀屋也未能幸免。德国人把琥珀屋运到东普鲁士的哥尼斯堡艺术博物馆保存起来。可是由于这件稀世珍宝太精美，因而许多人都想占为己有，如赫尔曼·戈林、里宾特洛甫就插手其中。

1945年，德国法西斯投降，苏军占领了哥尼斯堡与柏林，但苏联人却没有找到琥珀屋。苏联与民主德国还专门成立了寻找琥珀屋的特别委员会，但是迄今为止，近半个多世纪的搜寻却毫无所获。稀世珍宝琥珀屋究竟到哪里去了？人们在不断地搜寻，也提出了多种推测。

第一种说法是，琥珀屋仍然藏在哥尼斯堡的某个地方。因为苏军在1945年1月底，就已经切断哥尼斯堡对外的一切交通线，将其包围，根本不可能用火车、汽车将琥珀屋转运出去，只能就地隐藏。据说1945年1月间负责隐藏琥珀屋的党卫队突击大队

长乔治·林格尔，在临终前对其子鲁道夫·林格尔说，琥珀屋、部分琥珀藏品与部队档案都藏在斯仄因达姆的地下室里。但具体在什么地方却未告诉其子。从林格尔的笔记本中，发现了3条与琥珀屋转移有关的命令，即帝国安全局把转移琥珀屋命名为：绿色行动，要求转移到指定地点后，按计划把入口伪装起来，并把附近建筑物夷为平地。后来，林格尔顺利地完成了任务。然而，当林格尔受苏联邀请前往哥尼斯堡寻找琥珀屋时，并没有找到那间地下室。

▶后人模拟的琥珀屋

第二种说法是，琥珀屋已安全转移出哥尼斯堡，藏在一个地下室里。罗德博士负责琥珀屋的装运工作，他把大批博物馆的展品转移到了施威林的庄园，但却没有琥珀屋。罗德的儿子沃尔夫冈在苏军开始枪击守备哥尼斯堡的德军前沿阵地时，曾亲耳听到他父亲对他说："琥珀屋已被转移到安全的地方。"很显然，罗德是重要知情者。不久，人们听到了罗德暴死的消息。有人推测，那个地下室可能就藏有琥珀屋。至于罗德的死因却不得而知。



第三种说法是，琥珀屋转运到伏尔普利豪森矿山的一条矿井里，但已被毁了。1977年，原伏尔普利豪森区纳粹领袖施密特回忆说，1945年，一批来自哥尼斯堡的货物由火车运到伏尔普利豪森，这批货物有12只木箱，每只木箱长150厘米，宽80厘米，箱子用铅封口并扎着铁箍，是由施密特亲自提货，指派绝对可靠的党卫队员卸货的。这批木箱后来存放在矿井深处的一条岔道里。木箱中是否有琥珀屋也难以断定。

▼琥珀屋曾经所在的普希金城

第四种说法是，琥珀屋被转移到德国的中部地区，藏在图林根。据原东普鲁士纳粹领袖里希·科赫供认，按照希特勒之命，1945年1月，琥珀屋即被运出哥尼斯堡，运往德国中部。据民主德国调查，1945年2月，德军先后把8批文物汇合在波茨坦，然后装上火车，据说其中第三批装有琥珀屋。火车运往德国中部，藏在图林根地区。按照这一线索，民主德国当局派出许多人对图林根地区的苏尔察到波尔齐之间的所有深谷、山洞、古堡进行搜索，均未发现琥珀屋。

搜寻琥珀屋已半个世纪，仍一无所获。但人们还在继续寻找，波兰人在原东普鲁士地区寻找，民主德国在德国中部寻觅，苏联人虽于1983年撤销了搜寻琥珀屋的委员会，却也未放弃努力。特别是林格尔提供的线索，使搜寻者似乎看到了找到琥珀屋的希望。因此人们推测，琥珀屋可能就藏在某个地下室里。

# 神秘的钱坑宝藏

▶马克·吐温和他的《汤姆·索亚历险记》。其笔下的宝藏真的存在吗？这大概只有天知道

“钱坑”宝藏的情景几乎和美国著名作家马克·吐温在《汤姆·索亚历险记》中描述的那样，海盗把他们的宝藏都装到破木箱里，并埋在老枯树下，半夜时，这棵树的树枝的阴影所落的地方就是藏宝的地方。甚至有人怀疑，是不是马克·吐温知道一些与“钱坑”宝藏有关的资料呢？不然他的描述怎么会和“钱坑”宝藏那么相像？

1795年，3位加拿大少年到距离加拿大仅有4.8千米的橡树岛旅游，他们登上这个岛后，发现面向海一边的大片红橡树林中突然出现空旷地，并且中间独立长着一棵古橡树，树枝上看起来好像挂过一个古船的吊滑车，正下方有一个浅坑，他们根据种种迹象判断，这里可能埋有海盗的宝藏。原来，橡树岛在17世纪时是一个海盗经常出没的地方，并且当时有一个很著名的海盗叫做威廉·基特，他于1701年在伦敦被处决，而他在临死前提出了这样一个交换条件，如果免他一死，他愿意告诉一个埋宝的地方。但他遭到了拒绝，最终他连同那个宝藏的秘密一道被送到了阴间。那么，基特的宝藏是否就埋在此地呢？

1803年，继3位少年之后，又有一群人继续挖掘，发现了一块刻有神秘符号的石板，他们找来专家对它进行破译。经专家破译，这个石板上神秘符号的意思是：在此下面埋藏了2000万英镑。这个信息让人们欣喜若狂，他们一边抽水，一边挖掘，在一天晚上用标杆探底时，触及到了类似箱子的硬物，当即大伙谈起了如何分配宝藏。可是第二天的时候，人们却惊奇地发现坑内的积水已经达到了60英尺深，希望变成了泡影。1850年时，人们又有了一个奇怪的发现，退潮时，“钱坑”东面500英尺处的海滩上不断往外冒水，同时还发现了一套精巧复杂的通往“钱坑”的引水系统，它们使“钱坑”变成了一个蓄水坑。于是人们做出了一个推论，海盗将“钱坑”挖得很深，然后从深处倒过来挖出斜向地面的侧井，宝藏可能离“钱坑”几千米远而埋在斜井的尽头，离地面不过30英尺深，这样既可以迷惑掘宝者，自己又可以轻易挖出宝藏。

大多数人认为，“钱坑”之谜很快就会被揭晓，而且它有可能像埃及图坦卡蒙王陵一样引起全世界的震惊。还有人认为，“钱坑”只是一个骗局，它可能是一个耗费巨资挖掘出来的空洞。众说纷纭，莫衷一是，究竟如何？无人知晓。

# 沉入海底的黄金船队

▶沉睡海底的黄金船队或许只是为满足人们的占有欲而存在

1702年，历史上有名的西班牙“黄金船队”被英国人在大西洋维哥湾击沉，这给探宝史上留下了一个极大的遗案。

当时，西班牙的财政窘困，命令船队把从南美洲掠夺的金银珠宝火速运回西班牙，一支由17艘大帆船组成的庞大船队遵命而回，其间将经过一段最危险的海域。一天，“黄金船队”驶到亚速尔群岛海面时，被一支突然出现的英、荷联合舰队拦住去路，这支150艘战舰组成的舰队迫使“黄金船队”驶往维哥湾躲避。面对强敌的包围，最好的办法是从船上卸下财宝，从陆地运往西班牙首都，然而当局有个古怪的规定，从南美运来的东西必须首先到塞维利亚市验收。所以不能违令从船上卸下珍宝，最后在皇后玛丽·德萨瓦的特别命令下，国王和皇后的金银珠宝被卸下，改从陆地运往马德里。

英、荷联军约3万人围困了维哥湾一个月后，对维哥湾发起猛攻，3115门重炮的轰击，摧毁了炮台和障碍栅，西班牙守军全线崩溃，再加上联军被眼前的珍宝所激奋，战斗进展迅速，港湾很快沦陷。此时“黄金船队”总司令贝拉斯科下令烧毁运载金银珠宝的船只，维哥湾成为一片火海，除几艘帆船被英、荷联军及时俘获外，绝大多数葬身海底。

这批财宝究竟有多少呢？当时被俘的西班牙海军上将恰孔对此进行估计说，大约有5000辆马车的黄金沉入了海底。虽然英国人多次冒险潜入海下，但也只是捞上来很少的战利品。而这批宝藏更强烈地吸引着无数的寻宝者。从此，在近1000海里的海底，出现了许多冒险家的身影。他们有的捞起的是已经空了的沉船，有的得到的却是纯绿宝石、紫水晶、黑琥珀、珍珠等珠宝，有的还在继续寻觅。随着岁月推移，风浪海潮给宝藏盖上了厚厚的泥沙，或真或假的传闻使宝藏多了几分神秘，这些都给冒险家的冒险带来了很大的麻烦。

由陆地运往西班牙首都的财宝，在运送的途中被强盗抢走了一部分。据说，这部分约1500辆马车的黄金至今埋藏在西班牙庞特维德拉山区，这又像一块巨大的磁铁吸引着梦想发财的人们。自从哥伦布于1492年起4次远涉重洋寻宝探险以来，寻宝活动成了一种时尚，再加上“泰坦尼克”号沉船的被寻获，价值连城的珠宝金银犹如热风，更掀起了前所未有的寻宝热潮。在当今世界上，寻宝者久寻不获的宝藏，也许就隐藏在某一个鲜为人知的地方。

# 充满诱惑的黄金湖

在南美洲西南部，有一个十分强盛的印加帝国，以南美的秘鲁为中心。国中的财富很多，印加帝国的国王把京城内的神殿和宫殿都用大量的金银珠宝进行装饰，使得整个京城显得金碧辉煌、灿烂无比。

然而，正是这些财富给它带来了不幸。16 世纪，庇萨罗带领西班牙人推翻了印加帝国，掠夺走了所有的黄金宝石。后来他听说印加帝国的所有黄金都是从玛诺阿国运来的，而且那里的金银财宝堆积如山。玛诺阿国当时是由一个叫做帕蒂的酋长统治着，他们是印加帝国的附属国。于是庇萨罗立即组织探险队，去寻找位于亚马孙密林深处的黄金城。但是在那个十分广阔的原始森林中，每向前走一步就意味着恐惧和死亡，因为那里不仅有猛兽毒蛇，还有野蛮的食人部落，而且在森林里行走随时都有迷失方向的威胁，这些险恶的因素，导致一支支的探险队不是半途而归，就是下落不明，这些事实让庇萨罗无法看到他梦想的黄金城，使他只能通过自己的想象来自我安慰了。

在庇萨罗之后，西班牙人、英国人、荷兰人、德国人和葡萄牙人也听到了黄金城的消息，他们都想得到那个黄金城的财富。于是他们不约而同地同时去寻找黄金城的所在，各自的探险队都进入了亚马孙密林中。其中，一位西班牙人率领一支由 716 名探险队员组成的探险队向黄金城进发，最后他们终于在康迪那玛尔加平原发现了黄金城以及传说中的黄金湖，找到了许多的翡翠宝石，据说它们的价值高达 300 万美元。而这仅仅是黄金城难以想象的财宝中极为微小的部分。虽然这支探险队得到了一笔不小的财富，可是它同样付出了惨重的代价。在这次探险中，716 名探险队员仅仅回来了 166 人，这意味着有 550 人在密林中丧命。



哥伦比亚的瓜达维达湖就是传说中的黄金湖。公元 17 世纪初，印第安族的最后一位国王的侄子向人们描述他们在黄金湖畔举行的传统加冕仪式："加冕时，我们在王位继承人的身上涂满金粉，这时他看起来就像是用黄金塑造而成的，然后他在湖中以游泳的方式洗去金粉，之后，臣民们纷纷献上黄金、翡翠等财宝，并把它们堆积在他的脚旁。这位新国王把所有的黄金丢进湖中，当作是对上帝的奉献。"这位印第安国王的侄子说，这种传统的仪式已经举行了无数次。由此可以想象，黄金湖的蕴藏量是多么的庞大，这也对人们产生了巨大的诱惑。

▼执著的寻宝者们常常在茂密的亚马孙丛林里付出生命

因此，人们从 16 世纪开始，一直都没有停止过对黄金湖的打捞。

# 消逝的物种

# Part 6

是什么让它们永远离开了人类，从地球上彻底消失掉，是人为？是地球环境的变化？还是物竞天择，最终淘汰了它们？或许这三者都是导致物种走向濒危边缘的因素。某些令人惊奇的物种已经消逝了，更让人担忧的是，许多物种正面临着从地球上消失的噩运。

# 三叶虫的消亡

▶众多化石证明三叶虫曾在地球上广泛存在

三叶虫，节肢动物门已灭绝的一纲。其背壳横向分为前、中、后3部分，前部为头，主要由头盖和颊部组成，头盖中间有凸起的头鞍。中部为胸，分节，能弯曲。后部为尾。腹面有口、触须、附肢和肛门。纵向分为一个中轴和两个肋叶3部分。海生。大多数营底栖生活，少数潜伏泥沙中或营漂浮生活。

在早古生代的寒武纪已发现动物化石2500多种，除脊椎动物外，几乎所有的门类都有了，其中最多的就是三叶虫，约占化石保存总数的60%。它在寒武纪初期即已出现许多科、属和种，我国已经描述过的三叶虫就有1200多种。晚寒武纪发展到最高峰，志留纪以后逐渐衰亡，而后历经晚古生代的泥盆纪、石炭纪，到了二叠纪末完全灭绝。

如今只有在古生代的沉积岩中才能发现它那美丽的化石。在化石中，仿佛还能听到那几亿年前大海的波涛声和那有关三叶虫久已失传的故事。那是让人向往的遥远而美丽、空旷而宁静的年代。让人喜爱的原始和单纯。

三叶虫是生活在5亿多年前的动物，它之所以被命名为三叶虫，是因为它的形体扁宽，背面正中突起、背上有两道纵沟，把身体纵分为三叶形。

寒武纪曾被称为“三叶虫的时代”，因为在寒武纪地层中保存有大量的比其他类群丰富的三叶虫化石。而在寒武纪地层中，不具矿化的软躯动物化石当时还没有被发现。

寒武纪是地质史上的一个年代，因英国的一座山而得名，大约在5.4亿年前至 5.1 亿年前。它的名称并不含有特殊的意义，但它却是一个特殊的时代。这个时代不仅困惑了达尔文，也困惑了达尔文以后的一个多世纪。

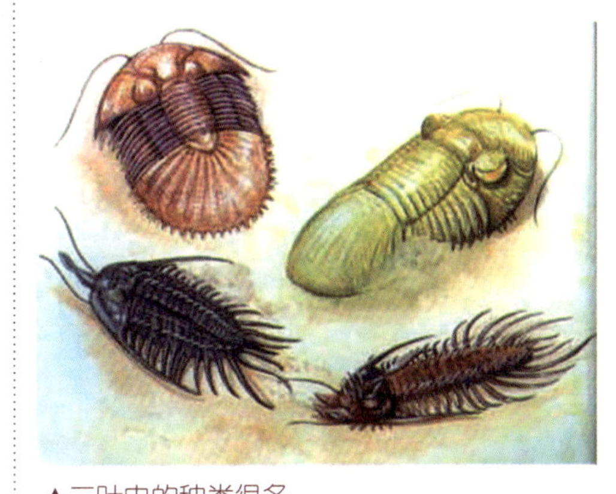
▲三叶虫的种类很多

科学家在寒武纪的地层中还发现了一些单细胞生物的化石残骸，可是它们在不久之后就销声匿迹了，就好像划了一条分界线，之前只不过是序幕，之后才到了高潮部分，真正的进化才开始。由于一切都是突然开始的，生命的形式也突然就变得生机盎然，多姿多彩了，这一突发性的生命创新事件被称为“寒武纪生命大爆发”。

而也就是在这一时期，生命选择了基本的形式，以后也没有发生什么大的改变。当科学家们检索寒武纪时代的化石所记载的历史时，却找不到与之相对的原种，就好像它们突然而来又突然消亡了，没有留下什么显而易见的进化体。达尔文也曾痛苦地意识到，地层断层中确实缺少此类化石的存在，因此达尔文苦恼地说：“为什么我们没有在地壳中发现成千上万的过渡型化石埋藏呢?”达尔文一直受这个事实的困扰，他在书中仅讨论“地质记录不完整”就用了一整章。达尔文还写到：“如果今后有人对我的理论提出挑战，这很可能来自对寒武纪动物突然大量出现理论的解释。”

▶进化论的创立者——达尔文



而就在达尔文遗憾去世 27 年后，一块落基山脉的石头出现在世人面前。美国地质调查所所长，在北美地区调查、采集了 40 多年的寒武纪化石。1909 年 8 月，在他带领全家到加拿大野外地质旅行回来的路上，他夫人的坐骑被一块石头绊倒了。他捡起了那块作怪的石头，结果，他发现那是一块保存有软体动物的化石。后来经过大规模的发掘、采集后，发现了布尔吉斯动物群，这给当时的科学界带来极大的震撼。它使科学家第一次清楚地认识到，在寒武纪海洋中绝大多数是不易保存的软躯体动物门类，仅仅只有少数具有骨骼化的动物，纠正了人们以前对寒武纪时代的错误认识。

**相关知识全接触**

**达尔文**

达尔文，英国的博物学家，他在《物种起源》一书中第一次放弃了上帝创造世界的观点，使上帝创世说的信仰受到怀疑，开创了生物演化史上的新纪元。

进化论认为，生物进化是物竞天择和渐变的过程，物种的细微变化经过长时间积累，就会导致新的物种出现。但是，由于进化论与当今进化生命学科 3 大难题中的两个，即生命的起源和人类起源相关，所以对其的研究还存在着困难。

# 是什么原因让恐鸟消亡的

恐鸟属于平胸无翼鸟类，在这个家族里还包括有鸵鸟、鸸鹋、吐绶鸡。而恐鸟是平胸鸟类中体形最大的一种，它身高可达2米，体重可达225千克。当然也不是所有恐鸟的体形都那么大，在恐鸟的种类中，体形最小的与吐绶鸡差不多。

▶野生恐鸟复原图

原本恐鸟一直在新西兰的土地上过着自由自在的生活，这里很少有凶猛的肉食类动物，地面上有许多种植物可以作为食物的来源。然而，就在几百年前，这种体形庞大的无翼鸟却神秘地灭绝了，这一直是科学界难以解释的一个问题。

在《国家科学院学报》的一份DNA分析报告中指出，第一只恐鸟是在1850万年以前出现在地球上的，并经过考古鉴定，恐鸟至少有10个种类。就在数千年前，还有数以百万计的恐鸟生活在新西兰的森林、草原和山脉中。究竟是什么原因让恐鸟彻底消亡的呢？据《自然》杂志报道，科学家对恐鸟的骨骼进行了分析，说恐鸟的灭绝是由于人类的捕杀。



塞缪尔·特尔维伊，英国伦敦动物学协会生态学者。在他对恐鸟骨骼的研究中，他意外地发现其骨骼密度不一致，在骨骼切面上呈现有与树桩年轮十分相似的几个线圈。他们从这些特殊的“年轮”中分析出恐鸟幼年期生长较慢，可能需要几年才能长成，并具备自食其力的生存能力。在700年前，当新西兰第一批人类毛利人登陆这片土地后，发现恐鸟很容易被猎杀，而且这种体形庞大的鸟类肉质十分鲜美。

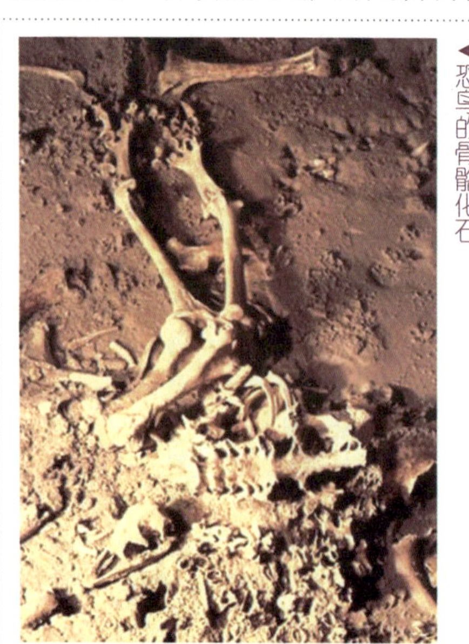
◀恐鸟的骨骼化石

塞缪尔和同事们从已知的10个恐鸟种类中挑选了9个种类的骨骼，其中有7种小型恐鸟和2种大型恐鸟。他们在研究中发现这些种类的恐鸟骨骼上都有生长期遗留下的年轮迹象，尤其是7种小型恐鸟和一种大型恐鸟的骨骼内的年轮与树桩年轮颇为相似。

这些骨骼中的年轮和树桩的年轮意义是一样的。根据年轮，研究人员可以算出幼年恐鸟达到成年期需要几年的时间。根据对不同种类恐鸟的骨骼分析，虽然小型恐鸟与大型恐鸟在体形上有特别明显的差别，但还是有着相同的成长规律。

▶在博物馆里能感受恐鸟的巨大体形

动物骨骼内的年轮是不同季节里，动物不同生长速度的最好见证。从这些特殊“年轮”中可以分析出恐鸟幼年期生长较慢。塞缪尔指出，在食物充足的夏季，幼年恐鸟摄入的食物较多，生长得很快，转入寒冷的冬季，食物来源减少，幼年恐鸟的生长速度渐渐减缓下来。随着季节性的变化，在骨骼未发育完全的幼年期，恐鸟骨骼由于生长速度的不同会呈现出骨骼密度的不同，这就形成了一圈圈的年轮。

塞缪尔说：“如果在野生的环境中存在许多哺乳类掠食动物，那么一些食草动物要想适应这种生存环境，其生长期会明显缩短，能够很快成长为成年体。也就是说，动物幼年期很容易遭到攻击。”

而恐鸟虽然属于鸟类但却没有翅膀，无法飞翔，当它们被袭击和捕杀的时候不能迅速逃离。但在新西兰，那里是恐鸟的天堂，它们既不必为食物来源而忧虑，也不必害怕天敌的攻击。因此，幼年恐鸟的生长期变得比现代的鸟类缓慢了许多。而这种生活方式，无法适应外界生存环境的变化，当700多年前毛利人来到新西兰后状况改变了。由于人类的大量猎杀，使恐鸟的数量逐渐减少，最终消亡。

恐鸟的灭绝是否真的和人类有直接联系呢？科学界中还有其他的解释。

新西兰生物学家尼尔·吉梅尔带领研究小组对恐鸟进行多年的研究，它们推断在几千年前，体形较大的恐鸟在新西兰的数量已达上百万只，再加上其他9种恐鸟的数量，相信可以达到千万只。但是，当人类初次来到新西兰时，恐鸟的数目却也不过只有十几万只而已。

如果是因为人类的捕杀行为使得恐鸟灭绝的，那么在人类登陆之前，恐鸟的数量明显下降的原因又是什么呢？尼尔·吉梅尔认为，可能是大范围的传染疾病给恐鸟带来了灾难，澳大利亚的候鸟有可能带来一些传染疾病；也可能和气候有关，是因为新西兰岛屿上的火山爆发导致恐鸟数量骤然下降。

大自然选择“适者生存”，这是固定不变的，就算恐鸟能够存活到今天，相信它也必将是一个弱势群体，它既没有翅膀，生长期又缓慢，这使得它极易遭受捕杀，它的灭绝也存在着必然性。尽管如此，人们仍然不知道究竟是什么原因让种类较多、数量较大的恐鸟逐渐消亡的。

# 渡渡鸟的灭绝

有一个名叫毛里求斯的岛国，它位于印度洋的西部，由罗得里格斯岛、毛里求斯岛等组成。面积为2040平方千米，共有人口110万（1995年）。首都是路易港。另外，它四面环水，与大陆隔离，境内林木葱郁，奇峰兀立，百鸟欢唱，流水潺潺。岛上的动植物由于在千万年的进化历程中和大陆隔离，逐渐形成了和大陆完全不同的独特物种。

毛里求斯岛上虽然鸟类很多，但是后来大多数都灭绝了，很多种类连标本都没有留下，人们只能从残留的遗骨和航海者的记述中对它们的生活情况进行了解，渡渡鸟就是其中最有名的一种。渡渡鸟是毛里求斯的象征，也是毛里求斯的特产。

渡渡鸟又名“愚鸠”，它是一种巨型鸟类，体长100~110厘米，有灰白色的体羽，脸部裸露的部分为红色。白眼，黑嘴，腿、脚为黄色。外形有点像鸽子，但嘴尖钩曲，颈部较短，尾羽卷曲，身躯臃肿。性格温顺而笨拙，栖息于林地中，叫声似“渡渡”。以树木果实为食，营巢于林间草地上，每窝仅产1枚卵。幸好岛上没有它们的天敌，因此，它们安逸地在树林中建窝孵卵，繁殖后代。



由于长期的行走生活，翅膀已退化。渡渡鸟不会飞，而且行动迟缓，靠在地面上取食为生。它体态肥硕，憨态可掬，喜欢在大颅榄树林中筑巢产卵，过着自在无忧的生活。

在15世纪以前，岛上的渡渡鸟数量还是很多的。但自从欧洲殖民者相继在这里定居之后，他们开始对大片森林进行砍伐和对肉味细嫩鲜美的渡渡鸟进行大肆猎杀。

到了16世纪，带着来福枪和猎犬的欧洲人来到了毛里求斯。不会飞又跑不快、肉肥味美的渡渡鸟厄运降临。它们从此失去了安宁自由的生活，成为那些欧洲人主要的食物来源。他们不仅大量捕杀渡渡鸟，带来的猪、狗、猴、鼠等动物也捕食渡渡鸟的卵和雏鸟。初时，这些欧洲人每天可以捕杀几千只甚至上万只渡渡鸟，可是由于过度捕杀，很快，他们每天捕杀的数量越来越少，有时每天只能打到几只。

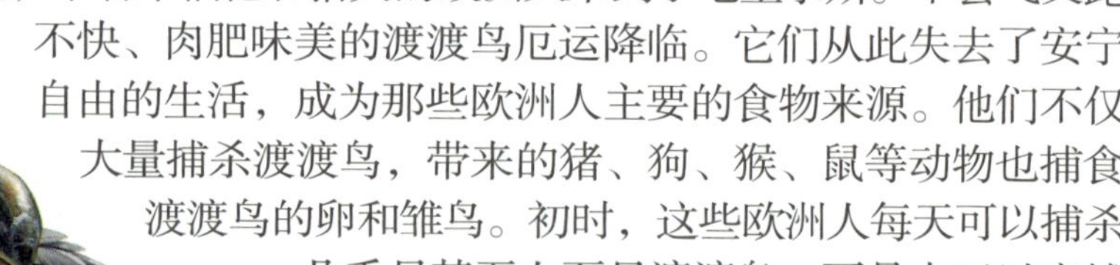

▶渡渡鸟复原图

1681年，最后一只渡渡鸟死去后，这个物种灭绝。从此，地球上再也见不到活着的渡渡鸟。奇怪的是，渡渡鸟灭绝后，与渡渡鸟一样是毛里求斯特产的一种珍贵的树木大颅榄树也渐渐稀少，似乎患上了不孕症。

本来渡渡鸟是喜欢在大颅榄树的林中生活，在渡渡鸟经过的地方，大颅榄树总

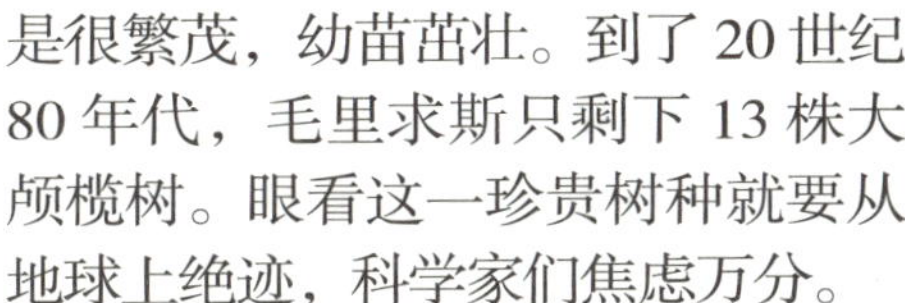

是很繁茂，幼苗茁壮。到了20世纪80年代，毛里求斯只剩下13株大颅榄树。眼看这一珍贵树种就要从地球上绝迹，科学家们焦虑万分。

就在渡渡鸟灭绝300年后的1981年，美国生物学家坦普尔来到毛里求斯岛。他测定现生大颅榄树的年轮后，发现它们的年龄都在300年以上。这个巧合引起了坦普尔的关注。看来，渡渡鸟活跃时，大颅榄树生机盎然，而渡渡鸟绝种后，大颅榄树似乎就得了不孕症，种子不能萌发，后代不能繁衍，数量日益减少。

另外，他发现，在渡渡鸟的遗骸中有几颗大颅榄树的果实，原来渡渡鸟喜欢吃这种树木的果实。坦普尔由此推测，渡渡鸟可能与大颅榄树种子的萌发有关，大颅榄树的果实被渡渡鸟吃下去后，不仅果实被消化掉了，而且种子外边的硬壳也消化掉，这样种子排出体外才能够发芽。

▶渡渡鸟的原产地毛里求斯对它来说，是个环境过于良好而缺乏天敌的地方

最后，科学家让一种与渡渡鸟有亲缘关系，又不大会飞的吐绶鸡，来吃下大颅榄树的果实，以取代渡渡鸟，从此，这种树木终于绝处逢生。

由此可见，渡渡鸟与大颅榄树相依为命，鸟以果实为食，树靠鸟来生根发芽，它们一损俱损，一荣俱荣。从渡渡鸟的灭绝而到大颅榄树的濒临灭绝，说明了动植物之间相互影响和相互依存的重要关系，更说明了保持生态平衡的重要。

而现在把某些动物列为一级、二级保护动物，就是为了提醒人们，要热爱和保护濒临灭绝的野生动植物，不要让它们再上演渡渡鸟的悲剧。

◀现在人们只能从图片上看到这种鸟了

# 猛犸象何以灭绝

大约1万多年前，许多大型哺乳动物逐渐灭绝了。比如猛犸象和欧洲的巨鹿、毛犀牛、穴熊，北美洲的许多种大地獭，还有和熊一样大小的河狸兽、雕齿兽、古骆驼和其他各种肉食性动物，其中包括剑齿虎。剑齿虎是一种剑齿猫科动物，有20厘米长的锯齿状犬齿，猛犸象是它的主要食物之一。在猛犸象灭绝之后，剑齿虎也随之灭绝了。

▲猛犸象骨骼化石

猛犸象是行走缓慢的食草性动物，高可达6米，是在陆地上生存过的最大的哺乳动物之一，三四百万年前出现在非洲撒哈拉以南，那时它们的体形只有现在的猪那么大小。进化中，它们逐渐向北迁徙，鼎盛时期在几十万年到十几万年前，那时它们已经遍布北半球。然而，大约1万年前它们开始走向灭亡。



可是在西伯利亚沿岸的弗兰格尔岛，其中一种猛犸象在此之后又生存了6000年，直到公元前2000年，最后一种猛犸象——矮脚猛犸象才灭绝。猛犸象和其他大型动物在冰河末期从各大陆灭绝，是古生物研究学者们遇到的最大谜团之一。

科学家普遍相信，气候的变化是导致许多古代生物灭绝的根本原因，猛犸象的鼎盛时期在第四冰河期，它们已经适应了寒冷的环境，身披棕色长毛，拥有厚厚的脂肪层和庞大的身躯。但是1万年前，第四冰河期结束，全球气候迅速变暖，短时间内猛犸象和一些其他的生物来不及适应环境，从而导致了大范围的死亡，而位于北冰洋的弗兰格尔岛可能因为有类似于冰河时代的气候条件，有适合猛犸象的食物，从而使它们又延续了6000年。

◀人类用电脑模拟出的猛犸象外貌图片

气候变化导致猛犸象灭绝，初听之下确实是挺有说服力，但也不能解决所有的问题。猛犸象差不多经历了所有的冰河期，也曾遇到过许多次气候变化，而最后一次冰河期的结束只不过是它生存近百万年间气候变化中极为普通的一次。而且在此之前，地球上也曾出现过类似今日温暖而潮湿的气候，猛犸象在那些变化中幸存了下来，为什么这一次就没挺过去呢？更何况还有

其他动物和猛犸象同时灭绝，如果仅仅是因为气候影响栖息地的缘故，那同猛犸象生存环境迥异的动物为何也一样灭绝了呢?

一些科学家开始探询其他的可能原因。罗斯·麦卡菲是一位生物学家，他从20世纪90年代以来，就一直关注美洲的动物灭绝情况。最近一次灭绝始于欧洲人到美洲探险的年代。麦卡菲编撰灭绝动物的名单时发现，在上一个冰河期结束时，灭绝的有3/4都是大型哺乳动物；近500年来，灭绝的物种有1/8是大型哺乳动物，而在其间的1万年，北美洲没有一种哺乳动物灭绝。麦卡菲开始考虑这期间的空白。他认为，无论是史前还是最近出现的物种灭绝，都反复表现出一种模式，即人类与灭绝动物的碰撞。他猜想，是不是人类给了大大小小的哺乳动物以致命的打击。

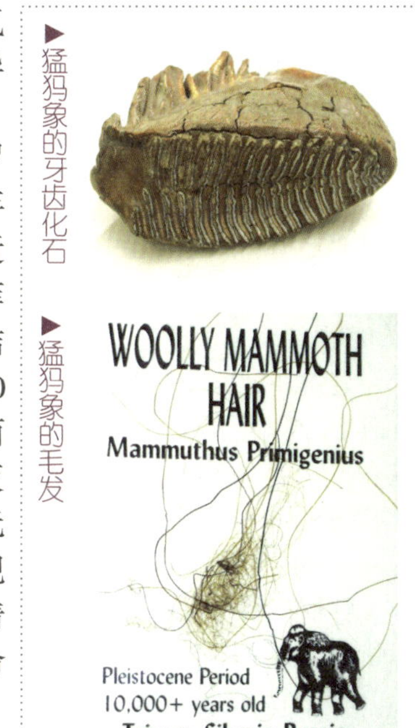


▶猛犸象的牙齿化石

▶猛犸象的毛发

有许多证据表明猛犸象可能灭绝于一种超级病毒。猛犸象在地球上存在了数百万年，当一批新的人类来到北美大陆时，这些长毛獠牙的动物就开始销声匿迹了。大约4000年前，弗兰格尔岛上还有猛犸象生存，可是当人的脚步踏上这片土地时，它们带着猛犸象所有的秘密全部死光了。



麦卡菲认为，由于和人类的接触，使猛犸象受到了一种来自人类病毒的侵袭，而它们的免疫系统对这种新的病毒没有产生及时的抗击能力。如果猛犸象和它们的亲戚亚洲象一样，孕期长达2年的话，即使某些个体能够抵抗病毒，那么它们的繁殖速度可能也不够快，从而无法挽救整个物种的灭亡。英国《新科学家》杂志报道，研究人员猜测可能就是结核病毒导致了美洲乳齿象种群的灭绝。

麦卡菲为了进一步证明自己的理论，就在西伯利亚草原的泰美尔半岛上寻找证据。他们希望在挖掘到的猛犸象冻体内可以找到一些病毒的DNA片段。而对于有些病毒来说，它们不含有DNA，而只有RNA。西伯利亚寒冷的冻土中埋藏着许多猛犸象的尸骨，它们其中一些确实很新鲜，科学家们就是在这些样本中收集病毒的DNA或者RNA的。但通常说来，RNA比DNA更容易分解，所以搜寻RNA是个更困难的过程。

▼来自动画片《冰河世纪》中的猛犸象

虽然寻找大型哺乳动物集体灭绝的原因十分困难，可是科学家还在继续努力寻找。如果能找到，人类就有了前车之鉴，就会更加慎重地对待自然和动物。

# 难觅华南虎

虎是猫科动物中体形最大最凶猛的动物。目前已知的8个虎种为：里海虎（20世纪40年代灭绝）、巴厘虎（20世纪70年代灭绝）、爪哇虎（20世纪80年代灭绝）、东北虎（又称西伯利亚虎）、孟加拉虎（又称印度虎）、东南亚虎（又称印度支那虎）、苏门答腊虎和华南虎（又称中国虎）。

老虎的原产地是中国，另外7个虎亚种，都起源于中国特产的华南虎。在不到半个世纪的时间里，3个虎亚种完全灭绝。而华南虎，也从“全力以赴地捕杀”转变为临终关怀。在我国境内的虎，现有东北虎、孟加拉虎、东南亚虎和华南虎4种。前3种虎都是“无政府主义者”，在国境边界地带活动，经常从一个国家漫游到另一个国家。而华南虎活动范围不出中国国境。它体形较小，身材苗条，曾广泛分布于华南、华东、华中、西南、西北的广阔地区，西至青海、四川，北至秦岭、黄河，东起浙江、福建，南至广东、广西。

华南虎濒临灭绝，实在是一个历史大悲剧。建国初期，野生华南虎的数量还有4000多只。当时，政府宣布华南虎为“四害”之一，除虎如同剿匪，还组织专门的打虎队，由民兵协同解放军作战，赶尽杀绝。在这场运动中，福建的部队和民兵捕杀了530只虎、豹；江西的南昌、九江、吉安以及抚州捕杀了150多只老虎；贵州有30多只虎、豹遭猎捕；广东北部、雷州半岛均捕杀了17只老虎；还有一个专业打虎队在粤东、闽西、赣南共捕杀了130多只虎、豹。



不知什么原因，同属老虎，命运却很不相同。东北虎一开始就进入了政府的保护名单，而华南虎长期以来一直名列黑名单，格杀勿论。1959年2月，林业部颁发的批示里，把华南虎划归为与熊、豹、狼同一类的有害动物，号召猎人“全力以赴地捕杀”；而东北虎被列入与熊猫、金丝猴、长臂猿同一类的保护动物，可以活捕，不能杀死。

华南虎，这一悲剧性的物种，终于变成了受人瞩目的对象，可是聚光灯下空空落落，主角何在？我们不知野生华南虎身在何处，甚至，不知道它们是否永远告别了人间。悲观主义者说，野生华南虎已经灭绝，剩下的事无非是选择一个时间发表讣告。

▼华南虎在虎类中体形较小，但更加凶猛矫捷

如今，华南虎是否灭绝，已不仅是一个是否属实的问题了，而且已变成一个信仰问题。国外学者的主流意见认为，华南虎作为一个物种已经灭绝，不必再为它花费

精力，拯救华南虎基本上已经成为一件“不可能完成的任务”。然而许多中国学者出于感情上的原因，不愿意接受这一结论，当年号召“全力以赴地捕杀”华南虎的林业部，转而成了华南虎灭绝的否认者和积极挽救者。

自从 1989 年华南虎幸运地被列名国家一级保护动物之后，就没有再发生捕杀华南虎的事件。事实上，从 20 世纪 70 年代以后，再也没有发现过华南虎的活体，现在最重要的问题是确认野生华南虎是否还存在。

1990~1993 年，中国林业部与世界自然保护基金会（WWF）合作开展了“华南虎野外种群调查及其栖息地评估”，发现了一大堆与华南虎有关的证据，粪便、毛发、挂爪的痕迹等，就是没有发现华南虎本身。

2001 年 3 月至 2001 年 12 月，美国老虎和犀牛基金会与拯救中国虎基金会资助美国著名老虎研究专家提尔森率领的一支调查队伍来华，在 4 省 8 个自然保护区开展了为期 5 个月的调查工作。提尔森得出结论说，中国人必须面对现实，华南虎已经从野外绝迹，区域栖息地也不够大，不够健康，不足以保证这些老虎继续生存下去。提尔森直接否认了野生华南虎的存在。结论公开之后，在国际社会上引起了强烈震动。中国人更是难以接受这个事实。当时，北京国家林业局华南虎项目经理评论说，提尔森在中国花费的时间不够，旅行的地方太少，无法得出权威结论。

Siberian Tiger

Sumatran Tiger

Bengal Tiger

Indochinese Tiger

South China Tiger

◀世界五大虎种头部比较，最下为华南虎，其他分别是东北虎，苏门答腊虎，孟加拉虎和印度虎

可是到了 2004 年在北京召开的“世界动物学大会”上，又有国外专家发表文章称中国在野外的华南虎已经灭绝。对于这个观点，国家林业局全国野生动植物研究与发展中心办公室主任说：“我们不能完全同意，但又拿不出确凿有力的证据来反驳。”这与华南濒危动植物研究所的袁教授的观点相仿，他认为，目前虽然没有发现活体的野生华南虎，但是不能断定华南虎已经灭绝，必须承认华南虎整个种群处于非常危险的境地。

当然也有部分中国专家痛苦地接受了目前的状况。复旦大学生物多样性科学研究所所长接受采访时说：“我个人的看法是华南虎已经灭绝了，其他一些所谓的报道都是炒作，那是个别不负责任的科学家的说法。”中国动物园协会副秘书长也说：“野生华南虎很有可能消失了。”

目前国际上公认有老虎存活的依据有 4 条要素：一是抓到活体，二是找到尸体，三是拍到影像资料，四是有研究者目击。因此近年的所谓“市人说虎”，并不被国际权威机构认可。而《濒危野生动植物国际公约》规定，连续 50 年找不到某种动物在野外的踪迹，该物种即宣告野生灭绝。

华南虎受到了普遍的关注，可是华南虎是否已经灭绝了呢？没有人知道。

# 失踪的蛇颈龙

1977年，日本大洋渔业公司一艘被叫做“瑞洋丸”的渔船，在新西兰克拉斯特彻奇市以东50千米的海洋上捕鱼时，捕到一具从未见过的怪物尸体。虽然尸体已经腐烂，但是仍然可以看出怪物的脑袋，长脖子，4只大鳍和长长的尾巴。

据测量发现，怪兽身长大约10米，颈长1.5米，体重约为2吨，已经死了半年到一年的时间。怪物的尸体早已腐烂，并且发出阵阵恶臭，船长怕影响到船上的鲜鱼，便命令把它扔回海里，当时有一个叫矢野道彦的人，觉得这是一个不同寻常的发现，便取来相机给他拍下了4幅照片，并剪下了一些鳍须。消息传回日本，在全国引起了巨大的轰动，世界各国的报刊也纷纷对这一惊人的发现进行报道，并为怪兽的得而复失表示深深的惋惜。日本生物学家痛骂当时下命令的船长，说其为了几条鱼而扔了无价之宝，目光短浅。大洋渔业公司立即命令在新西兰的渔船赶往现场，重新对怪兽的尸体进行打捞。其他国家的一些渔船闻讯也赶去帮忙。但是经过3个多月的时间，还是没有把怪兽的尸体打捞上来。



不过还好留有几张照片和几根鳍须，这已是不幸中的大幸。东京水产大学对这些鳍须进行了蛋白质方面的化验和测试，发现得出的数据和鲨鱼的成分有一定的相似之处。因此学术界的一些人认为，怪兽只不过是条鲨鱼而已。他们说，由于鲨鱼腐烂后腮部从躯体脱离，就形成了似乎是长颈小头的形状。然而，更多的科学家认为，怪兽不是鲨鱼，而是与尼斯湖水怪一样的史前爬行动物——蛇颈龙。他们的依据是，鲨鱼肉是白色的，照片则明确地显示怪兽的肉是红色的；鲨鱼没有排尿系统，它的尿是利用海水压力从体内排出的，因此，鲨鱼肉里有一股特殊的尿臭味，但“瑞洋丸”上所有的水手都表示，怪兽尸体并没有这种尿臭味；鲨鱼是软骨鱼类，它的尸体腐烂时，软骨也会随之腐烂脱落，死了半年之久的鲨鱼尸体，其软骨骨架无论如何也承受不了海水的压力，更无法用起重机吊起；鲨鱼的脂肪只储存在肝脏部分，而怪兽全身都包裹着较厚的脂肪层，这是水生爬行动物或哺乳动物的特征。

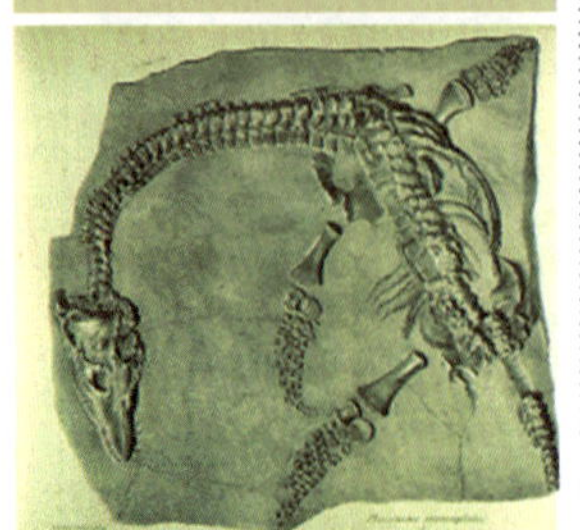

▶切实存在的蛇颈龙化石，但文中的怪物会是史前遗留下的生物吗

东京水产大学对鳍须进一步进行化验，得出了不能判定其种属的结论。这样，使得怪兽是蛇颈龙后裔的观点，在争论中占据上风。然而，由于缺少实物，照片上的动物又因腐烂而不能准确辨识，还是不具备充分的说服力。因此只能说这是一只未经证实的未知动物。

但是，在没有捕获到一只真正的活蛇颈龙之前，这一切都还只是做出的推测，而不能下肯定的结论。也有人想象，现在能有多少蛇颈龙存活呢？然而，这些现在都无从谈起。

# 恐龙灭绝

在古老的时代，大约是在距今7000万年到2亿年左右，那时正是爬行动物的盛世时期，由一组庞大的生物群统治着这个世界，我们称这种生物为恐龙。

恐龙的种类很多，根据其腰带（俗称骨盆）构造的差异大致可以分为蜥臀目和鸟臀目。根据其食性可分为食肉和食植两大类。恐龙有大有小，据推测，最大的恐龙长达80米，重约40~50吨，而细颚龙（又名嗜鸟龙）跟现在的鸡差不多大小，全长仅1米，体重2.5千克左右。不过，近年来发现的小盗龙身长还不到1米，仅0.77米，而在今后会不会发现更小的恐龙还未可知。恐龙的形状更是无奇不有，生活在水里的鱼龙酷似海豚，飞在天上的翼手龙酷似蝙蝠，生活在陆地上的剑龙背着立起的板块，好像竖起来的盾牌……

然而，就在6500万年前白垩纪结束时，这样庞大的一个恐龙家族却突然从地球上消失了。跟随恐龙一起消失的还有飞行爬行动物、海洋爬行动物、一些鱼类和其他生物。这种生物的大规模灭亡，究竟是什么原因造成的呢？这个问题始终是科学家们争论不休的一个科学之谜。

有一种比较普遍的观点认为，恐龙的大规模死亡或灭绝跟地壳运动有关系。中生代末期，大规模的造山运动引发地表不断变化，很多沼泽、河流被毁灭，取而代之的是高大的山脉和丘陵。地面的气候也发生了变化，出现了冷热季节的交替。

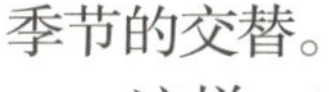

◀小盗龙

这样一来，像恐龙这样的冷血动物就不再适应这种气候了，气候变冷体温就随着下降，忍受不住寒冷又因为体积庞大而无处藏身，最终必将导致死亡。还因为他们的呼吸器官只适应湿热的空气，却适应不了又干又热的空气或者寒冷的空气。另一方面，由于气候的改变，原来长得很茂盛的蕨类植物绝迹了，取而代之的是能开花的被子植物，一到冬天，万物凋零，恐龙的食物出现了困难。在新的环境中，漫长进化过程中的恐龙身体构造早已定型，只能走上灭绝的道路。而能够进行冬眠的蛇、蜥蜴类，以及靠身上覆盖的皮毛御寒和能够躲进山洞避寒的小型哺乳类动物和鸟类，却得以保存下来。

◀嗜鸟龙

另外还有一种学说认为，恐龙的灭绝与大陆漂移有直接

▲人们对恐龙灭亡的假设正说明物种的生存和毁灭都存在着极大的偶然性

关系。在恐龙刚刚出现时，就生活在一块古陆地上，那里是恐龙的乐园。可是到了侏罗纪，古陆开始分裂，并且开始漂向不同方向，由于大陆漂移，在白垩纪晚期，恐龙生活的环境发生了巨大变化，气温逐渐下降，没有御寒装备和这种生理机能的恐龙只能坐以待毙，全部灭绝了。

国外一个科研小组对恐龙进行了 20 年的研究后，得出一个惊人结论：外星人消灭了恐龙。苏联古人类学家巴罗诺夫说："6000 万年前，外星人公开猎取恐龙，并在几千年中消灭了这种动物。恐龙与鸟类有关，而非从前人们所认为的与爬虫有关。对外星人来说，它们只是巨大的味道好极了的鸡，每年要猎走好几百吨肉，这种肉在那里成了名贵物品。"4 年前，北极地区发现的恐龙墓场也证明了他的理论的合理性。在那里，成千上万的恐龙头骨上，有尖利的像被激光设施切割后留下的痕迹。有迹象显示，外星人曾将恐龙运到他们的星球作为家畜来饲养，可能那时他们已意识到恐龙濒临灭绝了。



还有一些生物学家认为，恐龙是因为食物中毒而灭绝的。恐龙所吃的苏铁、蕨类、银杏、松柏等植物都是不会开花的植物，这些植物对恐龙不会有多大的影响。但是，随着气候等因素的变化，后来却出现了有花植物，这些有花植物中所含有的生物碱具有很大的毒性。恐龙又是"大肚汉"，吃得非常多，所以就等于恐龙集体"服毒自杀"了。专家们在用孢粉分析、沉积相分析、光谱分析等方法对中国自贡的恐龙化石进行研究后，发现这些化石中的砷含量超过了百万分之一百。由此他们认为，这些恐龙是因为吃了有毒食物而暴死的。

除此之外，科学家们对恐龙的灭绝还提出了各种各样的假设。有人认为，由于当时哺乳类动物大量增加，它们脑子机灵，动作敏捷，使行动迟缓而脑子又不发达的恐龙难以抢夺到食物。同时，它们又把不善于保护后代的恐龙的蛋都当成了美味佳肴。恐龙蛋被它们偷吃光后，恐龙也就灭绝了。还有一些人认为，当时地球上频繁发生火山爆发，火山灰不仅严重污染了空气，而且长年累月地遮住了阳光，从而使生态环境发生了突变，氧气缺乏，没有降雨，沼泽、山川干涸，植物灭绝，在如此恶劣的环境里，恐龙便灭绝了。

但这种种说法都只是推测，并没有足够的科学依据，这还有待于科学家进一步的研究与发现。

▲谁又知道多少岁月之后人类不是这样呢

# 新疆虎已成古迹

▲现在人们只能从图片上一睹新疆虎的风采

新疆虎体长 1.6～2.5 米，尾长约 0.8 米，体重约 200～250 千克。它的个头比西伯利亚虎小，它是西亚虎的一个分支，主要生活在新疆中部的由库尔勒沿孔雀河至罗布泊一带。

瑞典探险家斯文·赫定在我国的新疆境内，首先发现了消失几个世纪的楼兰古迹，同时还发现了新疆虎。他的这一发现，说明了这里原本森林茂密，水草丰茂，因为有虎的地方必定会有大片的森林，并有大量的食草动物和充足的水源。当时的新疆虎就是在这样良好的自然环境中过着无忧无虑的生活。

但是自从中国古代的商人开辟了“丝绸之路”后，由于楼兰的地理位置比较优越，逐渐变成了西亚地区重要的交通枢纽，同时也成为商业、文化交流中心。人口也随之增长，达到了鼎盛时期。但是正是因为人口的急剧增多，急需大量的自然资源，因此森林成片被开发，草场也被耕种所蚕食，总之，这里的自然资源遭到的破坏是“前无古人，后无来者”。由于地表的植被遭到破坏，致使昔日清澈的河流断流，土地也被沙漠所取代，这一切导致了繁华的古楼兰走向了衰败，最终被沙漠吞噬，古楼兰的文明也被掩埋于其中。古楼兰从此由一片绿洲变成了一望无垠的茫茫大漠。

在古楼兰遭受破坏的同时，新疆虎也遭到了空前的劫难。它们失去了森林，失去了食物来源。因此，在得不到足够食物的情况下，大批的新疆虎死去，但是当时还有一小部分凭借着自己顽强的生命力在沙漠之中、仅存的绿洲里顽强地生活着。直到 1900 年，斯文·赫定发现它们，这是现代世界的人第一次知道并认识新疆虎。可惜在这之后的十几年当中，新疆虎生存的那个地区环境又进一步恶化了，再加上一些被利益占据了头脑的人对新疆虎的肆意猎杀，最终导致所剩无几的新疆虎走上了灭绝的道路。这群顽强的新疆虎，虽然躲过了第一次的灾难，却最终没有逃脱厄运。

1916 年，人类最后一次见到了新疆虎。在此之后的数十年中，科学工作者曾多次寻找它们的踪迹，但始终也没有发现过。可以这样说，新疆虎是在人类破坏自然环境和残忍的捕杀之下，结束了它们最终的生命历程的。

新疆虎，在 1916 年被正式宣布灭绝。

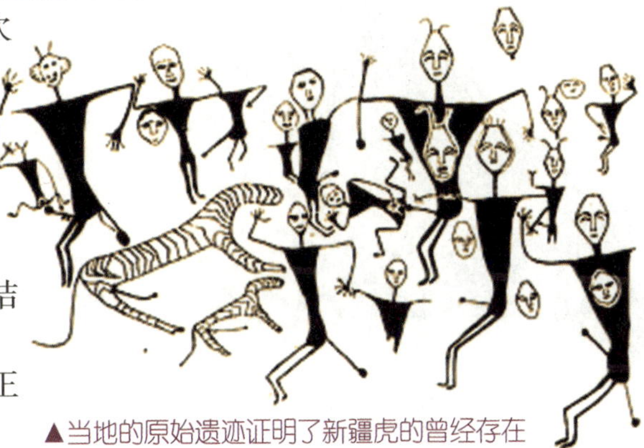
▲当地的原始遗迹证明了新疆虎的曾经存在

# 灭绝的台湾云豹

台湾云豹据称于 1972 年灭绝

台湾云豹，主要栖息在亚热带茂密的丛林中以及沼泽地区。一般体长为 0.8 ~ 1.2 米，尾长 0.7 ~ 0.9 米，重约 20 千克，比金钱豹小很多。台湾云豹又被称为荷叶豹、龟纹豹、乌云豹。

台湾云豹身上的花纹非常明显，茶色兼黄色是它的基本毛色，头部和四肢有黑色的条纹和斑点。而且身体的两侧有大片云块状斑纹，这使得台湾云豹看起来非常漂亮。另外，它属于夜行性树栖动物，它白天躲在树上睡觉或是隐藏于树叶间，直到夜晚才出来活动、觅食，而且它很少在地上行走。台湾云豹还是爬树能手，在爬树的时候，它那又长又粗的尾巴可以起到保持身体平衡的作用，身上的斑纹在树上是一种很好的保护色。由于台湾云豹生性懦弱，胆小怕人，所以在野外很少能够看到它们。



台湾云豹在 1940 年以前还存在着几千只左右，但是当时的人们发现云豹的皮毛不仅美观大方，而且毛质比较柔软且富有光泽，是制作皮衣的上等原料，当时欧美的一些人也非常喜欢穿用云豹的毛皮做成的皮衣。而且云豹的骨头也被人当作一种重要的中药材。

台湾云豹也正是因为这些原因而遭到了灭顶之灾，被大量捕杀，而且当时正是台湾省现代工业发展比较迅猛的时期，森林被大量砍伐，云豹失去了自己的家园。终日食不果腹，许多的云豹最后都被饿死了，而有些饥不择食的云豹把一些放有毒药的家禽吃了，结果自己也被毒死。

由于大量捕杀等原因，台湾云豹的数量越来越少，尽管台湾地区政府在很早以前就已经对云豹加以保护，但仍然有一些利欲熏心的不法分子屡屡盗捕云豹。到了 20 世纪 60 年代后期，专家对台湾云豹做出统计后，表示野生的台湾云豹已经不足 10 只。但是那些不法分子仍然继续捕杀已为数不多的云豹。1972 年，最后一只台湾云豹倒在了不法分子黑洞洞的枪口之下。台湾云豹至此灭绝。

▼近期有报道称云豹在台湾再次出现

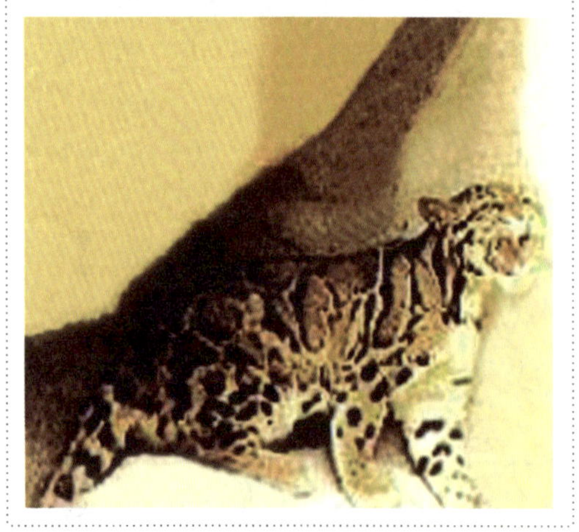

遗憾的是，由于台湾云豹的灭绝，从此人们只能在图片中欣赏台湾云豹的美丽了，台湾云豹永远离开了我们。

# 巴德兰兹大角羊毁于自身美丽

▶人类和巴德兰兹大角羊的最后合影

巴德兰兹大角羊是一种体态威严的动物，虽然它有着巨大的犄角和肥硕的身体，但是它的动作却并不笨拙，恰恰相反，巴德兰兹大角羊的动作非常敏捷。

很早以前，随着生活环境的改变，巴德兰兹大角羊从落基山脉开始缓缓迁移，最后到达美国南部，南达科他州岩石裸露的荒山巴德兰兹。巴德兰兹大角羊虽然体形硕大，却可以非常敏捷地在陡峭的山上行动，甚至攀登悬崖。巴德兰兹大角羊与落基山脉的大角羊一样，长着巨大犄角的公羊处于优越的地位，能够独占所有的母羊。

巴德兰兹大角羊的公羊有着巨大的犄角，而这恰恰是在北美特别受人们喜爱和欢迎的室内装饰品，谁都希望得到它。在巴德兰兹大角羊所在的荒地上还生活着美国的土著人，他们常常在头上戴着大角羊的犄角冒充公羊以接近和捕捉大角羊。可是他们捕捉到的只是少数，并不是巴德兰兹大角羊真正的威胁。巴德兰兹大角羊真正的敌人来自于移民，他们用猎枪和家畜夺取了巴德兰兹大角羊的生存地，也正是因为太靠近人类，这成为了它们的致命伤害。到 1880 年，移民终于扫荡了巴德兰兹大角羊所有的生存之地，使得巴德兰兹大角羊无处可逃。

不仅巴德兰兹大角羊，就连它的同类也成了狩猎的对象。据说 19 世纪，在北美生活着 2 万只巴德兰兹大角羊，但是一个世纪后，到 1910 年时只剩下 42 只。人们开始设想在动物园内繁殖巴德兰兹大角羊，使其不至于全部灭绝。但是人类的保护对于巴德兰兹大角羊来说为时已晚。在南达科他州直到 1920 年还可以见到巴德兰兹大角羊的足迹，但是最后一只巴德兰兹大角羊也因它头上那巨大而美丽的犄角，被人们无情地猎杀了。至此，巴德兰兹大角羊遭到了灭绝的厄运。

▼在其故土上的巴德兰兹大角羊遗骸

1925 年，巴德兰兹大角羊完全灭绝，我们只有通过图片来看到它们，通过被人猎杀的巴德兰兹大角羊的犄角来怀念它们。

# 灭绝的袋狼

袋狼曾广泛分布于澳洲大陆及附近岛屿上。欧洲移民定居澳洲后，澳洲大陆上的袋狼就灭绝了，仅在澳大利亚南部的塔斯马尼亚岛上尚有分布。有人认为野生种群已经灭绝。

这是一种难以形容的奇妙动物。从它的头和牙来看，它是一只狼；然而，它的身体又像老虎一样有着条纹；它可以像鬣狗一样用4条腿奔跑；也可以像小袋鼠那样用后腿跳跃行走，它和袋鼠同样是有袋类动物。这种动物有着其他种类动物的特征，却又有着特别的地方，它被人们叫做塔斯马尼亚狼、斑马狼还有塔斯马尼亚虎等。

▶袋狼的颌骨及牙齿化石



袋狼生活在树林较为稀疏的地方，或是草原上。然而，移居者来到它们生活的土地上，它们就会躲到深深的森林中去。这种肉食有袋类动物从头到尾全长1.5~1.8米。肩高60厘米。肚子有着像袋鼠那样的袋子。后背上有12~20条花纹。颚的骨像蛇一样分为两段张开，它们可以咔嚓一下咬碎猎狗的头。夜晚，它们单独行动，经常是以袋鼠、小袋鼠，或是不会飞的鸟类为猎取目标。它跑的速度并不快，但是会紧追不舍，直到猎物疲惫不堪为止。它们往往是一口咬住猎物的头使猎物结束生命。

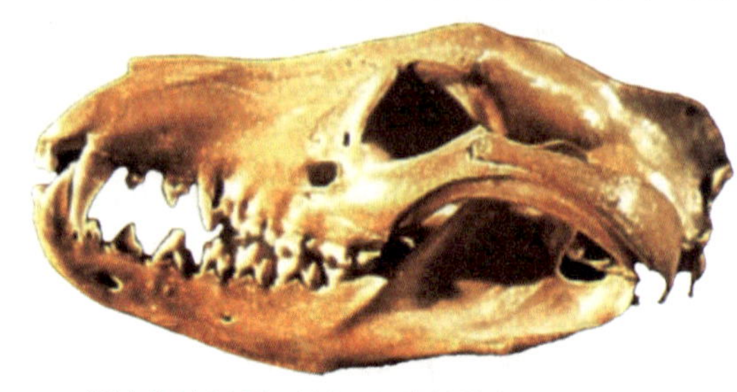

▲▼袋狼的头盖骨（上）和狼的头盖骨（下）比较

袋狼对人无害，还没有发现过袋狼攻击人或伤害过人的可靠报告。一般来说，它是一种谨慎胆怯的动物，但当它受到猎狗攻击时，则能凶猛地与猎狗搏斗。

▼业已灭绝的袋狼曾具有非常独特的生殖系统

自从塔斯马尼亚岛上的移民来到，袋狼的生存继而出现了危机。

大量的家畜——羊被狗伤害了。而人们误以为是袋狼所为，因为狗和

▲这是一只袋狼，不过它只是人类仿真技术的产物

袋狼都是吸羊的血。1888 年，政府出赏金奖赏捕杀袋狼的人们，从那之后的 20 年之中，共有 2268 只袋狼被捕杀。这是记录袋狼数量的珍贵资料。

早在 100 多年以前，著名的博物学家约翰·古利特在访问这个多山多林的岛屿时写道："如果这个面积不很大的岛屿将来人口过多，而且道路纵横，穿越各处的处女林，到那时，这种奇兽的数量必将急剧减少，它们一定会像英格兰和苏格兰消灭狼那样，被人们猎光，并很快会成为一种绝灭的动物。"不过，由于狼并不仅仅栖息在英格兰和苏格兰，而是广泛分布在北半球大陆上，因此狼如今依然存在。可是袋狼，这个仅分布于塔斯马尼亚岛的珍稀物种，却在欧洲来的移民尚未将方便的汽车干线纵贯全岛，岛上还没有出现人口众多的城市时，便很快灭绝了。



在塔斯马尼亚西部沿海的一些偏僻的密林山区，袋狼很可能生存到最近，甚至可能今天还有。但不论怎么说，袋狼这种动物已没有生存下来的可能性，虽然从 1932 年起，它们就处于国家的严格保护之下。问题在于，这些地区很不适宜袋狼的生存，这里很难觅到必要的食物。很显然，袋狼并非森林动物，它们在草原上会更自由些，至少它们是生活在比较开阔的地区，只有在这样的地区才能捕猎足够数量的袋鼠等猎物。可是农场主和牧业主渐渐把袋狼挤到偏僻的山林地区去了。

▼在澳大利亚曾经有袋狼，但最后灭绝了

人们在澳大利亚的岩石上发现了古代居民于 1 万年前绘成的壁画，从中我们知道了在很久很久以前，袋狼就生存在这片古老的土地上。奇妙的是，现在，在塔斯马尼亚岛上，有一个袋狼保护区。这样做是否是一种心理上的补偿呢？总而言之，这种珍贵的动物——袋狼灭绝了。

尽管与澳大利亚的古代居民一起生活了 1 万年以上，但是，随着新世界被人类发现，袋狼终于在地球上永远地消失了。

最后一只野生袋狼死于 1933 年。

# 消逝的红鸭

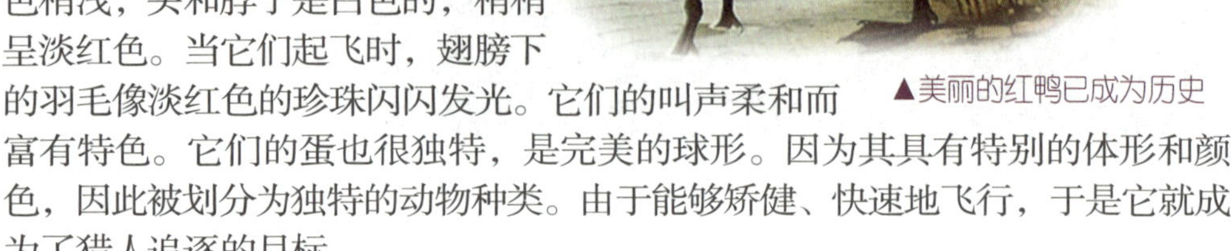

▲美丽的红鸭已成为历史

红鸭，生活在恒河和布拉马普特拉河下游及现在的班古拉，其大小和家鸭差不多，雄鸭的长脖子是淡红色的，身体是光润的深茶色。雌鸭的颜色稍浅，头和脖子是白色的，稍稍呈淡红色。当它们起飞时，翅膀下的羽毛像淡红色的珍珠闪闪发光。它们的叫声柔和而富有特色。它们的蛋也很独特，是完美的球形。因为其具有特别的体形和颜色，因此被划分为独特的动物种类。由于能够矫健、快速地飞行，于是它就成为了猎人追逐的目标。

▼红鸭的原产地——恒河，但现在只有平静的河水

红鸭生活的地方多湖泊沼泽，交通非常不便，所以一直是一个未开发的地方，直到19世纪，这里的居民依然很少。

20世纪初，大英帝国的势力开始渗透到红鸭生活的地区，从此红鸭成为英国人的盘中餐。另外，高昂的市价也让红鸭的数量迅速减少。那时候，在大英帝国的上层社会，收藏珍贵的动物也成为一种社会地位的象征。因为红鸭容易被发现，而且需求量很大，在1915年以前，一只红鸭的价格曾经达到100卢比。

这样的疯狂捕杀造成的后果就是，没过多久，红鸭就在加尔各答市场上消失了。

到了1924年，恒河和布拉马普特拉河附近再也没有野生的红鸭，最后的几只红鸭圈养在英国和法国的动物园里。有10只红鸭在英国的伏克斯沃伦的动物园里生活了10年，虽然动物园里的环境十分优越，但它们却不能繁殖后代。1942年，随着最后一只红鸭的死去，红鸭从此在地球上消失。

**相关知识全接触**

**恒河**

恒河是印度文明的摇篮。作为印度第一大河，它发源于喜马拉雅山脉，全长2580千米，中、上游有2000多千米在印度境内，下游500多千米在孟加拉。

在印度文明的整个发展历程中，恒河起过十分重要的作用。它既是甘露，无声地滋润着流经的这片沃土，同时又是乳汁，哺育了生生不息的印度儿女，因而印度人又称它为“母亲河”。

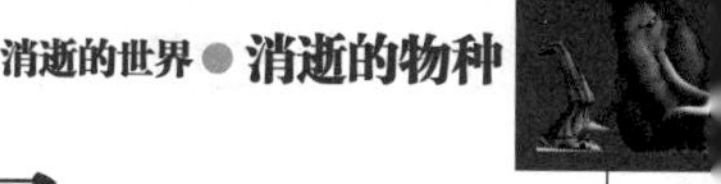

# 倒在枪口下的拟斑马

在100多年前的非洲草原上，存在着5种斑马：山斑马、帝王斑马、细纹斑马、拟斑马和雅斑马。然而，现在人们所熟知的只剩下3种，由于人类的大量捕杀，拟斑马和雅斑马已经在19世纪相继灭绝。

拟斑马生活在非洲南部广袤的草原上，它与其他的斑马在外表颜色上存在着很大的差异。拟斑马浑身棕褐色，只有在头部、颈部和肩部有黑色的条纹，且条纹分布与斑驴特别相似。拟斑马比其他的斑马略小一些，它的体长一般在2米左右，体重约350千克。

拟斑马常常结成10~12只的群体在一起活动，有时也会和其他的动物群一起活动，如与牛、羚羊乃至鸵鸟混合在一起活动，偶尔会有老年雄性的拟斑马单独活动。它们经常活动在水源比较丰富的地方，需要频繁地饮水。

拟斑马跑得很快，每小时可达70千米，这对于抵御其他野兽的侵袭很有好处。拟斑马还有一个特点，就是即使在食物短缺的情况下，从外表看上去，仍然是又肥又壮，毛色也很有光泽。

在19世纪以前，非洲南部草原上的拟斑马仍成群结队，数量繁多。进入19世纪以后，欧洲移民大量涌入非洲，他们在非洲草原开垦田地，同时也发现了拟斑马。



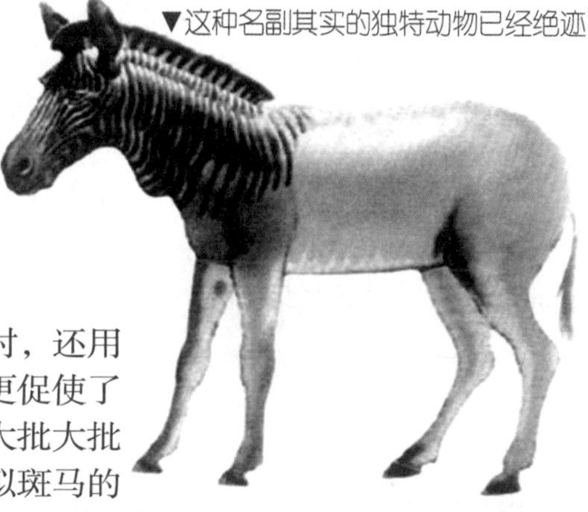

▼这种名副其实的独特动物已经绝迹了

欧洲人的这一发现使拟斑马在被非洲人大量猎杀的同时境遇更糟。欧洲人用带来的枪支对准了又肥又壮的拟斑马，拟斑马的肉一下子成了这些人食物的主要来源。他们还把拟斑马的皮剥下来制成标本，运到欧洲市场上去卖。

欧洲人在得到了拟斑马肉的同时，还用拟斑马的皮换来了大量的钱财，这更促使了那些贪婪的人对拟斑马大开杀戒。大批大批的拟斑马倒在了无情的枪口之下，拟斑马的数量以最快的速度迅速减少，到了19世纪中期，非洲南部已经很少再见到拟斑马了。更让人难以想象的是，这些贪婪的人还想尽一切办法捕捉活的拟斑马运回欧洲，饲养在动物园里进行展出。

到19世纪80年代，欧洲人只捕捉到了几匹拟斑马，1881年最后的一匹拟斑马在南非被捕获。而那些运到欧洲动物园里的拟斑马，由于不适应新的环境也相继死掉。2年后，在德国柏林动物园，最后一匹由人工饲养的拟斑马也死去了。从此，地球上再也没有拟斑马的踪迹。

拟斑马于1883年彻底灭绝。

# 缅因州海鼬因皮殒命

缅因州海鼬仅生活在美国缅因州的海岸一带，它是鼬科中唯一生活在海里的动物，它的体长一般为 0.3～0.53 米，尾巴粗壮，长 0.2～0.25 米，体重 2 千克左右，它的皮毛厚密黑亮，前足短小，后足有蹼，呈扁平状。

▶灭绝的缅因州海鼬

缅因州海鼬白天成群生活在一起，很少到深海中去，夜间就在岸边休息，也很少到离岸边很远的陆地中去。它们的食性很杂，海里的各种鱼类、贝类都是它们的食物。偶尔还吃些海草调剂一下胃口。它们的四肢奇特，在陆地上行动笨拙，但在海里却身体灵活、行动敏捷，只要是被它们发现的鱼类都很难逃脱。每年的 3～4 月是缅因州海鼬的繁殖季节，它们每胎仅产 1 崽，孕期 50 天，此时缅因州还很寒冷，常常风雪交加，因此幼崽出生后的 1 个月内都被母兽紧紧抱在怀中，这段时间的母兽食物靠雄兽供给。

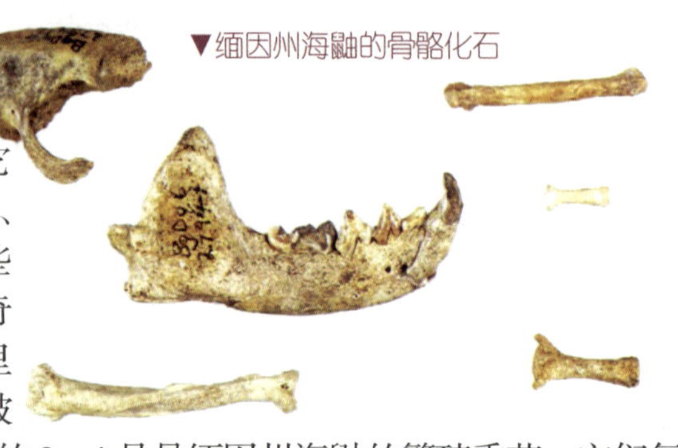
▼缅因州海鼬的骨骼化石



缅因州海鼬皮毛细密亮丽，而且保暖性能极佳，可称得上世界上最珍贵的一种皮毛，也正是这身华丽的皮毛给它们招来了灭顶之灾，因为在很早以前它们的皮毛制品就已经成了世界各国皇族和贵族的专用品。人们大量捕杀缅因州海鼬用以制作大衣、皮领、帽及披肩等。到 19 世纪中期时，缅因州海鼬就已经很少了，而它的皮毛制品价格也随之越来越高，一些人为了获得暴利，根本不顾缅因州海鼬数量的多少，依旧对它们进行捕杀。由于人类的贪得无厌和冷酷无情，使缅因州海鼬到 1880 年就销声匿迹了。目前，世界上只有被人珍藏的少量缅因州海鼬的皮毛制品能说明它们曾经生活在这颗星球上。

▼人们为那些已经消逝的物种在公园中雕刻了铜像。此图为缅因州海鼬

# 灭绝的旅鸽

◀任何优美的事物都经不起贪婪和残暴的沾染

世界上最后一只旅鸽的标本被存放在美国的华盛顿国家博物馆的展厅中，标本的说明牌上写着：旅鸽种族中的最后一只，死于1914年9月1日。整个标本的样式是，一只旅鸽站在一根树枝上，有长长的嘴，尖尖的尾巴，展翅欲飞。但是它却已经灭绝，永远告别了蓝天。

旅鸽是一种候鸟。它的体形较大，体长约32厘米，重约250~340克；形似斑鸠，尾羽较长，占体长的1/2。胸部暗红，有大白斑点，腹部至尾为灰棕色，背上部蓝灰色，颈羽青铜色，其间还夹杂着紫色和绿色，十分漂亮。喙为黑色，虹膜为红色，腿为深红色。



旅鸽是典型的群居动物，每群的数量可达1亿只以上。主要食用坚果、浆果、种子和昆虫。每次产卵都由雌雄共同孵化，孵化期为13天。稚鸟出生后的第一周食双亲分泌的鸽乳。它是近代灭绝鸟类中最著名的一种。

旅鸽原分布于北美洲的东北部地区，秋季时向墨西哥的东南方、美国的佛罗里达和路易斯安那州迁徙，它们栖息于森林中。仅仅在100多年前，北美大陆还生活着50亿只旅鸽，鸽群迁徙时，场面极为壮观，数天中遮天蔽日。旅鸽的肉很鲜美，从而引起了贪婪人的欲望。

随着欧洲移民经济的不断发展，土地开垦，森林破坏，人们也千方百计地屠杀它们，甚至有人经常以猎杀旅鸽来取乐，被捕杀的旅鸽不仅供人类自己食用，而且人们还用来作饲料。19世纪末，已经仅能见到几只的小群。1900年，最后一只野生旅鸽在美国俄亥俄州的派克镇被杀死。此后，只有一些动物园饲养着少数的旅鸽，但是那里的旅鸽已经失去了飞翔能力，它们也很快走向了灭亡。1914年9月1日，最后一只旅鸽在辛辛那提动物园中死去。

导致旅鸽迅速灭族的原因不仅仅是人们的大肆捕杀，还有人们滥伐森林使旅鸽丧失了筑巢条件，盲目地引入动物导致鸟病疫情流行等，这些使得旅鸽的生存环境日益恶化，这些也是旅鸽短期中就被灭绝的原因。美国人满怀忏悔之心，为旅鸽立了一座纪念碑，上面写着：“旅鸽，因为人类的贪婪和自私而灭绝。”借此来让后人记住这个教训。

# 亚洲猎豹因皮而消逝

▲由于人们垂涎于亚洲猎豹华美的毛皮而过度地猎取，终于使它们走向绝路

亚洲猎豹一般体长1.4～1.5米，高约1米，尾长0.6～0.75米，体重一般在50～60千克。它属于猫科动物，其捕食猎物的本领却和狗很相像。它的头比一般的猫科动物要小，但腿特别长，躯体较瘦，皮毛为棕褐色，短而粗糙，并散布着小而圆的黑斑。它的最大特点是鼻子两侧从眼角至嘴角各有一道黑色条纹。它的4只爪子较钝，下弯度小，仅能收缩一半。

亚洲猎豹主要产于中东和南亚，主要栖息在半干旱沙漠或浓密丛林和空旷的草原中。它的四足很像狗，由于它体瘦、腿长，所以奔跑起来时速可达113千米，跳跃距离为9.1米，是陆栖动物中跑得最快的。另外，它捕食猎物就是靠它的冲刺速度快，一般情况下，羚羊、鸵鸟等动物都不易逃脱。它的性情温顺，在很早以前就有人到野外大量捕捉小猎豹来喂养，但成活率十分低。



拥有训练有素的猎豹在当时是那些达官贵族们的一种财富象征，因此，许多有钱有势的人家中都养有猎豹，因为它们不仅漂亮，而且奔跑如飞，是一种能帮助狩猎的豹。但当时人工饲养的猎豹根本就不能繁殖，所以要人工饲养就要去野外捕捉。有的人为了获得猎豹的皮毛，更是肆无忌惮地捕杀猎豹，根本不顾忌猎豹在自然界生态平衡中所起的作用，因此，许多的成年猎豹被捕杀。还有些王公贵族以捕杀猎豹为乐趣。刚刚出生的小猎豹被人捉走饲养，而大猎豹又惨遭捕杀，猎豹的数量急剧减少。

就这样到了1930年，人们在野外已很少有机会看到体形细长、动作灵活的亚洲猎豹了。到了1940年以后，人们几乎没有再发现一次亚洲猎豹的踪迹。据记载：1948年，在印度南部最后一次发现亚洲猎豹。从那之后，再也没有人见到过亚洲猎豹。

1995年，生活在德里动物园的最后一只亚洲猎豹为它们家族的历史划上了句号。

▼现在人们只能根据非洲猎豹来猜测亚洲猎豹的形态了

# 灭绝的巴基斯坦沙猫

巴基斯坦沙猫

巴基斯坦沙猫属于山猫的一种，与家猫的大小相似。身材较小，体长约 0.4～0.5 米，体重 2～3 千克，四肢短，腹面为淡黄灰色，体背呈淡黄色，体侧的毛色逐渐变浅、变淡。主要生活在布满沙丘砾石的草原上，白天很少活动，夜间出来觅食，是一种夜行动物。主要捕食鼠等小型啮齿类动物，偶尔也捕捉小鸟、蜥蜴等动物来作为食物。

巴基斯坦沙猫的繁殖季节是每年的春季。在这个时期，雄沙猫通过高声嚎叫来吸引雌沙猫的注意。幼沙猫在每年的 5 月份出生，每胎有 2～5 只，最多时可产 10 只。虽然沙猫的产崽率高，但它们把巢筑在地面的草丛中，幼崽常被鹰、蛇吞食，成活率并不高，一般每窝只能成活 1～2 只。

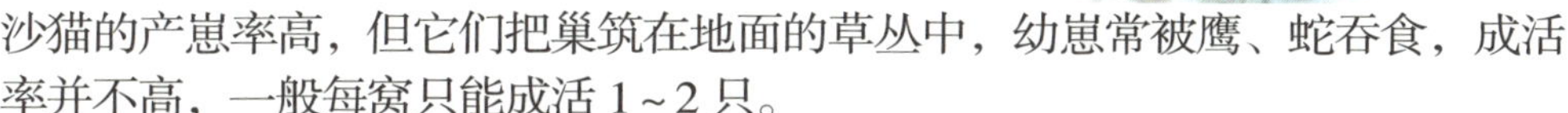

巴基斯坦沙猫生性特别温和，不像其他野猫那样性情凶猛，而刚刚出生不久的幼仔，捕捉后进行人工饲养，更是十分温顺，因此过去在巴基斯坦就一直有人把沙猫当宠物进行饲养。



20 世纪初，沙猫作为宠物饲养更是盛极一时。但人工饲养的沙猫不能繁殖，而且容易感染一种呼吸道疾病死去。这样，人们想要拥有沙猫就必须到野外去捕捉，这给野外沙猫的生存带来巨大的威胁。巴基斯坦沙猫仅仅产于巴基斯坦与阿富汗的交界处，随着饲养沙猫的人数不断增多，野外的沙猫数量不断减少，本来就为数不多的巴基斯坦沙猫，到了 20 世纪 40 年代时，由于人类的大量捕捉，野生沙猫很快就灭绝了。此后，人工饲养的巴基斯坦沙猫也没能繁殖成功，很快由于疾病而全部死亡。

20 世纪 40 年代，巴基斯坦沙猫被确定灭绝。

沙猫的其他种类尚未全部灭绝，亡羊补牢为时未晚

# 墨西哥灰熊的消亡

◀这种熊类中的娇小者已经退出了自然界的舞台

墨西哥灰熊曾经分布在墨西哥的大部分地区，是墨西哥最多的野生动物之一。它是棕熊中体形较小的一种，毛色为棕灰色，一般身高为 0.6 米，体长为 1.5 米，体重为 120 千克。它们在树林中栖息，并且和其他棕熊一样，夏季生活在海拔较高的地方，春秋生活在海拔较低的地方，冬季则是在树洞、岩洞等场所进行冬眠。

虽然它们和其他棕熊一样属于肉食性，但它们的特征已经偏离了食肉，退化成杂食性动物，并且主要以素食为主，野果、种子、青草、树根是它们吃得最多的食物。另外，与其他棕熊一样，墨西哥灰熊最喜欢吃蜂蜜。

墨西哥灰熊的发情季节为每年的春末夏初，平常其他时间，各有各的领域范围，互不干涉，而在发情季节时，雌雄结伴生活在一起。墨西哥灰熊每胎产 2 崽，刚刚出生的幼崽为粉红色，无毛，体重只有 0.3 千克，和其父母的肥胖身体形成鲜明对比。墨西哥灰熊平时的行动比较迟缓，但是它的听觉和嗅觉非常灵敏，而且奔跑的速度十分快，一发现敌情就会迅速逃避。



19 世纪时，灰熊在墨西哥的森林中还是随处可见的，但进入 20 世纪后，随着人口数量的不断增加，人们开始扩张自己的生活范围，于是开始大量砍伐森林建立牧场和农场。灰熊因失去家园而无法找到适合自己的食物，在万不得已的情况下，到人们的农田中偷食农作物。人们为了保住自己的粮食，开始了一场声势浩大的捕杀灰熊的运动，这项运动在墨西哥的全国上下迅速展开。

◀地球上还有其他灰熊需要保护

因人们的大量捕杀，灰熊到 20 世纪 50 年代时，已经所剩无几了。

灰熊的胆、掌、肉具有很高的医用价值和营养价值。这些又引起贪婪的人们的注意，人们更加大肆捕杀灰熊。为数不多的灰熊再次遭到厄运，灰熊只能无奈地面对人们新一轮的捕杀。虽然此时野生动物保护者已经开始了保护灰熊的宣传活动，但为时已晚。到了 1964 年，灰熊最终被人类赶尽杀绝。墨西哥再也不存在灰熊。

# 捕杀净尽的阿特拉斯棕熊

体形较大的棕熊

阿特拉斯棕熊分布于横跨摩洛哥及阿尔及利亚北部的阿特拉斯山脉，它是唯一生活在非洲的熊类。

棕熊有很多品种，多数因其生活地点、个体大小、毛色等而得名，阿特拉斯棕熊就是因其生活地点而得名的。

阿特拉斯棕熊长得很小，只有 100 多千克重，比棕熊中最小的叙利亚棕熊（不足 90 千克）稍大些。

阿特拉斯棕熊的胃口极好，荤、素它都爱吃。植物、昆虫、鱼类甚至鹿、羊、牛都是它的美味佳肴，有时见了腐肉、鸟和鸟蛋也不肯轻易放过。

通常，阿特拉斯棕熊不会主动攻击人，但是带着幼熊的母熊或是受伤的熊会变得异常凶猛。

阿特拉斯棕熊在每年的 6 月份交配，雌雄在一起只相处 3 个星期就分手。刚出生时的小熊未睁眼，无毛，无牙齿，体重不足 450 克，要在母亲的照料下生活 2 年才能独立生活。

阿特拉斯山脉因紧靠地中海，所以气候湿润，森林广袤，为棕熊和其他野生动物提供了良好的生存空间。几个世纪以来，它们一直安逸地在这里生活。

阿特拉斯地区物产丰富，一直是欧洲列强的必争之地，特别是阿尔及利亚地区，早在 16 世纪即沦为奥斯曼帝国的一个省。欧洲列强来到以后，不但欺压当地人民，还掠夺各种自然资源。他们大量捕杀各种野生动物，把肉和皮运回欧洲市场出售。阿特拉斯棕熊因肉质鲜美、皮毛用途广泛而遭到了毁灭性的捕杀。

到了 19 世纪中期，在阿尔及利亚境内的棕熊已所剩无几。此时，摩洛哥的棕熊则更为悲惨，已经全部消亡。可在阿尔及利亚仅剩下不多的棕熊并没能完全逃脱厄运，1870 年，在阿尔及利亚，最后一只棕熊被杀。之后人类再也没有发现过阿特拉斯棕熊。同一些动物一样，阿特拉斯棕熊也全部倒在了人类的枪口之下。

欧洲棕熊是棕熊种中最小的一个亚种

**相关知识全接触**

**阿特拉斯山脉**

阿特拉斯山脉，是阿尔卑斯山系的一部分。位于非洲西北部，从摩洛哥大西洋沿岸，经阿尔及利亚到突尼斯的舍里克半岛，长约 1800 千米，大部分海拔 1500~2500 米。最高峰图卜卡勒山海拔 4165 米，位于摩洛哥境内。

# 消逝的地域

# Part 7

昔日美丽的湖泊变成杂草丛生的荒岛，昔日繁华的陆地变为一片汪洋大海，是谁有如此的神力，让他们发生了翻天覆地的变化？是谁在威胁着另一些湖泊、绿洲，使它们向消逝的边缘靠近。消逝的事实已无法挽回，但是面对那些正在受到威胁的环境，人们也该清醒了。

# 来无影去无踪的“幽灵”岛

▶俯瞰幽灵岛所在的西印度群岛

1964年，从西印度群岛传来了一件令人瞠目的奇闻。一艘海轮上的船员发现这个群岛中有一个无人小岛，竟然会像海市蜃楼一样时隐时现。这真是一件闻所未闻的怪事。

这个奇异的岛屿是被一艘名为“参捷”号的货轮在航经西印度群岛时偶然发现的。当时，这个小岛被茂密的植被覆盖着，处处是沼泽泥潭。岛很小，船长卡得那命令舵手驾船绕岛航行一周，只用了半个小时，随后他们抛锚登岛巡视一番。在岛上他们并没有发现任何珍禽异兽和奇草怪木。船长在一棵树的树干上刻下了自己的名字、登岛的时间以及他们的船名后，便和船员们一起回到了原来登岛的地点。

“奇怪，抛下锚的船为什么会自己走动呢？”一位船员突然大叫起来，“这儿离刚才停船的地方差了好几十米呀！”回到船上的水手们也都大为惊奇。他们检查了刚才抛锚的地方，铁锚仍然十分牢固地钩住海底，没有被拖走的迹象。船长对此满腹狐疑，心想这是不是小岛本身在移动呢？

这件奇闻使人们大感兴趣，一些人闻讯前去岛上察看。根据观察结果，一致认为是小岛本身在旋转，至于旋转的原因，就众说纷纭了。许多人认为，这座小岛实际上是一座浮在海面上的冰山，因潮水起落而旋转。但真相究竟如何，当时谁也不能断言，只能留待科学家们去研究了。

没过多久，这座怪岛就从海面上消失，不知所踪了。

1933年4月，法国考察船“拉纳桑”号来到南海进行水文测量。当他们在海上不停地来回航行，进行水下测量作业时，突然船员们见到在上一回驶过的航道上竟伫立起一座小岛。岛上林木葱茏，水中树影婆娑。可在半个月后，当他们再次来这里测量时，却又不见了这座小岛的踪影。对于这座时有时无的神秘小岛，大家都莫名其妙、不解真情，只好在航海日志上注明：这是一次“集体幻觉”。

1936年5月，一艘名为“联盟”号的法国帆船航行在南海海域时已是深夜。这艘新的三桅帆船准备开往菲律宾装运椰干。“正前方，有一个岛！”在吊架上瞭望的水手突然叫了起来，顿时惊动了船上的所有船员。船长苏纳斯马上来到驾驶台，举起望远镜仔细地向水手所指的方向观望，在他视线的正前方，一座小岛清晰在目。他感到不可思议，过去经过这里时从未见过这个小岛，难道它是从海底突然冒出来的吗？可是岛上密密的树影，又不像是刚刚冒出海面，那它到底是从哪里来的？所有人都找不到可以解释的答案。此时，船上航海部门的人员仔细查阅航海图，进行计算。经过确定，船的航向准确无误，罗盘、测速仪也工作正常。再查看《航海须知》，那上面根本就没有关于这片海域中有小岛的记载，而且，每年都有成百上千条船经过这里，它们之中谁也没有发现过这个岛屿。就这样，“联盟”号上的一部分船员伏在右舷的栏杆上，注视着前方。朦胧的夜色映衬着小岛上摇曳的树枝，眼前出现的事物，恍若梦境一般。

▲西印度群岛美景

当所有人都在困惑不解时，忽然，前面的岛屿不见了，过了一会儿，它又出现在船的另一侧！船长和他的船员们紧张地观察着在他们面前时隐时现、如同鬼魅般的阴影。



突然一声巨响，全船剧烈地摇晃起来。接着，船体发出了嘎吱嘎吱的声响，桅杆的缆绳相互扭结着，发出阵阵断裂声。一棵树哗啦一声倒在了船头，另一棵树倒在了前桅旁，树叶哗哗作响，甲板上到处是泥土。断裂的树枝、树皮和树脂的气味和着海风的气味，使人感到似乎大海上冒出了一片森林。船长本能地命令右转舵，但船头却突然一下子翘了起来，船一动不动了。船员们个个惊得目瞪口呆，显然，船搁浅了。

天亮后，船员们终于看清大海上确实有两座神秘的小岛。“联盟”号在其中的一个小岛上搁浅了，另一个小岛是一块笔直地直插海底的礁石，约有 150 米长。好在船的损伤并不严重，船长吩咐放两条舢板下水，从尾部拉船脱浅。船员们在舢板上努力划桨，一些人下到小岛使劲推船，奋战了 2 个多小时，“联盟”号终于脱险。“联盟”号缓缓地驶离小岛。两个小岛渐渐地消失在人们的视野之中。这一场意想不到的惊险遭遇，使全船的人都胆战心惊。精疲力竭的船员们默默琢磨着这一难解之谜。

“联盟”号刚一抵达菲律宾，船长苏纳斯就向有关方面报告了他们亲身经历的这次奇遇。当地水道测量局等有关单位的人员听后，都说在这片海域从来也没有发现过岛屿。其他船上的水手们也都以怀疑的态度听着“联盟”号船员的叙述。显然，大家都认为这是“联盟”号船员的集体幻觉。

船长苏纳斯不想与他们争辩。他决定在返回时再去寻找这两个小岛，记下它们的准确位置。他在返回的路上航行了 2 天，理应见到那两个小岛，可是他却什么也没有见到。在无边的大海上整整转了 6 个小时，最终还是一无所获。苏纳斯虽有解开这个谜的愿望，但他不能在海上耽搁太久，也不能改变航向，只好十分遗憾地驶离了这片海域……

这些幽灵般的小岛就这样在人们面前忽隐忽现。

# 消逝的罗布泊

罗布泊的卫星图像

塔克拉玛干沙漠边缘有个罗布泊。那里是一望无际的戈壁滩，放眼望去，没有河流，也没有草木，夏季气温高达70℃。天空中看不见鸟的身影，地上找不到走兽，没有任何飞禽走兽敢于穿越这里。

就是这个荒凉之地，在遥远的过去却是一个牛马成群、绿林环绕、水草丰足的生命绿洲。

据史书记载，在4世纪时，罗布泊的水面面积超过20万平方千米。

当年张骞肩负伟大历史使命西出阳关，当他踏上这片大地时，被它的美丽惊呆了。映入张骞眼中的是遍地的绿色和金黄的麦浪，从此，张骞率众人开出了著名的丝绸之路。



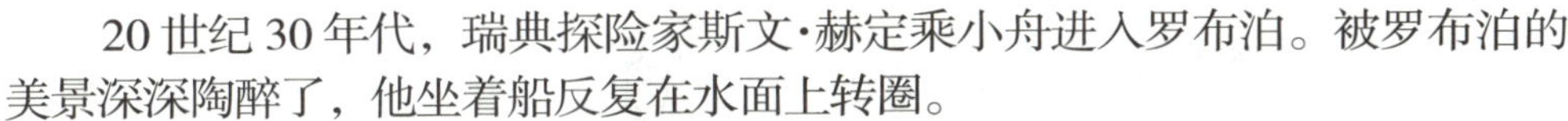

20世纪30年代，瑞典探险家斯文·赫定乘小舟进入罗布泊。被罗布泊的美景深深陶醉了，他坐着船反复在水面上转圈。

回国后，斯文·赫定在他那部著名的《亚洲腹地探险8年》一书中写道：“罗布泊使我惊讶，它就像座仙湖，水面像镜子一样。在和煦的阳光下，我乘舟而行，如神仙一般。不远处几只野鸭在湖面上玩耍，鱼鸥及其他小鸟欢快地歌唱……”

然而，这样一个天堂般的地方并没有永久地存在下来，20世纪70年代，罗布泊完全消逝了。

1980年，中国著名科学家彭家木在罗布泊进行科学考察时失踪。

1996年，探险家余纯顺又在那里遇难。连续的灾难性事件更给罗布泊增添了几分神秘色彩。

是什么原因致使昔日的仙湖变成了令人畏惧的恐怖地带？

有专家通过对罗布泊的研究认为，罗布泊的消亡与塔里木河有着直接关系。

塔里木河是中国第一内陆河。据《西域水道记》记载，20世纪20年代前，塔里木河下游河水丰盈，碧波荡漾，岸边胡杨丛生。1925~1927年，国民党政府一声令下，将塔里木河改道向北流入孔雀河汇入罗布泊，导致塔里木河下游干旱缺水，3个村庄的310户村民举家迁徙，耕地废弃，沙化扩展。

1952年，塔里木河中游因修筑轮台大坝，又改变了塔里木河河道。塔里木河下游生态环境得以好转，胡杨枝重吐绿叶，原本废弃的耕地长出了青草，这里变成了牧场。

20世纪50年代后，塔里木河两岸人口激增，耕地随即被扩大，扩大后的耕地要用水，开采矿藏也需要水，水的需求急剧上升。于是，人们拼命地从塔里木河取水。在短短的几十年间，塔里木河流域迅速修筑了 130 多座水库。任意掘堤修引水口 138 处，建抽水泵站 400 多处。

▲著名的罗布泊魔鬼城

这种盲目的行为，过度开采了塔里木河的水资源，使塔里木河的长度急剧萎缩，320 千米的河道干涸，沿岸 5 万多亩耕地受到致命威胁。

▼罗布泊具有一种死寂荒凉之美

断了水的罗布泊逐渐变成了一个死湖、干湖。罗布泊干涸后，周边生态环境马上发生了变化，防沙卫士胡杨林成片死亡，大批植物枯死，动物另觅栖息地。沙漠以每年 3~5 米的速度向湖中推进。罗布泊很快与广阔无垠的塔克拉玛干大沙漠浑然一体。

昔日那片胡杨茂密、清水盈盈的仙湖从我们眼中消失，取而代之的是一片寂寥而荒凉的沙漠。



**相关知识全接触**

**塔里木河**

塔里木河全长 2137 千米，它仅次于伏尔加河（3530 千米）、锡尔－纳伦河（3019 千米）、阿姆－喷赤－瓦赫什河（2540 千米）和乌拉尔河（2428 千米），为世界第五大内陆河。

塔里木河有 3 条主要的支流，主源为发源于喀喇昆仑山的叶尔羌河，由塔里木盆地的西南缘转向东行，在阿拉尔以上 48 千米处的肖夹克附近，接纳了北下的阿克苏河和南上的和田河后，始称塔里木河。在维吾尔语里，“塔里木河”意为“无缰之马”和“田地、种田”。它自西向东蜿蜒于塔里木盆地北部，流域面积 19.8 万平方千米，塔河河水最早曾注入罗布泊，后由于河流水量减少，河道摆动而改道，1972 年以前，尾水可达若羌县城北的台特马湖，现有终点为铁干里克的大西海子水库。

# 即将走到生命尽头的月牙泉

▲鸣沙山下的一湾秀水——月牙泉

由敦煌城向南 6 千米，有一座山叫鸣沙山。鸣沙山沙丘环绕处，有一汪清泉千年不涸。因其形状恰似一弯新月，因此而得名月牙泉。这种水沙共生的奇景，世所罕见。

沙山包围着月牙泉，但千百年来，肆虐的黄沙却没有将水掩埋。敦煌地区年降雨量 34 毫米，蒸发量 2400 多毫米，这样悬殊的差距，按常理来说泉水过不了多久就会蒸发干，但月牙泉却一直不枯不竭。另外，每年都有数万人在沙山上面踩踏，但落下的黄沙也没有将月牙泉变为沙地。



然而，现在的月牙泉却面临消逝的危险。

1950 年以前，月牙泉水深 12 米，水面 10000 多平方米。现在，它的水位只有 1 米，并且还在以每年 20~30 厘米的速度持续下降。

另外，水面面积也已不足当年的一半。曾经晶莹的泉水也变得浑浊黯淡，让人很难见底。泉中独有的珍稀植物七星草已基本灭绝。

“月牙”南岸，只剩下几棵胡杨，几棵老柳。缺水让月牙泉挣扎在死亡线上。

有人这样形容今天的月牙泉：“像一个生命即将走到尽头的老妇人。”

专家研究后指出，月牙泉水位下降的 3 大原因是：

1. 党河口截流筑坝，导致旧河床断流，下渗水减少。

2. 党河水库以下敦煌绿洲的灌溉渠网全部改为砖石衬砌，加上节水意识的加强，农民不再漫灌，农田间下渗水减少。

3. 打井抽取的地下水严重超量。随着敦煌旅游业的发展，中外游客与日俱增，打工者、做生意者大批涌来，居民人口大大增加，城

▼如不及时保护，月牙泉将逐渐消失

市、村镇生产生活用水成倍增长。地下水长期过度使用，导致水位下降。

为了拯救月牙泉，政府组织进行了两次掏泉。两次下挖维持了15年，泉面却缩小了2/3，下挖深掏已经解决不了实际问题。

▶异彩纷呈的敦煌壁画

20世纪90年代初，月牙泉管理处实施了“澄清灌水”工程。灌水工程一天一夜，水面涨高1米，但由于水质不同，整个泉水变成了浑浊的面汤色。灌水不得不停止。没隔多久，水面又降回到了原来的水位线。直接灌水的方案也破产了。

根据测定的沙砾层数据分析表明，月牙泉周围沙湾深层无水，泉水是从地表下中浅层沙砾中渗漏而出的，主要来源是西来的党河水补给与南部断层水补给，专家称之为月牙泉渗源的两把“茶壶”。失掉党河水源这一主要渗补来源，是月牙泉日益枯萎的根源所在。

现在对月牙泉的保护手段，主要采用渗灌渗补。

有人曾说：“如不能解决，‘月牙泉’这个名字终将成为历史。”



**相关知识全接触**

**敦煌**

敦煌是世界艺术宝库里的一颗明珠，它位于中国西北河西走廊的西端。东与安西县相邻，西北与新疆维吾尔自治区接壤，南隔阿克塞哈萨克族自治县与青海相连，是一高山和沙漠、戈壁环绕的小绿洲。

敦煌有着悠久的历史，自汉唐以来，一直是丝绸之路上的一大咽喉和中西交通要塞。

它有着灿烂的文化，境内名胜古迹星罗棋布，自然风光奇特迷人。现存有石窟寺庙遗址、古墓葬群、汉长城、关隘、古城、烽燧、古驿站等文物景点200多处。

举世闻名的世界人类文化遗产莫高窟，千古绝唱的阳关、玉门关，非凡神奇的鸣沙山、月牙泉，具有传奇色彩的渥洼池、三危山、雅丹魔鬼城，尤其是莫高窟、西千佛洞、榆林窟的文化艺术和汉长城。这些历史遗迹，无不令人心驰神往，流连忘返。

1986年敦煌被国务院命名为“中国历史文化名城”，1987年莫高窟被联合国教科文组织授予“世界文化遗产”证书，1998年敦煌市被评为“中国优秀旅游城市”。

# 青海湖的危机

青海湖珍稀的黑颈鹤

它是湖，但却拥有海的宏伟磅礴，烟波浩渺。它是我国最大的内陆咸水湖，面积达 4340 平方千米，湖面海拔 3193.92 米，最深达 27 米。

藏语把青海湖叫做“错温布”，意思是“青色的湖”，蒙古语则把青海湖叫“库库诺尔”，羌人还把青海湖叫做“卑笔禾羌海”，汉人文献中又称之为“仙海”、“鲜水”，最常见的是“青海”。

1929 年青海省成立时，为了区别于省名，加了一个“湖”字。民间认为青海湖是“西海”，直至今日，湖泊流域的老年人仍称之为“西海”。

清澈见底的高原湖——青海湖



青海湖是一个历史名湖。其秀丽的湖光山色、肥沃的湖畔草原，使青海湖成为历来的兵家必争之地。

此外，青海湖还是飞禽走兽等野生动物成长的天堂，是我国最大的内陆高原湿地水禽保护区。湖区泉湾湿地是国家一级保护动物黑颈鹤的栖息、繁衍区，春季有许多黑颈鹤在此栖息，少数进行繁殖。国家二级保护动物大天鹅也在这里越冬，数量达 1500 余只。保护区内还分布着普氏原羚、岩羊等多种兽类。

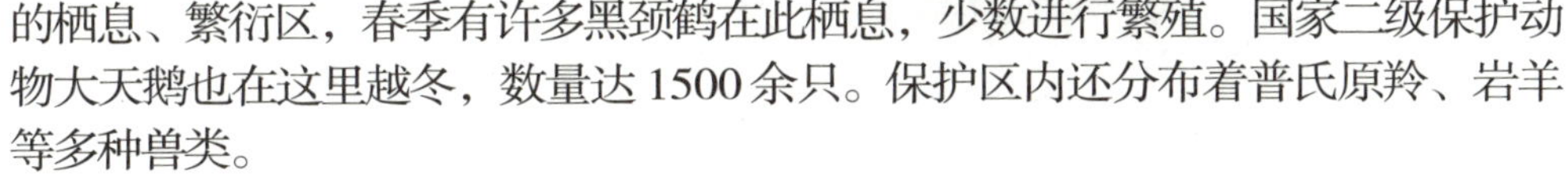

然而，就是这个被称为高原神湖的青海湖，正遭受着前所未有的危机。一系列科学数据表明，如果其环境持续恶化，若干年后，青海湖极有可能成为第二个“罗布泊”。

根据气象专家的科研成果显示，由于 20 世纪末气候温暖干燥，湖区周围降水少，注入青海湖的河水水量减少，蒸发量加大，青海湖湖水“收支”不平衡，加上人为活动因素，导致了湖水下降。

20 多年前，鸟岛是一个湖中孤岛，1978 年成为三面临水的半岛，而现在已转变成了离湖岸几千米的陆岛。

而湖的西北角已被 10 多平方千米的沙丘包围，湖区的沙滩盐渍化严重。土地沙化致使湖水南部黄河段草场向荒漠化的发展趋势明显，土地退化面积迅速增加。

青海湖环湖地区的草地是青海最好的草地，以金银滩为代表的环湖草原也是青海最优良的牧场，畜牧环境极好。几十年来湖区人口不断增加，目前区域内有 10 万人左右在从事农副业，开垦耕地 34 万多亩。大量的草地被开垦为农业综合开发用地，草场退化也成为青海湖生态恶化的原因之一。

▲青海湖畔的优美景色

青海湖这一我国高原内陆湖区水禽候鸟栖息繁衍的主要活动区域，以鱼鸥、鸬鹚、斑头雁、棕头鸥等水禽聚集较多。另外，区域内还分布有兽类、两栖类、爬行类、鱼类等物种。由于生态恶化，物种逐渐减少，尤以湟鱼为最。藏野驴、野牦牛等珍稀动物数量也呈减少之势。

◀美丽的青海湖鸟岛也面临着危机，鸟儿们似乎也已有所感觉，翘首呼唤人们的帮助

面临人类和自然界双重侵害的青海湖还能撑多久？对此，中科院西北高原生物研究所专家陈桂琛在一篇文章中断言：如果任由生态环境恶化下去，用不了 40 年，湖区的沙漠化面积将达 1300 平方千米，青海湖面积将进一步缩小，鸟岛将成为一个历史名词，这对整个青藏高原的生态系统将产生极大的危害。

青海湖的变化引起了有关政府的高度注意。为使这面“雪域高原上的镜子”永远洁净，不让它消失，青海省在多年前就已开始关注环湖生态和湖区资源。

还有一点不能忽视的是，作为青藏高原气候的重要“平衡器”，青海湖生态的恶化在一定程度上会加剧青藏高原气候的异常变化，从而直接危害到黄河、长江等源头地区的生态状况。这一点不能不引起国人的警惕。

# 将不复存在的潘塔纳尔沼泽地

潘塔纳尔保护区位于巴西中部地区，面积达2500万公顷。在这片神奇的土地上，栖息着1000多种动物，其中包括650种鸟类、230种鱼类、95种哺乳动物、167种爬行动物和35种两栖类动物，而且有不少是珍稀动物和濒临灭绝的动物。

这里还有世界上最大的植物群，湿地、稀树草原、亚马孙和大西洋雨林4种南美最具代表性的生态系统在这里并存。此外，这里分布着大量河流、湖泊和被水淹没或部分淹没的平原。

由于潘塔纳尔沼泽地自然条件特殊，生物种类繁多，2000年11月，它被联合国教科文组织列为"世界生物圈保护区"，同年又被联合国教科文组织列入《人类自然遗产名录》。

近年来，这块人类的自然遗产已遭到严重破坏，且毁坏速度十分惊人。根据卫星图像资料显示，到目前为止，潘塔纳尔沼泽地每年平均以2.3%的速度锐减。如此继续下去，45年以后，这块世界上最大的湿地将在地球上消失，同时那里的生态环境也将遭受巨大破坏。

潘塔纳尔沼泽地位于巴拉圭盆地，主要分布在巴西中部的马托格罗索州和南马托格罗索州的87个城市。

据有关方面的调查结果显示，在上述87个城市中，目前有59个城市的一半土地已经遭到破坏，其余28个城市，破坏程度分别在12%~49%之间。在破坏最严重的22个城市中，森林破坏

◀潘塔纳尔沼泽美景

面积平均达到80%，而其中的19个城市的森林破坏面积达到90%。到目前为止，潘塔纳尔沼泽地的植被破坏总面积达到17%，整个巴拉圭盆地的森林破坏面积已经达到45%。

巴西保护潘塔纳尔计划的负责人表示，造成森林破坏的主要原因有两方面，一是在高原地带，当地政府允许大量开垦土地，用来种植大豆；二是在平原地带，大量发展畜牧业，造成大量植物被毁。他说："保护该地区的生态环境已经变得刻不容缓。"

▶沼泽内复杂多样的物种共同组成了一个紧密的生态系统



因为大量的森林和植被遭到破坏将会带来一系列的严重后果，比如雨量减少、河流水位下降甚至干涸等。近年亚马孙地区主要河流水位急剧下降就是一个典型的例子。

沼泽地与森林、海洋并称全球三大生态系统，具有维护生态安全、保护生物多样性等功能，所以人们把其称为"地球之肾"、天然水库和天然物种库。如果失去沼泽地就等于使"地球之肾"丧失功能，后果将不堪设想。

巴西政府已经意识到事态的严重性，并正在采取相应措施遏制该地区日益严重的毁林造田事件。

在巴西首都巴西利亚召开的巴西全国第二届环境会议上，巴西环境部部长宣布成立潘塔纳尔生物保护圈管理委员会，负责制定和实施保护潘塔纳尔湿地的计划。

巴西政府还与美洲发展银行签署了一项资助潘塔纳尔沼泽地的计划。根据该项计划，美洲发展银行将在今后8年时间内提供4亿美元的贷款，用于保护潘塔纳尔生物圈，通过保护该地区的生态环境和自然资源来维持和促进巴拉圭盆地的可持续发展。

此外，当地政府正在通过发展生态旅游促进当地的经济发展。这不仅可以减少和杜绝对沼泽地的毁坏，同时也可以为该地区在保护自然资源和生态环境方面积累资金。

# 正在消逝的咸海

◀卫星拍摄的咸海地区

咸海，位于中亚地区，曾是世界第四大内陆湖泊。它的水主要来自发源于帕米尔高原的阿姆河和发源于天山山脉的锡尔河。

在 1911~1960 年，咸海平均每年的入流量为 560 亿立方米，水面面积约为 6.6 万平方千米，水体总量为 1 万亿立方米，平均水位也保持在 53 米。

虽然俄罗斯的国土面积辽阔，但是大部分处于寒冷的高纬度地区。早在沙俄时期，就梦想能够在中亚地区开垦荒地，扩大水浇地的面积来种植棉花，以此来解决棉花依赖进口的问题。

1937 年，苏联兴建了大费加拉运河，用来浇灌棉田。1906 年就曾有人提过用阿姆河水开发卡拉库姆沙漠东南部的设想，但是由于当时条件的限制，设想并没有实施。

1952 年，为了发展中亚经济，修建卡拉库姆调水工程又被提出，经大批专家实地考察、调研、论证，该调水工程定于 1954 年正式开工。

工程目标是将阿姆河和锡尔河天然水道改道，引入土库曼斯坦东部和乌兹别克斯坦中部，以扩大水浇地面积。

多年以后终于建成了卡拉库姆运河，该运河东从阿姆河开始，把阿姆河的水从上游截出，经过土库曼斯坦首都阿什哈巴德向西延伸。这是一个巨大的工程，苏联几代科学家、几代人都在为此而努力。

两条新运河建成后，在 1960 年，成千上万的移民来到阿姆河、锡尔河及新运河流域，开垦并灌溉了 660 万公顷的水田和棉田，使该流域成为新的粮棉生产基地。

其中卡拉库姆运河是最主要的调水工程，可以改善 700 万公顷草场的供水条件，灌溉 350 万公顷的荒漠草场和 100 万公顷的新垦农区。以新建运河为代表的调水工程比兴建之前提高了 4 倍。

▼各个时代咸海海域的萎缩情况

虽然农业生产丰收，但是该地区

的经济繁荣并没有持续多久。咸海是一个内陆湖泊，它的水主要来自于锡尔河和阿姆河，当这两个河流的入湖水量急剧下降时，咸海的水位也急剧下降。据实际观测，1971~1975年，阿姆河入湖水量为每年212亿立方米，锡尔河入湖水量每年53亿立方米，而到了1976~1980年，阿姆河入湖水量下降为每年110亿立方米，锡尔河入湖水量下降为每年10亿立方米，最后到1981~1990年时，两河入湖水量的总计仅为每年70亿立方米。到1987年时，水浇地的面积已经发展到了730万公顷，此时，两河已基本不能再为咸海输水，咸海的水面下降了15米，水域面积也缩小到3.7万平方千米，海岸线后退了150千米。现在咸海的海水面积只剩下2.52万平方千米。由于远距离引水，大规模的开垦，不适当的灌溉，过度地使用化肥、农药等，使这一地区的生态环境遭到了严重破坏，带来了令人无法想象的生态灾难。

▶被改造的阿姆河（上）与锡尔河（下）



一是咸海的大面积干涸，不仅引起湖水含盐浓度增加，而且导致湖底盐碱裸露。在风力的作用下，咸海周围地区的平原逐渐沙漠化，而且流沙迅速发展，使咸海周围地区形成“白风暴”（含盐的风暴）和盐沙暴，每年要发生几十起盐沙暴。

二是咸海地区每年约有4000万吨至1.5亿吨的咸沙有毒混合物从盐床（湖底、河滩）上刮起，吹向南部中亚草原的农田和城镇，覆盖阿姆河河谷肥沃的农田，加剧了中亚地区农田的盐碱化，致使土库曼斯坦共和国80%的耕地出现高度盐碱化。

三是大面积的粮棉生产和移民生活，产生了大量的灌溉和生活废水。这些废水又重新流入阿姆河和锡尔河，使得地下水和饮用水受到了盐碱和农药的双重污染。

四是盐量与有害物的增加威胁着当地居民的健康，白血病、贫血病、食道癌、支气管炎、肝炎等疾病的发病率以及婴儿发育不全和夭折的发生比例都很高。努库斯市（乌兹别克斯坦境内）地处阿姆河的下游，当地居民患贫血症的人数不断增多，而且怀孕妇女大都患有贫血症。克孜勒奥尔达市（哈萨克斯坦境内）位于锡尔河下游，儿童患病率极高。

五是盐沙改变了咸海周围的环境，使得周围的植被和野生动物越来越稀

◀照片上显示的是一只渔船搁浅在曾经是咸海水域的地方

少。原来位于河流三角洲内大面积的森林沼泽已经干涸，大量树木及灌木被彻底破坏，当地出没的数百种动物消失殆尽。20世纪60年代，咸海有各种鱼类600多种，到1991年则只剩下70余种，到2001年更是所剩无几；而在锡尔河三角洲筑巢的鸟类曾有173种，现已减少到38种。

阿姆河、锡尔河、新运河流域取得了举世瞩目的辉煌经济成果，但由此造成的生态灾难，却是做梦也没有想到的。人们得到了梦寐以求的经济财富，但同时引起的生态灾难也震惊了全世界。

联合国环境规划署对此做出了评价："除了切尔诺贝利核电站灾难外，地球上恐怕再也找不出像咸海流域这样严重的生态灾害了！"美国《选萃》杂志认为"咸海危机"是"大自然对人类破坏所实施的报复"。咸海流域生态灾难在这十几年来所造成的损失，已远远超过在该流域获得的收益，但是大自然的报复并不会停手，它还将无休止地进行下去，给人留下深刻的印象。另外，如果不及时解决咸海注水量严重不足的问题，它将从地球上消失。那时，生活在该流域的人们将面临更加严重的危机。



**相关知识全接触**

**阿姆河**

中亚流程最长、水量最大的内陆河。源于帕米尔高原东南部的高山冰川。上源瓦赫基尔河位于阿富汗境内，自东向西流，汇合帕米尔河后，成为阿富汗与塔吉克斯坦界河，并改称瓦罕河。此后，先北折再南回，继续西流，自转弯处起称为喷赤河。从右岸接纳了来自塔吉克斯坦的瓦赫什河后，才始称阿姆河。

阿姆河上、中游大部为塔吉克斯坦同阿富汗界河，下游流经沙漠地区，注入咸海处造成广阔三角洲（面积约10000平方千米）。全长2540千米。流域面积约46.5万平方千米。阿姆河靠高山冰川和融雪补给，每年有春、夏两次汛期。河水含沙量大，水力资源丰富，有灌溉之利，但航运价值并不大。

**锡尔河**

锡尔河是亚洲中部内流河。源于中天山，流经图兰低地注入咸海。上源由北支纳伦河和南支卡拉河汇合而成。西北流经塔吉克斯坦、乌兹别克斯坦，进入图兰低地。后基本沿克孜勒库姆沙漠的东北缘穿行，沿途几乎无支流汇入，最后注入咸海。全长3019千米，流域面积21.9万平方千米。年径流量141亿立方米。

上游河段流经山地，主要靠冰雪融水和雨水补给，在塔什干附近汇入支流奇尔奇克河。河水湍急，水力资源丰富，有吉尔吉斯斯坦境内的托克托吉尔水电站和塔吉克斯坦境内的凯拉库姆水电站。入图兰低地后进入中游，在哈萨克斯坦境内建有恰尔达拉水电站。整个中下游河段沿岸，有狭窄的绿洲，是哈萨克斯坦重要灌溉农业区之一。

# 消逝的劫难

# Part 8

每一次灾难总会给人类带来深深的创伤和刻骨铭心的记忆，因为灾难造成的后果往往是触目惊心的。历史上曾大大小小出现过无数次自然或人为造成的灾难，有资料可考的便有许多，如史前大洪水、唐山大地震等，每一次都成为了人类的灾劫。消逝的劫难已成为人们茶余饭后的谈资，但是隐藏在我们背后的灾难，又有谁担忧过呢？

# 史前核战争

▶在加拿大麦克马斯特发现的核反应堆，是否和奥克洛铀矿发现的核反应堆一样呢

在地球诞生至今46亿年的演化过程中，地球上的生物经历了5次大灭绝，生生死死，周而复始。因而有人推断，地球上曾出现过多次高级文明社会，但不幸的是这些文明都被毁灭了。亿万年的自然变迁几乎抹去了一切痕迹，只有少数证据得以保存。

1972年，在非洲加蓬共和国发现了一个20亿年前的铀矿——奥克洛铀矿。在矿里还发现了一个不可思议的史前遗迹，一座古老的核反应堆。它是由6个区域的大约500吨铀矿石组成，运转时间长达50万年之久。

面对这个保存完好、结构合理的核反应堆，人们不禁要问，是谁留下了这个核反应堆？要知道，人类掌握核能技术，建立第一座核反应堆，是在20世纪40年代才开始的。



1968年，在美国发现了两个完整的人类足迹化石，而且这个足迹踩着地球上最古老的一种生物——三叶虫（这种生物早在几亿年前就灭绝了）。值得说明的是，这个人类足迹化石在地质上属于寒武纪，距今已有5亿年之久。请问，在这么遥远的年代，是谁留下了这些脚印？

在玛雅人的编年史中，曾记载了地球9000万年至4亿年之间的事。要知道，人类在数百万年前才告别了古猿，几亿年前地球上根本没有人类，那么，玛雅人记载的是谁的历史？

我们列举这些例子的主要原因是想说明史前文明的存在。那么这些文明又是怎样毁灭的呢？许多学者研究后指出：史前文明毁灭于一场规模浩大的核战争。

▼摩亨佐·达罗考古遗址。它的城市总体规划非常先进且又极为科学，在当时可谓土木工程中的一项伟大成就

印度河是世界上最长的河流之一，也是人类文明的一个发源地。19世纪初，人们在印度河旁的旁遮普郡一带，发现了一个东西长1600千米、南北长1400千米的遗址区，其涵盖范围之广在世界上也是独一无二的，这就是所谓的“印度河文明”。

其中最著名的是两座古城遗址，即哈拉巴和摩亨佐·达罗（印度语为“死亡之谷”）。据最保守的估计，这两座古城距今最少有

5000多年，但在印度的早期神话中并没有这两座古城的记载，所以更多人认为，它们的历史也许比猜想的还要久远得多。

▶人们根据哈拉巴遗址对当时生活的猜想

在对摩亨佐·达罗的城市建筑的挖掘中，考古学家根本找不到神殿和宫殿，这与世界上目前所探掘出的古城遗迹都不相同，似乎这城市根本没有统治者。城里的居民住宅建筑更证实了这点，所有住房都是由砖木建成，从格局规模来看基本差不多，好像贫富分化没有出现在这里一样，更没有发现任何一件艺术品，是原来就没有，还是被岁月销毁了？我们不得而知。在摩亨佐·达罗出土了大量遗骨，有的在街道上，但更多的是在居室里。

在一个比较大的废墟里发现了成排倒地死去的人们，有些遗体用双手盖住脸，好像在保护自己，又好像看见了什么很可怕的事情。

可以肯定，所有的人都是在突然发生意外的状态下死去的。这座古城当时一定发生了一件巨大的异常事件，那到底是什么呢？

是火山爆发？可是在这一带数千千米的范围内人们都没有发现遗留的火山口。

是突然爆发的流行病、瘟疫？可医学证明瘟疫和各种流行病不可能突然毁灭一座城池。印度的考古学家卡哈对出土的人骨进行了详细的化学分析后说：“我在9具白骨中，发现均有高温加热的痕迹。”这说明摩亨佐·达罗的毁灭和人们的死亡与突然出现的高温有关。

摩亨佐·达罗和《圣经》里索多姆的毁灭有极其相似之处，都是突然间被与高温有关的东西摧毁的。人们在摩亨佐·达罗还发现在许多坍塌的建筑物上有承受过某种高温的痕迹，人们甚至发现一些“玻璃物质”——托立提尼物质。这种物质的形成是由于瞬间高温熔化了物体表面然后又迅速冷却造成的。至今人们只在热核武器爆炸的现场发现过这些人为的物质。一切证据都在说明，这里曾发生过核爆炸。

索多姆的毁灭在《圣经·创世纪》中是这样记载的。在灾难降临之前，有两个天使来到了索多姆城，居民罗得正坐在城门口，等待着这两位天使。罗得

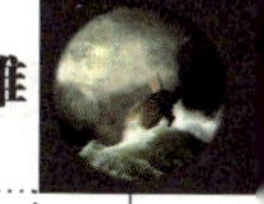

立刻认出了她们，并热情地接待了她们。城里的人们很想污辱她们，可这两个陌生人只是轻轻一挥手，就可打消当地花花公子的性欲。她们使这帮惹是生非之徒双目失明。

▶《圣经》中一直就有末日审判的传说（图为米开朗琪罗据此所作的壁画《最后的审判》）

这两个天使告诉罗得，赶快把他的妻子、儿女及家人转移出城。她们警告说，这座城市马上就要毁灭了。罗得的家人都不相信这个古怪的警告，认为这是在开玩笑，根本不加以理会。

天亮后，天使催促罗得说："快点起来，带着你的妻子、儿女和家人赶快出城，免得你们因这城里的罪恶而同被剿灭。"但罗得执意不走，并对天使说："我不能走"。天使道："逃走可以救你的性命，不要回首顾盼，不要在洼地徘徊，逃到山上去。否则你将丧生。"罗得说："我不能逃到山上去，既然大难临头，就难免一死。"天使见此情景，只好拉着罗得一家人的手，将他们领出来，安置在城外。并再次对他说："赶快逃到山上去，不要回头看，免得你也被剿灭。"

紧接着，烟雾就如炉灶烟般升腾起来，硫磺与火从天降至索多姆城，城里及洼地上的居民与生物统统未能逃脱厄运。罗得的妻子不顾天使的劝告，回头望了一眼，立刻就被一道强光杀死。罗得这才感到危险，迅速向山上跑去。

在索多姆城究竟发生了什么事？我们无法想象，至高无上的"上帝"也受一张时间表的约束。不然的话，那他的"天使"为什么要那样匆忙呢？是不是什么发射前的递减计数已经开始？是不是某个摧毁这座城市的指令就定在某一时刻，而"天使"是知道这一切的？如果是这样，毁灭的时刻显然已经迫在眉睫了。难道说"天使"们就没有更简便的方法让罗得全家脱险吗？他们为什么一定要让罗得全家逃到山上去？为什么要禁止他们回首顾盼呢？这些问题历来都令学者们感到棘手。但是，自从美国在日本投下两颗原子弹后，我们似乎从中领悟出了什么。

也许我们能够这样解释，索多姆城是被有计划的，故意用一次核爆炸来摧毁的。"天使"们为了惩治那些邪恶的人，将爆炸时间定在了那一天。为了使那些她们认为不该被毁灭的人躲避这场灾难，比如罗得一家，她们匆匆来到城市，给这些人以警告，告诫他们"逃出城去""不要回首顾盼，不要在洼地停留，逃到山上去"。也许那里正好有天使为这些人准备的避难所——防核爆炸的掩蔽体。而有一些人不顾天使的警告，回头观望，当然在劫难逃。

▼广岛的惨景

# 史前大洪水

▲梵蒂冈西斯廷礼拜堂天花板上的绘画《大洪水》，是米开朗琪罗为介绍“诺亚方舟”的故事所作的

世界各地各民族都流传着许多关于史前大洪水的传说，特别是沿北纬30°一线的民族，几乎都在各自先民的记忆里保存着有关大洪水的详尽历史。在所有这些有关这场地球史前灾难的历史中，最著名的当属《圣经》中关于“诺亚方舟”的故事。

《圣经·旧约·创世纪》中有这样的描述，一天上帝来到诺亚面前，对他说：“世界败坏堕落，罪恶无穷，有血气的生物全都陷在罪恶当中，这完全违背了我当初造物的旨意。我现在后悔不及，只有把这罪恶的世界一举毁灭。你要用歌斐木（柏木）造成一只方舟。”上帝详述了方舟的式样、规格，以及制造的方法，诺亚一一记下。上帝告别时嘱咐说：“看吧，我要使洪水泛滥，毁灭天下所有生灵。今天你得给我立下誓约，你和你的妻子、儿子和儿媳都要进入方舟，凡是有血肉的活物，每样一公一母，你都要把它们带进方舟，以便在方舟里保住生命的种子。”



诺亚开始履行与上帝的誓约。他找到最好的歌斐木，连夜赶造方舟。他一边劳作，一边告诫人们，洪水快来了，你们别只顾吃喝玩乐、作恶多端，做一点好事吧！人们不但不听，还把他当作疯子训斥一顿，照样寻欢作乐。诺亚工作了许多年，终于造成了一只巨大无比的方舟，这只方舟长130米，宽22米，高13米，分上、中、下3层，每层都有一个间隔开的小舱房。

诺亚迅速按上帝的旨意带着妻子、3个儿子及儿媳，还有各种动物，提早躲入方舟。

不久，大地震动，倾盆大雨泼下来，一下就是40天。大水漫过平原、山脉，最后，全世界都被淹没了。只有诺亚方舟在茫茫的洪水中漂泊着……这就是为无数地球人所传颂的“史前大洪水”的传说。

在古代中亚地区，富饶的美索不达米亚平原，是苏美尔文明的发祥地。考古学家经过挖掘，在这里出土了3000

▶人们对于诺亚方舟有着丰富的想象

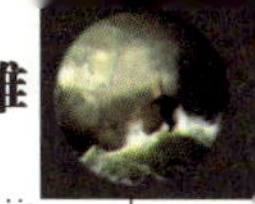

年前的陶土板，上面记述了吉尔格梅施君王听他的先王乌纳皮施汀君王讲的有关大洪水的故事。故事记载，乌纳皮施汀君王设法脱出洪水，并得到了人类和地球上所有生物的种子。无独有偶，在地球的另一端，远离美索不达米亚平原的墨西哥河谷，也有关于洪水的传说。这个地区不论在文化上或地理位置上，都被阻隔于犹太教和基督教势力范围之外，他们有关洪水的传说是在第四太阳纪末期。对于这灾难性的洪水洗劫的情景，传说是这样的：暴雨骤降，山洪暴发，大地一片汪洋，高山隐没水中，人类变成鱼虾……然而这远远不是全部。

▲当代人发现疑似诺亚方舟所在的地方

在中美洲阿兹特克人关于洪水的传说中，全世界只有两个人逃离了这场大劫难，他们是一对夫妻。丈夫叫柯克斯特里，妻子叫苏齐奎泽儿。他们是受到神的谕告，建造了一艘大船，漂流到一座高山上。夫妻在洪水退后才钻出船舱，在当地定居下来，抚育子女……

在美国印第安人中最大的一支阿风坚族的蒙登亚人以及加州南部属于瑟诺族的印第安人，他们也都有关于洪水的传说。在世界上以神话传说著名的希腊，关于洪水的传说更是脍炙人口。在埃及、在印度，关于洪水的传说更是比比皆是。



在人类的神话记忆中，这场大洪水铺天盖地，非常壮观。据有关专家统计，全世界已知的洪水神话和传说有 50 多则。大多脉络清晰，叙事完整，而且经考证，绝大部分“洪水传说”各自独立形成，即纯粹是本民族的口头传述，与某一类主导地位的文化毫无关系。

然而，奇怪的是，在祖先流传下来的大多悲壮的不同神话中，各民族都保存了对远古时代一场全球性大灾难共同的完好的记忆，并世世代代引起全人类的共鸣。这难道能用巧合去加以解释吗?

为什么这些神话尽管产生于各个不同的民族文化，故事却是如此惊人的相似?为什么这些神话会充满共同的特征，并拥有相同的典型人物和情节?假若这些神话确实是人类的记忆，为什么没有历史文件或什么资料提到这场蔓延全球的大灾难?

有没有可能是因为这些神话本身就是一个历史记录?神话中的那些动人的洪水故事可能是某些天才的创作，用以记录远古时代发生的大事，留传给后代子孙。

有的科学家大胆设想，大洪水不正是登上地球的不知名的生物事先策划好的一项工程，一个残酷的，但出发点却不容质疑的伟大计划吗?他们的目的只是为了消灭人类，留下少数的作为传世的希望。这一设想正确吗?也许在不久的将来，人们会用更充足的证据来理清大洪水这个数千年来一直笼罩在人类心头的谜团。

# 十几万活人做祭品

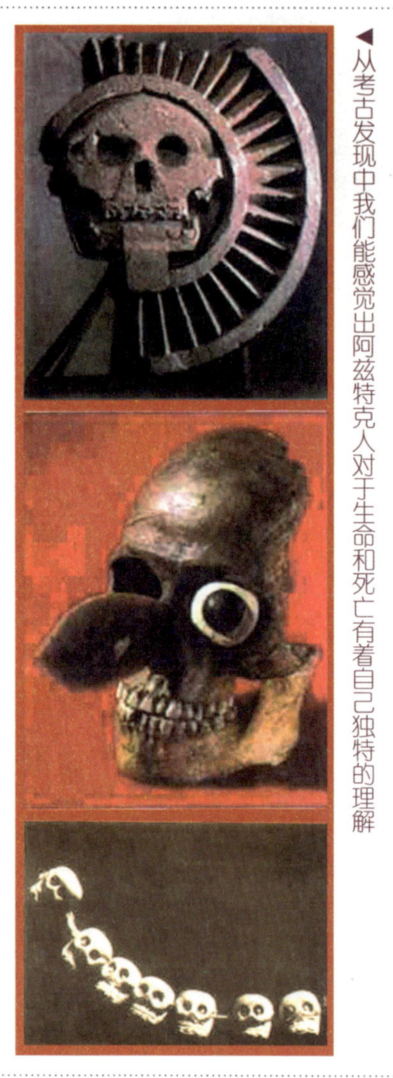

◀从考古发现中我们能感觉出阿兹特克人对于生命和死亡有着自己独特的理解

阿兹特克族是古代墨西哥文化舞台上最后一个角色，他们创造了辉煌的阿兹特克文明，开创了阿兹特克族最兴盛的时期。阿兹特克族是北方贫瘠而居无定所的狩猎民族，后来侵入墨西哥谷地，征服了原有的居民托尔特克人。在16世纪西班牙入侵之前，特诺奇蒂特兰作为阿兹特克帝国的中心，拥有人口20～30万，是当时世界上最繁荣的城市之一。它的文化不仅具有自己民族的特色还具备其他部落的特色，它的宗教信仰就是其中比较明显的一个方面。在宗教的庇护下，阿兹特克的经济得到了长足的发展。经济的发展进而推动了阿兹特克人的教育、科学研究、天文学、历法、文字、艺术各方面的发展。阿兹特克人的辉煌文明最后毁于西班牙殖民者之手，它的历史从此被截断。

1519年，在高戴斯远征墨西哥的队伍中，有一位可算文武全才的迪亚斯，他既能领兵作战，又能执笔记录远征队伍的战绩及见闻。迪亚斯已见惯战争的恐怖场面和西班牙宗教裁判所的残酷行为，但当他踏进阿兹特克印第安人首都特诺奇蒂特兰城中的维洛波切特利神庙，嗅到里面的恶臭时，不禁立即退避。

迪亚斯退出神庙后有这样的记载：“我们回身就跑，简直急不可待。神庙内的墙壁一片黝黑，尽是凝结的人血。”迪亚斯目睹3个刚被宰杀的“祭品”躺在那里，站在旁边的祭司，手中的石刀还滴着鲜血。西班牙人揭露了印第安人的一种宗教，那宗教需要宰杀很多人用来献祭。

维洛波切特利神庙于1487年扩建后，举行了5天的奉献仪式，其间就杀了数千人用来献祭，一年中的杀人多少可见一斑。征服者无疑夸大了阿兹特克人的残忍程度，希望教会领袖知道西班牙人杀掠的残暴行为时，不予深责，但当时的记载清楚切实，征服者被眼前的景象震慑得目瞪口呆。那5天的仪式中宰杀的人数，各有不同估计，有些估计高达80000人，但专家计算出那5天内宰杀的人至少有14000名。

阿兹特克人的图画常常描绘以人献祭的风俗，可见这是日常生活中的一部分，至于杀人多少则缺乏统计数字。美国加州大学人口统计学家库克，根据史

料进行分析后得出结论：在西班牙人到达前的100年间，墨西哥境内所有阿兹特克神庙中宰杀的人平均每年15000名，其中很多是战俘。这项估计可能很保守，库克的同事博拉认为每年在祭坛上献作祭品的人，数目可能达25000多名，即每年牺牲总人口的1%。

◀阿兹特克的独特武士——鹰步兵塑像

阿兹特克人为什么要杀那么多同胞呢？直至最近数十年，历史学家和人类学家开始大致接受这种说法，杀戮纯为宗教方面的需要。

根据阿兹特克人的信念，每天夕阳西下，太阳神便死亡，要确保太阳翌晨再升起来照耀世界，必须以人血作祭。其他神也有共同的嗜血特性，因此杀人献祭几乎无日不做。阿兹特克人的图画显示，奉献给太阳神的只是人的心脏，尸身抛弃在金字塔形庙宇的陡峭阶梯上，头颅则割下来，陈列在庙宇附近的颅架上。迪亚斯与同事德图皮亚曾分头查看两处陈列大批头颅的地方，一处在特诺奇蒂特兰，另一处在索科特兰。迪亚斯点数了10000个颅骨，德图皮亚则点数了136000多个。现代有人对杀人献祭风俗的成因提出了不同看法。



1946年，库克发表有关15世纪中美洲人口的研究报告，结论是，阿兹特克人人口增加的速度比粮食增产更快，所以杀人献祭可能是控制人口的间接方法。但很多人类学家对此说法存有疑问。

后来到1970年，在社会科学研究院工作的哈纳提出一项惊人的新说法，阿兹特克人杀人祭神后还把尸身吃掉。哈纳是根据西班牙征服者的叙述以及德萨哈根神甫的著作得出此结论的。德萨哈根神甫在阿兹特克帝国崩溃后不久抵达墨西哥，根据阿兹特克人口述的资料，记下了当地的风土人情及生活习惯。在这些记录中有很多地方提到食人风俗，吃俘虏的肉尤其普遍，但不吃儿童及皮肤病患者的肉。女性俘虏也从来不用做献祭和充当食物，只做奴隶，因此战士只喜欢吃其他战士的肉。

哈纳于是深入研究阿兹特克人食人风俗的成因，发现阿兹特克人或许是由于缺乏营养，主要是缺乏蛋白质，而大多数人是从动物的肉中吸收蛋白质。当时墨西哥缺乏肉类，较大的野兽多数已经绝种好几百年，中美洲以北的民族可猎取驯鹿和美洲野牛以获取肉食，但是墨西哥并无这些动物。

哈纳引述各种记载，指出穷人只有靠玉米和豆类维生，偶尔吃些火鸡肉或狗肉。阿兹特克人的食人风俗既然有迹可寻，为什么多年来研究人员似乎视而不见呢？哈纳认为人类学家可能对此事感到为难，不想让欧洲人对阿兹特克人有以偏概全的印象。欧洲人从未像阿兹特克人般严重缺乏动物蛋白质，所以视吃人肉为一种禁忌，如果提起阿兹特克人食人，难以被人理解。

1519年，西班牙征服者高戴斯登陆美洲时，立即摧毁了阿兹特克帝国及其文化，运用残暴兼欺骗的手段，2年之间就牢牢掌握了阿兹特克人的命运。

# 西西里晚祷战争

▲今日的西西里岛一片安逸的生活气象

在意大利的巴勒莫市，每年复活节后的星期一，市民们都会依传统去旧城城墙外不到1千米的圣灵教堂，参加盛大的晚祷会。巴勒莫市市民常借此机会举行庆祝。在晚祷开始之前，大家聚集在广场上歌唱欢笑，喜气洋洋。

1282年复活节后的星期一（3月31日），巴勒莫市的人们照常来到这里参加祷会。像往常一样，西西里人在那里自得其乐，兴高采烈，直至一个名叫德鲁埃的法国士兵和他的一小撮同胞想参加时，情况才有改变。

那一小撮法国人当时正在喝酒。他们依仗占领军惯有的凌人傲气，旁若无人，排队走到广场中央，每一步都显出对西西里本地人的轻蔑。其中最丧心病狂的是德鲁埃，他在巴勒莫的圣灵教堂门前当众侮辱一名刚做完晚祷的西西里妇女。那女子的丈夫怒不可遏，拔出刀来，旁人还来不及劝阻，德鲁埃已被刺死。猝然生祸，人们惊慌失措，但情况立刻发生了变化。德鲁埃刚倒下，周围的西西里人一拥而上，扑向那些法国人，狠狠砍杀那些平日仗势横行、欺压民众的征服者。由于西西里人长期遭受镇压、伤害和不平等待遇，情绪在一片落日余晖中瞬间趋于沸腾，与德鲁埃同行的人无一幸免。四面八方都在高叫“杀死法国人”。仇杀情绪迅速蔓延开来。此事触发的大屠杀开始了，历史学家称之为“西西里晚祷战争”。

在巴勒莫市，当日黄昏和晚上大部分时间，屠杀法国人的行动继续进行并扩展至岛上每一个有法军驻守的城市。西西里青年疯狂地四处搜寻，将法国人从藏匿处拖出来，痛殴后再杀死。任何法国人，甚至跟法国有关的人都逃不过报复。在德鲁埃当众侮辱那位妇女后24小时内，法国男女及儿童被杀人数超过2000人。

法籍西西里统治者查理王也因此断送统治地位。暴动发生后不久，欧洲所有跟查理王敌对的人异口同声支持西西里人。查理王说服了教皇马丁四世（也是法国人）讽刺西西里的屠杀，并代为宣布发动圣战以铲平乱事。但此行动却带来相反的效果。以前，基督教徒愿意为侍奉基督而参加圣战，但这次为查理王那样残忍而且大失民心的君主进行圣战，则触怒了很多基督徒，几乎没有什么人支持这支“十字军”。结果，教皇的权力也大为削弱，查理王也未能活着看到西西里晚祷战争的结果，在想出办法对付那场动乱前就离开人世了。

与查理一世争夺东地中海霸权的阿拉贡王国的彼得三世趁机出兵干涉，帮助起义者。至9月，起义者共杀死4000多名法国人，余者均被赶跑，起义取得胜利。但西西里人未能建立起自己的政府，1302年，阿拉贡王朝正式确立在西西里的统治。

# 肆虐的黑死病

有史以来人类遭逢的最大灾难，并非20世纪的两次世界大战，而是14世纪时一种叫黑死病的瘟疫。1348年至1350年间，单是欧洲就死了总人口的1/3，约2500万人。

现在的人们认为，当时那场浩劫就像后来类似的鼠疫一样，是由跳蚤携带的细菌引起的。这种跳蚤附在一种善于长途移居、随处栖身繁衍的家鼠毛皮间。被带菌跳蚤咬过或沾染病人排泄物的人，都有可能染病。14世纪的欧洲人把这场瘟疫，视为上帝对人类犯罪的严重惩罚。

▶曾经肆虐的欧洲黑死病造成了巨大的灾难，至今人们还保留着对这段经历的深刻回忆

这种令人恐惧的瘟疫随商旅自中亚、西亚传到克里米亚，然后由往来的船只带至地中海沿岸，再肆虐整个欧洲大陆。

瘟疫流行时，人们的正常生活立刻停止。田地荒废，牲畜无人照管，被放掉任其自生自灭。生还者尽快把死者埋葬，尸体重叠推在浅穴里，或者整批倒入大坑内，甚至任其在街上腐烂。疾病迅速蔓延，居民逃离住所，城市面目全非。空气中也似乎充满了病菌，当年的一项记载描述说："一种令人欲呕的恶臭弥漫，简直受不了。"

◀《十日谈》的作者——薄伽丘

只有少数地方的居民逃过大难。例如米兰天主教曾下令，如果疾病传播到米兰，最先发现瘟疫的3所房屋，必须立即在周围建起围墙，把死者、病者和健康的人全部埋葬在内。结果瘟疫真的没有在米兰蔓延。天主教虽然不知瘟疫怎样蔓延，但是无意中摸对了一种阻挡瘟疫蔓延的有效方法：隔离。因此，乡间孤立的房屋可能是个很好的庇护所。

意大利作家薄伽丘的《十日谈》一书中，讲述了10个贵族青年，为了避开

▲黑死病的经历给人类的艺术创作带来不同的视角

侵袭佛罗伦萨的瘟疫，躲进宫殿中讲故事，打发时间，等待瘟疫消退。大规模隔离也是个好办法，今天属于波兰的广大地区逃过那次大灾难，部分原因或许是当局严格执行隔离办法。

当时的医生根据各种不同的症状，通常都是用放血、通便和灌肠等方法自患者体内抽“毒”。红肿的淋巴腺则用柳叶刀割开或是加以热敷。医生还乱开药方，所用药剂从赤鹿角粉末到稀有的香料和黄金混合剂都有。此外又焚烧芳香木材以净化空气，并在地上喷洒玫瑰香水和醋，这些措施只能掩盖腐尸的臭气和起到消菌的作用，并不能真正起到治疗作用。



为预防瘟疫，医生还建议采用食疗，有些食物确实对某些疾病有预防作用，食用后能增强人的抵抗力。但大家认为抵御疾病的最佳方法是保持心态平和。在病房中医生的地位还次于教士，病人常在祈祷和忏悔后才接受治疗。病人大多欢迎这种办法，因为既然药物不灵，康复无望，离开人世前先在未来世界预订一方僻壤，也是上策。染病的人并非必死，但如能康复，通常都视之为奇迹。

黑死病自14世纪横扫欧洲以后，还陆续出现多次。直至20世纪才发现其病源并找到治疗方法。

**相关知识全接触**

**黑死病**

在14世纪中期，欧洲受到一场具有毁灭性的瘟疫侵袭，即一般人所称的黑死病。它从中亚地区向西扩散，并在1346年出现在黑海地区。它同时向西南方向传播到地中海，然后就在北大西洋沿岸流行，并传至波罗的海。约在1348年，黑死病在西班牙流行，到了1349年，就已经传到英国和爱尔兰，1351年到瑞典，1353年到波罗的海地区的国家和俄罗斯，只有路途遥远和人口疏落的地区才未受伤害。

黑死病是一种淋巴腺肿的瘟疫，这种由细菌引起的传染病，在今天仍然被发现而且同样危险。这种病菌是由跳蚤的唾液所携带，带疫的跳蚤可能是先吸到受到感染的老鼠血液，等老鼠死后，再跳到人体身上，透过血液把细菌传染到寄生主的体内。黑死病因其可怕的症状而命名，患者会出现大块黑色并且会渗出血液和浓汁的肿瘤。受感染的人会高烧不退且精神错乱。很多人在感染后的48小时内就死掉，但也有少数人能够抵抗这个传染病而存活下来。

许多城镇因此人口大减，上至领主下到农奴都不能幸免，而这些人对社会都有一定价值，他们若非从事农耕便是其他工作，一旦他们移居到城市，就会加速瘟疫的传播。

# 英格兰血案

1381年6月，英格兰爆发了一场大厮杀。

一方是小小的一群骑马的贵族官员及其随从，围在一起保卫14岁的小国王理查二世，另一方是由将近2万名工人和农民组成的起义队伍。叛乱群众已经在伦敦发动了一连串的进攻，主要目的是惩罚英法战争中导致英格兰失败的罪魁祸首和反抗征收重税来支付军饷的行为。满腔愤怒的群众举行示威，还希望迫使政府进行政治改革。

对于采邑制，广大人民已极度不满，在那样的制度下他们的生活很难得到改善。虽然群众愿意让理查二世统治，但要求国王以下所有人，不问出身背景都获得平等对待，并要求拿出教会的土地重新分配。由于之前黑死病蔓延全欧，田地荒芜，物价上涨，劳动人数大减，这以后劳工已获得较高的工资，生活状况有所改善，使贫穷阶层的人明白，他们虽然身为农奴，人微言轻，但本身也应该获得较好的待遇。当局的对付手法是在1349年通过劳工法，以图控制工资和物价。事实证明控制工资易如反掌，但是物价仍在继续上涨，控制不住。

老百姓日益渴望争取更多的自由和平等。但是当时摄政团以理查二世的名义管理土地，加上在军事上连遭失败，使国内局势进一步恶化。为了满足在法国进行战争的需要，1377~1380年，摄政团着手征收一系列前所未有的人头税，以支付战争费用，老百姓更为不满。这样不论贫富统一征收税款，显然极为不公平。

1381年暮春，积极的反抗运动爆发。起事地区主要是在英格兰南部。农民拒绝缴税，并且成群结队，携备剑、斧、弓、箭等不同利器，大踏步拥进大小城镇。他们焚烧税官的房屋，找出未缴税者名单及有关法律文件，统统烧掉，又放出狱中囚犯。

▲当时的英国国王理查二世

有一个从教会监狱中释放出来的约翰·保尔，他是个性情刚烈的巡回传教士，因在讲道中充满了煽动的言词而被监禁。他从狱中脱身后，立刻策动释放他出来的人继续进行反抗。很快，这些农民就又有了一个不属于教会的领导人，他是勇悍的军事冒险家瓦特·泰勒，其人精力充沛，野心勃勃，天赋一股特别的力量，似乎无处宣泄，在这次反抗运动中找到了合适的出路。

最初，摄政团只是把这次反抗运动视为癣疥之疾，但不久后局势变得不可收拾。反抗群众情绪高昂地喊着口号涌进伦敦，甚至闯进守卫森严的堡垒伦敦塔，掳去摄政团两名要员：坎特伯雷大主教西蒙·苏德伯雷和财政大臣海尔斯。群众认定这两人是征收人头税的始作俑者，立即将两人当众斩首。随后，群众跑到多个地方进行破坏，只要他们憎恨哪一个人，这人的宅邸就成为攻击目标，如少年国王的叔父兼首席顾问约翰所居住的萨夫瓦宫。

▶起义军与国王卫队的冲突

在萨夫瓦宫中，瓦特·泰勒下令不得将任何财物盗走，必须全部捣毁。他们扯下墙上名贵华丽的织物，撕成碎片，然后焚毁或抛入泰晤士河中；珍贵的珠宝被捣碎为碎屑粉末；数以百计的华服被扔进火堆中，全部家具则砸烂并纵火焚烧。当时似乎只有一个人不服从瓦特·泰勒禁止偷盗的命令，试图暗中将一枚银币放入口袋中据为己有，结果他也被抛入熊熊烈火中，与萨夫瓦宫一同化为灰烬。这件事显示出群众宁愿自我抑制，也忠于发动反抗的原意，象征他们唾弃封建社会的不平等和不公正，合力将之摧毁。

当时没有什么力量可以阻止这种破坏行动，保卫国王的只有约 500 名士兵。伦敦大部分贫穷阶层的人，都同情反抗分子的处境，不加任何阻拦，所以国王和他那些惊恐万分的随从面对这些肆意破坏的“叛乱分子”时无能为力。所幸农民同意与国王谈判以求和平解决。

1381 年 6 月，国王等人周密制定了一个杀死起义军领袖的计划，并答应双方在伦敦城墙外碰头进行和解。见面的那一天，那些满腔怨恨的人已经不能冷静下来。年轻的国王骑着一匹高大的战马，头戴王冠，手握宝杖，虽然一派威严，但依然不能吓倒对方。国王开口说话时，清清楚楚说出答应群众的所有要求。这件历史上称为“农民叛乱”的反抗事件，看来可以和平解决，而瓦特·泰勒和他领导的人也认为胜利在望。

就在这时，突然发生了一件骇人的事件，一场惨烈的大厮杀即将爆发。没有人知道事情的详细经过，大概是瓦特·泰勒和理查二世的一个武士发生了争执，还做出动武之势，说时迟那时快，瓦特·泰勒被伦敦市长一剑刺死。

起义人群中发出一声怒吼，随即人群开始扇形展开，大有发动攻击之势。

国王的弓箭手迅速盘马张弓，严阵以待，大战一触即发。于此千钧一发之际，一件意想不到的事情发生了。年轻的国王不顾一切，突然从贵族群中纵马跑出来。随从、侍卫及左右的官员都措手不及，未能阻止。国王策马来到群众面前高声说道："各位先生，你们要的是什么？我是你们的领袖，是国王，大家请安静。"在这剑拔弩张的一瞬间，小国王单人匹马来到愤怒的群众之前，实在惊险万分，有可能触发屠杀和混乱。但起义军眼见领袖瓦特·泰勒已死，又见到一国之君的威仪，不由得一惊。国王举起手示意他们安静，他们的情绪也逐渐平定下来。理查国王接受了群众的投诉，同意消除种种不平等的待遇，群众随即散去。凭着国王的果断，一切都化险为夷。

▶曾是起义攻击地点的伦敦塔和塔里的斩首工具

谁知国王阴谋得逞后，便背信弃义，开始了残酷的镇压。

起义军离开伦敦后，各郡骑士和贵族的家臣队伍到处镇压分散在各地的农民队伍，进行血腥的屠杀。约翰·保尔和其他首领，以及难以计数的起义者，都被极其残酷地处死，挂在伦敦桥柱子顶上。而当瓦特·泰勒的首级被挂在了伦敦桥柱子上时，"农民叛乱"结束，轰轰烈烈的英国农民起义以失败告终。



**相关知识全接触**

**瓦特·泰勒起义的起因及过程**

瓦特·泰勒起义是14世纪英国爆发的最大一次农民反封建起义，也是当时整个西欧最大的一次农民起义。

英国的封建化过程开始于7世纪。至11世纪末，英国的封建制度才最后确立起来。当时的大小封建领主支配着英国封建社会的经济、政治和居民的全部生活。由于封建领主的残酷剥削，英国农民的处境十分悲惨。到14世纪，货币地租在英国农村逐步占了优势。由于封建领主和高利贷者的勒索，把英国农村的广大农民推向更加贫困的深渊。

1380年，由于封建地租的增加、劳工立法的迫害、苛重的战争负担，使英国农民挣扎在死亡线上，迫使他们揭竿而起。

在瓦特·泰勒起义的酝酿阶段，英国出现了教会改革运动。以约翰·保尔牧师为代表的罗拉德派对农民起义起了重要作用。他们在传教中尖锐地抨击了封建制度的不平等，要求取消徭役、地租、捐税和财产差别，实行社会各阶层的平等。约翰·保尔等人的宣传鼓动活动，为农民起义做了思想上和组织上的准备，英国城乡革命形势日益成熟。

起义是1381年5月底在埃塞克斯郡为反对征收第三次人头税而爆发的。广大穷苦农民听到埃塞克斯郡反人头税斗争的消息后，纷纷举行起义，并很快席卷了英国大部地区。

1381年的英国农民起义给予封建统治阶级以沉重的打击。它的伟大历史意义在于它推动了英国社会的发展，加速了农奴制的解体，在英国人民革命斗争史上写下了光辉的篇章。

# 唐山大地震

1976年7月28日凌晨，河北省冀东地区的唐山、丰南一带突然发生里氏7.8级强烈地震，震中烈度达11度，并波及天津、北京。累计死亡24.2万余人、重伤16.4万余人。新兴的重工业城市唐山蒙受惨重灾难，这座百万人的城市顷刻间被夷为一片废墟。

这似乎是一场无法预料、无法阻止的浩劫。然而，大自然警告过，陡河水库和北戴河的鱼儿像是疯了一般，在28日前后纷纷上浮、翻白，极易捕捉，渔民遇到了从未有过的好运气；飞虫、鸟类和蝙蝠好像失去了理智，发疯般地乱逃乱飞；老鼠、黄鼠狼开始了逃亡大迁徙。各种反常现象比比皆是，敏感的飞虫、鸟类及大大小小的动物，比人类早早地迈开了逃难的第一步。然而人类却没有意识到这就是来自大自然的警告。他们万万没有想到，一场毁灭生灵的巨大灾难已经迫近了。

濒死的拂晓来了，唐山第一次失去了它的黎明。数十万人在毫无准备的情况下被突如其来地推向了死亡。仅仅数小时前，唐山还是那样美丽，现在，它被漫天迷雾笼罩。石灰、黄土、煤屑、烟尘以及一座城市毁灭时所产生的死亡物质，混合成灰色的雾，悬浮于空中，无声地笼罩着这片废墟，笼罩着这座空寂无声的末日之城。



当太阳像往常一样高高悬挂的时候，浓雾——这片浓极的濒死的浓雾，开始在炽热的强光照耀下慢慢变薄、散去。昏迷中的唐山还未苏醒，一场大自然的恶作剧使唐山面目全非，桥梁折断，烟囱倒塌，列车出轨，七零八落的混凝土梁柱东倒西歪，落而未落的楼板悬挂在空中，到处是断墙残壁……

◀地震后的断垣残壁，这次大灾难将唐山毁灭了一次

作为华北最大的重工业城市，却几乎看不到一根直立的烟囱。作为一个巨大的经济生命体，它已经没有呼吸，没有脉搏，没有流动的血液。只有一片废墟！可计算的直接损失达30亿元以上，间接损失无法计算。

这种破坏性地震虽然是小概率事件，但一旦发生，几十年甚至上百年的劳动成果和文明将化为乌有。随着现代化建设和城市进程的加快，城市人口和密度迅速增加，同等烈度地震所造成的损失和危害将日益增大。但是，若采取有效的预防措施，大大减轻地震所造成的损失是完全可能的，那样，唐山的悲剧将不再重演。

# “卡特里娜”飓风

▲“卡特里娜”飓风的卫星云图

飓风又称热带风暴，形成于墨西哥湾、北太平洋，是经常影响美国的一种自然灾害。自1943年开始，美国军队与民用航空机构就已飞进飓风区域，对飓风进行速度与行进方向的测量，并于50年代中期建立了飓风跟踪系统。

1966年开始，美国国家飓风中心开始接受来自海上的浪高与风速信息。美国国家飓风中心可在36小时内发布飓风警报，当飓风的时速超过119千米，24小时内到达时，警报将通过各州的气象服务站发布。

对于“卡特里娜”飓风的形成过程，美国国家飓风中心进行了跟踪预警。2005年8月23日第12号热带低气压形成于巴哈马东南，后改变为10号热带低气压，8月24日晨升级为“卡特里娜”热带风暴，并于8月24日下午6点在哈兰达海滩与新奥尔良市之间登陆。



“卡特里娜”飓风初到佛罗里达州时风力为1级，在影响佛罗里达州数小时后进入墨西哥湾，逐渐升级为4级飓风，最大风力超过5级飓风临界值(156千米/小时)，并于8月29日在路易斯安那海岸登陆。

为了应对这次飓风可能带来的灾难，美国政府于8月28日宣布路易斯安那州、密西西比州进入紧急状态。下达了强制撤离命令，当地政府调动巴士、救生艇和直升机，尽可能地协助撤离行动。

2005年8月29日6点（北京时间29日晚6点），飓风“卡特里娜”在美国路易斯安那州海岸登陆。“卡特里娜”中心风力最强时为飓风5级，时速240千米，虽然在登陆后中心风力减弱，但带来的强风和降雨，仍给其经过区域带来了巨大破坏。美国南部多个州受到“卡特里娜”飓风的影响，其中密西西比、路易斯安那、佛罗里达、阿拉巴马4个州损失严重，全部受灾人口可能达500万。

▼2005年8月29日，在美国路易斯安那州新奥尔良市，一名居民在被洪水围困的房子里等待救援

新奥尔良市受灾最为严

重，2处河堤决口，80%市区被淹，20万栋房屋被浸于水中，数万人被困。飓风不仅带来了自然灾害，而且导致了政府机关瘫痪，使整个新奥尔良市陷入无政府状态。处于水深火热之中的灾民，与当局政府的对立情绪持续升温，犯罪事件和人为灾害事件时有发生，造成了新的人员伤亡与财产损失。

新奥尔良灾民在临时收容中心新奥尔良超级圆顶体育馆内因缺水断粮，以致引起骚乱。医护人员不足，造成更多人死亡。更骇人听闻的是，体育场内屡传强奸、杀人以及自杀的传闻。

▶通过卫星拍摄，我们可以看到灾前（上）灾后（下）新奥尔良市超级圆顶体育馆的对比卫星图，可以清晰看到灾后体育馆表面的残破景象



“终极避难所”由于设施不健全和管理无序，又成为新的人为灾害的发生地。

墨西哥湾上的很多石油钻井平台遭到重创，它们或随波逐流，或沉到海底，另有一个钻塔着火，墨西哥湾沿岸的多家炼油厂关闭。

美国赈灾小组在华盛顿协调联邦政府各部门的飓风灾区进行救援工作；美国国会批准拨款105亿美元用于墨西哥湾沿岸救灾；美国国土安全部每天增派1400名国民警卫队前往灾区维持秩序；五角大楼下令出动5艘海军舰只和成立8个海上营救小组参与营救工作。

▼“卡特里娜”飓风给美国带来巨大损失

鉴于新奥尔良市出现混乱形势，美国陆军部队于9月2日全副武装开着装甲车进入该地区，投入救灾的军人超过2.8万人，这是美国历史上军方应对自然灾害派出军队人数最多的一次。

“卡特里娜”飓风已成为美国有史以来造成经济损失最严重的一次自然灾害，其带来的整体损失可能高达1500亿到2000亿美元，“卡特里娜”飓风被列为美国历史上十大自然灾害之一。

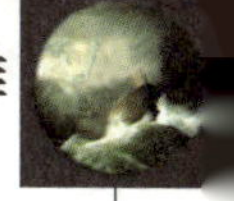

# 智利地震海啸

智利，东倚安第斯山脉，西邻太平洋海沟，处于太平洋板块与南美洲板块相互撞击的地带。由海底地震、火山喷发引起的海啸，是智利常见的自然灾害。在历史上，智利和太平洋东岸的一些海滨城市，曾多次遭到海啸的侵袭。

▲1960年4月，智利瓦尔迪维亚遭受强烈地震的资料照片

1960年5月21日凌晨，在智利的蒙特港附近海底，突然发生了罕见的强烈地震。地震刚刚发生时，震动还比较轻微，但这种颤动与以往地震不同的是，它连续不断地发生着。并且，震级一次高于一次，震动一次比一次剧烈。仓皇之中，人们摇摇晃晃跑出室外。

由于地震刚开始来势并不是很凶猛，人们还有时间躲避，伤亡人数并不多。除了一些不太结实的房屋被震塌、震裂，那些比较牢固的建筑物还都安然无恙。连续两天持续不断的震荡使人们产生了松懈麻痹情绪，由于破坏程度不大，人们不像开始那样惧怕地震，有人甚至搬进了已被震裂的房屋中继续居住。

5月22日下午19点11分，地震波像数千辆隆隆驶来的坦克车队一样忽然从蒙特港的海底传来。不久，大地便剧烈地震动起来。这次地震震级高达9.5级，是世界地震史上震级最高、最强烈的地震。它发生在位于太平洋智利海沟、蒙特港附近海底，震中为西经38.2°，南纬76.6°，影响范围在南北800千米长的椭圆内。这场超级地震持续了将近3分钟之久，给当地居民带来了严重的灾难。

蒙特港是智利的一个重要港口，设施完备先进，具有较大的吞吐能力，但在这场地震的威胁下，所有房屋设施都被震塌，许多人被埋进了碎石瓦砾中。

大地震之后，海水忽然迅速退落，露出从未见过天日的海底，那些鱼、虾、蟹、贝等海洋动物，在海滩上拼命挣扎。一些有经验的人们知道大祸即将来临，纷纷逃向山顶，或登上搁浅着的大船，以躲避即将发生的新劫难。

15 分钟后，海水骤然而涨。顿时波涛汹涌澎湃，滚滚而来，浪涛高达 8~9 米，最高达 25 米。呼啸着的巨浪迅速越过海岸线，袭击智利和太平洋东岸的城市及乡村。那些留在广场、港口、码头和海边的人们顿时被吞噬，海边的船只、港口和码头的建筑物均被击得粉碎……

巨浪退去后，所过之处，凡是能够带动的东西，都被潮水席卷而走。海潮如此一涨一落，反复震荡，持续了将近几个小时。太平洋东岸的城市，刚被地震摧毁变成了废墟，此时又频遭海浪的冲刷。那些掩埋于碎石瓦砾之中还没有死亡的人们，也被汹涌而来的海水淹死。在几艘大船上，有数千人在此避难，但随着大船被巨浪击碎或击沉，顿时全部被波浪吞没，无人幸免。太平洋沿岸，以蒙特港为中心，南北 800 千米，几乎被洗劫一空。

地震发生后，海啸波又以时速 700 千米的速度横扫了西太平洋岛屿。

14 个小时后，海啸到达了美国的夏威夷群岛。到达夏威夷群岛时，波高达 9 ~ 10 米，巨浪摧毁了夏威夷岛西岸的防波堤，冲倒了沿堤大量的树木、电线杆、房屋、建筑设施，淹没了大片的土地。不到 24 小时，海啸波走完了大约 1.7 万千米的路程。到达了太平洋彼岸的日本列岛。此时，海浪仍然十分汹涌，波高达 6 ~ 8 米，最大波高达 8.1 米。翻滚着的巨浪肆虐着日本诸岛的海滨城市。本州、北海道等地，停泊在港湾的船只、沿岸的港湾和各种建筑设施，都遭到了极大程度的破坏。太平洋沿岸的城市、乡村和一些房屋以及一些还来不及逃离的人们，都被这突如其来的波涛卷入大海。日本数百人死亡，近 4000 所房屋被冲毁，近百艘船只、沿岸码头、港口及设施多数被毁坏。



海啸还波及了太平洋沿岸的俄罗斯。在堪察加半岛和库页岛附近，海啸波涌起的巨浪也达 6~7 米左右，致使沿岸的房屋、船只、码头、人员等遭到不同程度的破坏和损失。

在菲律宾群岛附近，沿岸城市和乡村居民也遭到了同样的厄运。中国沿海也受到了不同程度的影响。总之，智利大海啸对太平洋沿岸大部分地区，都造成了不同程度的破坏。

地震从 5 月 21 日开始，一直持续到 6 月 23 日，在一个月的时间内，先后发生了 225 次不同震级的地震。其中震级在 7 级以上的有 10 次之多，大于 8 级的有 3 次。

▼智利的地震海啸甚至给日本也带来了严重损失

由强烈地震引发的巨大海啸，导致数万人死亡和失踪，200 万人无家可归，沿岸的码头全部瘫痪。这是世界上影响范围最大、也是最严重的一次海啸灾难。

# 秘鲁大雪崩

▲秘鲁境内的雪山

位于南美洲西部的秘鲁是一个多山的国家，山地面积占全国总面积的一半，著名的安第斯山脉的瓦斯卡兰山峰就位于秘鲁境内。

瓦斯卡兰山峰，山体坡度较大，峭壁陡峻，山上积雪常年不化，被称为“白色死神”的雪崩常常降临于此。

1970 年 5 月 31 日，一场大雪崩将瓦斯卡兰山峰下的容加依城全部摧毁，数万居民死亡，受灾面积巨大。

1970 年 5 月 31 日 20 点 30 分。此时，不少人都已进入梦乡。突然，地震波从瓦斯卡兰山方向隆隆而来。随即大地像波涛中的航船一般，顿时失控，疯狂、猛烈地颤抖着。紧接着，又从远处传来了天崩地裂般的响声。这巨大的响声把酣梦中的人们惊醒，那些正在夜读、工作和娱乐的人们，也被这突如其来的响声惊呆了。还没等人们弄明白发生了什么事，房屋便开始东倒西歪，吱吱作响地坍塌下来。那些还未及时逃离屋子的人们，都被压在倒塌下来的乱砖碎石之中。外面寒风凛冽，漆黑一片，谁也看不到谁，只听到隆隆的崩塌声。



忽然，又一声惊雷似的响声由远至近，从瓦斯卡兰山方向传来。不一会儿，山崩地裂，雪花飞扬，狂风扑面而来。原来，地震诱发了雪崩。

由于地震把山峰上的岩石震裂、震松、震碎，地震波又将山上的冰雪击得粉碎，瞬时，冰雪和碎石犹如巨大的瀑布，紧贴着悬崖峭壁倾泻而下，几乎以自由落体的速度塌落了 900 多米。

刚遭受地震袭击的容加依城，人们还惊魂未定，又被随之而来的冰雪巨龙席卷，大多数人被压死在冰雪之下，快速行进中的冰雪巨龙，又使许多人窒息而死。整个容加依城很快就被冰雪给吞噬了。

这次由地震引发的雪崩是迄今为止世界上最大、最悲惨的一次雪崩灾祸。

▼当时的秘鲁大雪崩照片

# 通古斯大爆炸

▲在通古斯事件中，数千平方千米的杉树林被巨大的冲击波夷为平地

20 世纪初，在俄罗斯西伯利亚的贝加尔湖附近的通古斯，发生过一次极其猛烈的神秘大爆炸，其破坏力相当于 500 枚原子弹或氢弹的威力。

1908 年 6 月 30 日凌晨，在俄罗斯西伯利亚森林的通古斯河畔，突然爆发出一声巨响，巨大的蘑菇云腾空而起，天空出现了强烈的白光，气温瞬间灼热烤人，爆炸中心区草木瞬间被烧焦，70 千米外的人也被严重灼伤，还有人被巨大的声响震聋了耳朵。不仅附近居民惊恐万状，还涉及到了其他国家。英国伦敦的许多电灯骤然熄灭，一片黑暗。欧洲许多国家的人们在夜空中看到了白昼般的闪光，甚至远在大洋彼岸的美国，人们也感觉到大地在抖动……



当时，沙皇统治下的俄罗斯正处于风雨飘摇的状态，无力对此进行调查。人们笼统地把这次爆炸称为“通古斯大爆炸”。

1921 年，十月革命后，苏维埃政府派物理学家库利克率领考察队前往通古斯地区考察。他们宣称，爆炸是一次巨大的陨星造成的。但他们却始终没有找到陨星坠落的深坑，也没有找到陨石。只发现了几十个平底浅坑。因此，“陨星说”只是当时的一种推测，缺乏证据。

库利克后来又两次率队前往通古斯考察，并进行了空中勘测，发现爆炸所造成的破坏面积达 2 万多平方千米。同时人们还发现了许多奇怪的现象，如爆炸中心的树木并未全部倒下，只是树叶被烧焦，爆炸地区的驯鹿都得了一种奇怪的皮肤病——癞皮病。爆炸地区的树木生长速度加快，其年轮宽度由 0.4~2 毫米增加到 5 毫米以上等。

▼通古斯大爆炸的遗迹

第二次世界大战爆发，库利克弃笔从戎，在反法西斯的战争中献出了宝贵的生命。苏联对通古斯大爆炸的考察，也被迫中止了。

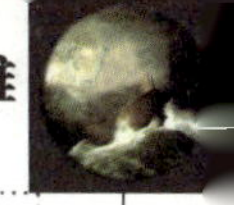

1945年12月，苏联物理学家卡萨耶夫访问日本，他到达4个月前美国在这里投下原子弹的广岛时，看着广岛的废墟，顿时想起了通古斯，两者显然有着众多的相似之处。

▲有人猜测通古斯发生的是核爆炸

爆炸中心受破坏，树木直立而没有倒下，爆炸中人畜死亡，是核辐射烧伤造成的，爆炸产生的蘑菇云形相似，只是通古斯的要大得多。特别是在通古斯拍到的那些枯树林立、枝干烧焦的照片，看上去与广岛上的情形十分相似。因此，卡萨耶夫产生了一个大胆的想法，他认为通古斯大爆炸是一艘外星人驾驶的核动力宇宙飞船，在降落过程中发生故障而引起的一场核爆炸。

此论一出，立即在苏联科学界引起了强烈反应。苏联科学家索罗托夫等人进一步推测该飞船来到这一地区是为了去贝加尔湖取淡水。还有人指出，通古斯地区树木生长加快，植物和昆虫出现遗传性变异等情况，与美国在太平洋岛屿进行核试验后的情况相同。通古斯地区驯鹿所得的癞皮病，与美国1945年在新墨西哥进行核测验后当地牛群因受到辐射引起的皮肤病也十分近似。



通过多次考察，认为是核爆炸的人和坚持“陨星说”的人都声称自己找到了有利的证据，双方谁也说服不了谁。对于没有找到中心陨星坑的情况，有人认为坠落的是一个来自太阳系遥远地方的由稀松的雪团组成的彗星。当它以每小时40000千米的速度冲破地球表面的大气层时，由于摩擦产生了过热的气体。这种气体一接触地面，就发生了相当于数颗原子弹破坏力的巨大冲击波，由于彗星很快便蒸发完了，因此只能产生尘爆，而无法造成中心陨星坑。

1965年，美国有3位科学家提出，通古斯大爆炸事件可能是从太空降到地球来的一种“反物质”——反陨石造成的。在他们的调查报告中说，当天，一个由“反物质”组成的陨石意外地闯入了地球并导致了这场灾难。他们认为，半克“反铁”与半克铁相撞，就足以产生相当于在广岛爆炸的那颗原子弹的破坏力。

▼这是人类绘制的黑洞概念图，它真的会是爆炸的起因吗

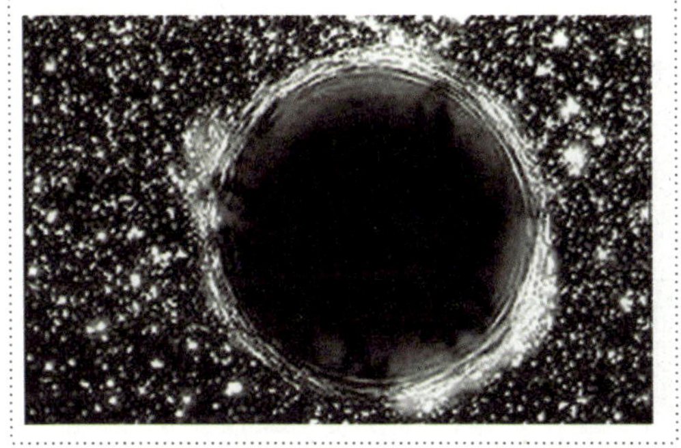

1973年，得克萨斯大学的两位科学家根据黑洞天体理论，对此提出了新见解，他们认为爆炸是宇宙黑洞造成的。某个小型黑洞处在冰岛和纽芬兰之间的大西洋上空时，引发了这种爆炸。但是关于黑洞的性质、特点，人们所知甚少。小型黑洞是否存在尚是个问题。因此，这种见解也还缺少足够的证据。

时至今日，通古斯大爆炸之谜仍未解开。

# 喀麦隆湖底毒气

帕梅塔高原，位于非洲喀麦隆西北部，距首都雅温得400千米，是个美丽而令人陶醉的地方。在这片美丽的土地上，有一个火山湖——尼尔斯火山湖。

1986年8月21日晚，人们正在酣睡之中，突然一声巨响划破长空。很多人还没等弄清楚发生了什么事，就被夺去了宝贵的生命。

当晚，伴随着一声巨响，一股幽灵般的圆柱形蒸汽从尼尔斯湖底喷出，整个湖水一下子沸腾起来，掀起的波浪袭击湖岸，直冲高空，高达50多米，然后又形成一柱云烟注入下面的山谷。这时，一阵大风从湖中呼啸而起，它犹如泛滥的洪水，沿着山坡倾泻而下，夹着令人窒息的恶臭将这朵烟云推向处于低谷地带的几个村庄……

次日清晨，喀麦隆高原美丽的山坡上，水蓝色的尼尔斯湖变得一片血红，好像一只溃烂而愤怒的红眼睛。草丛里到处横着死去的牲畜和野兽。尼尔斯湖畔的村落里，房舍、教堂、牲口棚一切都没有变化，但是街上却没有一个人走动。走进屋里一探究竟，令人震惊的一幕映入眼帘，那里都是死人。

这一喷毒事件，立即引起了各国的极大关注。尼尔斯湖也因此闻名于世。日本、英国、美国、法国、意大利等国家都迅速派出了紧急救援队，并派出专家对尼尔斯湖喷发毒气的成分进行实测。杀人凶手究竟是谁？专家们努力地寻找答案。



专家们经过一段时间的努力工作，终于确定这个从湖面升腾而起的白色“水柱”90%为气体，10%是湖水。当它坠入山谷时，大量有毒气体被释放，向四周扩散。而关于尼尔斯湖中所喷出的有毒气体成分，专家们一致认为，喷出的气体主要是二氧化碳，而恶臭则来自硫化氢。

关于喀麦隆“杀人湖”毒气喷发的原因，科学家们认为，二氧化碳从地层深处缓慢地渗透进湖底，并溶解于湖水中，而且密度不断增大，如遇地震或地层变化，便可能随时发生剧烈喷发或爆炸。

人类在向自然界征服和索取的同时，也遭到了大自然无情的报复。湖底毒气这种自然造成的突发性灾难，让人类尝到了苦果。据不完全统计，尼尔斯湖突然喷发出大量的二氧化碳和硫化氢气体，夺去了沿湖约1800人的生命，并造成3000多头牲畜死亡。

▼秀美的尼尔斯湖暗藏着致命的毒气

# 孟加拉国大水灾

◀时常发生的洪水让孟加拉国人民生活艰辛

孟加拉国在南亚次大陆东北部。东、西、北三面同印度毗连，东南邻缅甸，南濒孟加拉湾。大部分地区位于恒河和布拉马普特拉河下游冲积平原。地形平坦，水道纵横，河运发达。沿海多小岛和沙洲。其境内有200多条河流，每年的河水泛滥都使孟加拉国受到巨大的损失。加上孟加拉国地处季风区，印度洋上吹来的西南季风带着温暖而又饱和的水汽向低压区移动，当受到山脉的阻挡时，会立即形成降雨。再加上孟加拉国的地势平坦低洼，种种原因导致孟加拉国无法逃脱水灾的侵袭。

孟加拉国于1987年经历了有史以来最大的一次水灾。暴雨连日，狂风肆虐，这突如其来的灾难，让毫无准备的居民措手不及。短短的2个月时间，孟加拉国64个县中有47个县遭到袭击，造成了200多万吨粮食被毁，2.5万头牲畜被淹死，2000多人死亡，2万千米的道路及772座桥梁被冲毁，千万间房屋倒塌，大片农作物受损，有2000万人受灾。

孟加拉国灌溉、水利发展和防洪部长在事后说道："如果我们和印度、尼泊尔能在有效利用本地区水利资源，即在冬季增加河水流量，在雨季控制洪水这些问题上达成协议的话，我们本来可以减轻7月份和8月份在这里发生的洪水灾害的严重程度的。"然而就是因为孟加拉国政府对这些不支持，他的这番话还是没有做到，如果尽早做到的话，上千万人民的家园就不会被毁。

水灾带给人民的不仅仅是饥饿、贫困，同时还滋生了大量的细菌。各种疾病在受灾区流行，约有80万人染上痢疾，近百人丧生，这使得孟加拉国人民的生活雪上加霜。

孟加拉国有待解决的一大难题是，应该如何摆脱水灾带来的沉重灾难，如何使这个危机有所缓解？这也引起了全世界的关注。

# 可怕的传染病天花

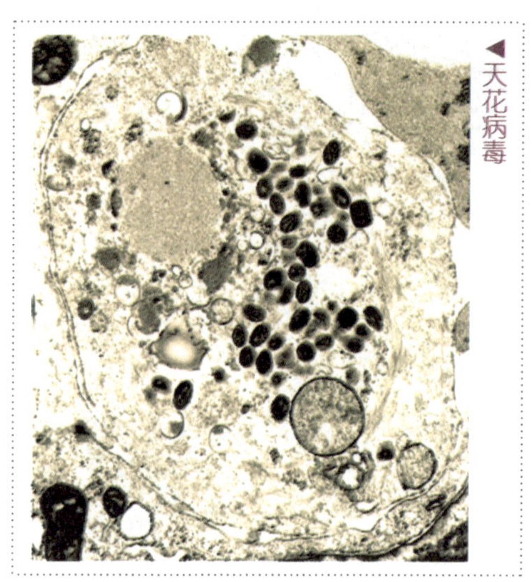
天花病毒

天花是一种由天花病毒引起的烈性传染病。曾是全球流行最广的一种传染病，传染性强，死亡率高，对人类危害极大。在过去，大约1/4的病人会被天花夺去生命，而侥幸生存下来的病人，脸上常常留下永久性瘢痕，俗称“麻脸”。

1980年，世界卫生组织正式宣布在世界范围内消灭了天花。世界上已见不到天花病人，所以今天有很多人不知道天花是什么病。

3000多年前，古埃及的木乃伊身上已经有天花的疤痕。公元前6世纪，印度发现天花流行。天花在欧洲也留下了阴影，平均每5个人中就有一位“麻脸”，天花夺去了英国女王玛丽二世、法国国王路易十五、德国国王约瑟一世、俄国沙皇彼得二世的性命。18世纪的欧洲人有1.5亿人死于天花。



1872年，天花在美国流行，仅费城一个城市就有几千人死于天花。1世纪时，天花由俘虏从印度经越南带到中国，因此天花在中国古代也称“掳疮”。晋代《肘后备急方》中，第一次对天花的症状和流行情况进行描述，以后中国各代典籍中都有关于天花流行的记载。从文字记载上看，唐宋以后天花在中国流行逐渐增多。

中国人很早就开始探索防治天花的办法，唐代孙思邈提出取天花患者疮中脓汁敷于皮肤的办法预防天花。传说宋真宗时期，宰相王旦一连生了几个儿女，都因天花而夭折。王旦老年又得一子，取名王素，为使王素逃脱天花侵袭，于是请了四川峨眉山的民间医生为其子王素种痘。种痘后第7天，王素全身发热，12天后痘已结痂。

药王孙思邈，他最早提出预防天花的办法

其实，苗种痘法在唐代已趋向成熟，四川、河南一带已施行种痘，但是并没有得到广泛的应用。人痘接种法在明代以后才开始盛行起来。在此之间，有关种痘的专书大量出现，在中医著作中，除了《伤寒杂病论》外，没有比其数量多的。到清代时，康熙皇帝提倡在皇族内接种人痘，然后推广到外边，康熙帝的命令，使人痘接种术得到了更大范围的推广。

中国的人痘接种术引起了其他国家的注意与效仿。文献记载：最先派学生到中国学习种痘的国家是俄罗斯。中国医生

▶天花疫苗的发明者——琴纳

1744年到达日本的长崎把人痘接种术带到日本。1790年，朝鲜派使者朴斋家、朴凌洋到中国京城，回国时带走大型医学丛书《御纂医宗金鉴》，书中《幼科种痘心法要旨》介绍了种人痘的方法和注意事项。后来，他们按照书中的方法试种人痘，并获得成功。

由于丝绸之路的存在，中国医学很早就传到阿拉伯地区。人痘接种法先传到阿拉伯，后又传到土耳其的。1721年，英国驻土耳其公使夫人蒙塔古将这种方法带回英国，之后又从英国传到欧洲大陆，甚至越过大西洋传到美洲。到了18世纪后半期，人痘接种法已经在上述地区普遍施行，甚至还出现了以种人痘为职业的医生。

▶天花病毒在人类疫苗的斗争下几乎被灭绝

18世纪时，英国一位名叫琴纳的乡村医生一直思考着对抗天花的办法。最后受到挤牛奶女工的启发。在1788年到1796年里，琴纳开始了种牛痘的观察和试验。1798年，他发表了著名论文《关于牛痘的原因及其结果的研究》，牛痘接种法正式诞生。虽然琴纳发明了牛痘，但是种牛痘并不是一帆风顺的，直到最后才被世界各国接受。英国议会为奖励他的贡献，出资2万英镑支持他种牛痘的研究。英国伦敦在琴纳去世后为他立下塑像，让人们永远记住这位平凡而伟大的医生。

1805年，东印度公司的船医皮尔逊向中国介绍了牛痘接种法。由于种牛痘常常免费，而且安全性比人痘法高，所以越来越多的中国人接受了牛痘。直到后来人痘完全被牛痘替代。

▼近年来在美国西部发现了“猴天花”，此图为患者得病后的症状，怀疑与宠物有关

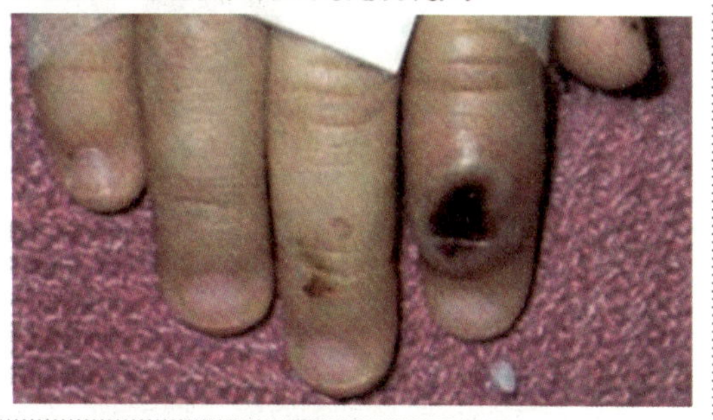

中国发明的人痘接种法和琴纳发明的牛痘接种法，在人类征服天花的历程中，都发挥了巨大的作用。特别是牛痘被广泛接种后，天花发病率明显降低。20世纪70年代后，天花在中国停止传播。20世纪80年代，在全世界范围内消灭了天花，这是人类迄今为止消灭的唯一一种传染病。

# 印度鼠疫大流行

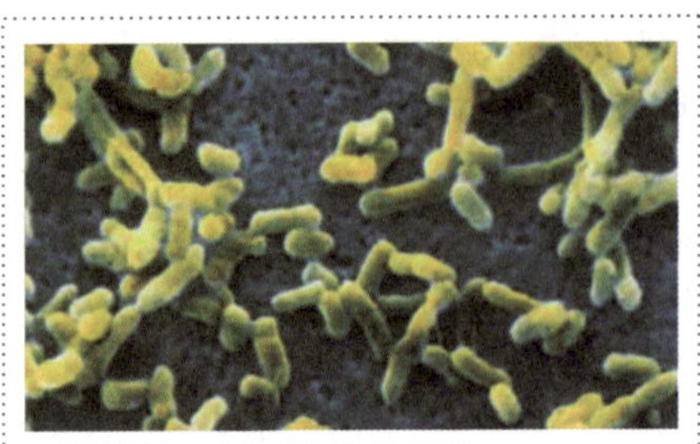
▲显微镜下看到的鼠疫杆菌

老鼠偷吃粮食并不是它给人类带来的最大危害，它给人类带来的最大危害就是传播病菌。人类历史上曾发生过多次鼠疫，其中有 3 次是全球性的鼠疫，死亡人数过亿，不少城镇人口灭绝。据文献记载，死于鼠疫的人数，比历史上所有战争死亡人数的总和还要多。因此，人们把这种疾病称为“黑色妖魔”。

在 1994 年，印度遭受了一场致命的瘟疫。

泉神节后的第二天，苏拉特市医院接收到 30 名病情相似的患者。起初并没有引起重视，直到后来接二连三地有人死亡，并传来马哈什特拉附近的拉杜尔流行鼠疫的消息，他们才意识到一场灾难已经降临。一时之间，火车站、汽车站挤满了成千上万的逃难者。30 万苏拉特市民纷纷逃往四面八方。他们在逃难的同时，也将鼠疫和恐惧的心理带到了全国各地。



这种可怕的瘟疫在不到两周时间内，就已经扩散到印度的 7 个邦和新德里行政区。印度当局对这场瘟疫事先并没有任何准备，因此也无力挽救。印度卫生部不得不向世界卫生组织和其他国家请求援助，以解燃眉之急。

鼠疫的流行，引起了人们的极度恐慌。这种恐惧心理就像洪水一样，迅速吞没世界各地的人们。许多国家纷纷中止了同印度的各项往来。这使得印度在经济方面受到了难以估量的损失。据印度有关部门统计，仅用于治疗和预防鼠疫方面的费用就已经达到了数百亿美元。

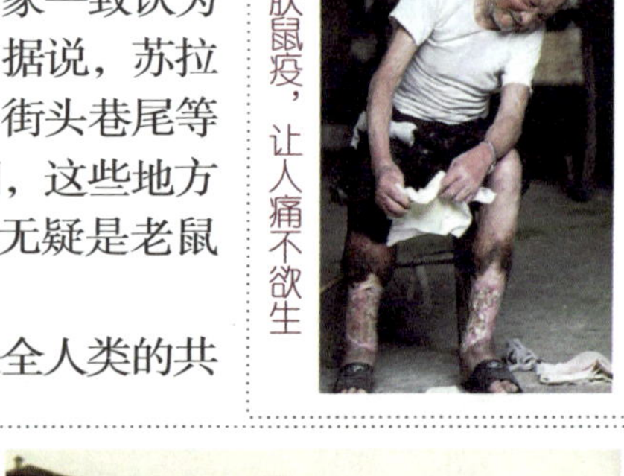
▶皮肤鼠疫，让人痛不欲生

在这场鼠疫流行期间，人们都在讨论，这已经匿迹多年的鼠疫为何再度广泛流行于印度呢？专家一致认为鼠疫的爆发是由于极为肮脏的环境导致的。据说，苏拉特市是印度最脏的城市，在贫民窟、集市、街头巷尾等地方的垃圾成堆，臭味熏天。鼠疫流行时期，这些地方每天清出的垃圾多达 1400 吨。遍地的垃圾无疑是老鼠繁衍生殖的温床。

为了我们的生命财产安全，消灭老鼠是全人类的共同使命。各国都相继建立了灭鼠公司之类的专门组织，联合国也成立了相应的灭鼠机构。整个地球上的人们团结一心，同老鼠展开了一场艰难的战斗。虽然人类到今天为止还没有找到彻底消灭鼠患的办法，但是，我们大家都坚信，随着科学技术的不断发展，人们必能战胜鼠患。

▶1994 年印度鼠疫过后，苏拉特市的惨景

# 伦敦大烟雾

英国伦敦素有世界“雾都”之称，据统计，伦敦的雾天每年可高达七八十次，平均5天之中就有一个“雾日”。春秋之交时，伦敦常被浓雾笼罩，整个城市就像是披上了一层神秘的面纱。大雾降临不仅影响交通，还容易引发事故，而且直接危害人们的身体健康，甚至威胁人们的生命。

1952年，伦敦城发生了一次世界上最为严重的“烟雾”事件。

在1952年12月3日清晨，伦敦气象台报告说，一个气峰在夜间通过，中午气温可达到5.6℃，相对湿度约为70%。对于本地来说，这是个难得的好日子。这一天，从北海刮来一股风，吹遍了整个英格兰，将英国中部的工厂和城市居民住户中烟囱内冒出来的团团浓雾吹到了九霄云外，使空气变得清新怡人。然而，谁也没有料到此刻正酝酿着一场灾难。12月4日，乌云把太阳全部遮住，伦敦上空阴霾弥漫，气象台温度表的读数为3.3℃，相对湿度上升为82%。12月5日，出现了一个异常的情况，气象台的风速表测出了一个非常奇怪的量度——风速读数完全是静止的。伦敦处于死风状态，空气中积聚着大量的烟尘，经久不散，风无法带走工厂烟囱与家庭排出的各种有害烟尘。于是，大量的煤烟从空中飘落，美丽的泰晤士河谷被烟雾笼罩。

▲世界著名的雾都伦敦

雾云在城市上空悬浮了5天，渐渐变得越来越脏，并且含毒量升高。伦敦市中心空气中的烟雾量几乎增加了10倍。这使得数千名受害者患了哮喘、支气管炎和其他影响肺部的疾病。最后，到12月10日烟雾散去时，几天内的死亡人数比平时多出了约4000人，大多是因呼吸道疾病和心脏病而死亡，其中多数是年长者。在此之后，又有8000多人因这次大气污染死于非命。

现在，机动车所排放的废气污染是烟雾形成的主要起因。像墨西哥城、洛杉矶等大城市内，烟雾一直悬浮在空中。虽然现在汽车安装了机动车排气催化转换器和使用无铅汽油，减少了损害健康的危险。但是，大量的汽车尾气排放仍是一个严重的问题。

烟雾对空气的污染，严重地影响了人们的身体健康，如何解决这一环境问题已是迫在眉睫的事情。

**图书在版编目（CIP）数据**

消逝的世界 / 郭漫主编 . -- 北京：航空工业出版社，2007.4（2016.6 重印）
ISBN 978-7-80183-924-4

Ⅰ . ①消⋯ Ⅱ . ①郭⋯ Ⅲ . ①文化史—世界—通俗读物 Ⅳ . ① K103-49

中国版本图书馆 CIP 数据核字（2011）第 050613 号

消逝的世界
Xiaoshi de Shijie

航空工业出版社出版发行
（北京市朝阳区北苑路 2 号院　100012）
发行部电话：010-84936555　010-84936343
北京阳光彩色印刷有限公司印刷　全国各地新华书店经售
2007 年 4 月第 1 版　2016 年 6 月第 9 次印刷
开本：787×1092　1/16　印张：13　字数：260 千字
印数：50001-55000　定价：29.80 元